사랑주의

믿음이란 한 알의 밀알이 땅에 떨어져 죽음으로 많은 열매를 맺음과 같이 진리의 열매를 위하여 스스로 죽는 것을 뜻합니다. 눈으로 볼 수는 없으나 영원히 살아 있는 진리와 목숨을 맞바꾸는 자들을 우리는 믿는 이라고 부릅니다. 「믿음의 글들」은 평생, 혹은 가장 귀한 순간에 진리를 위하여 죽거나 죽기를 결단하는 참 믿는 이들의, 참 믿는 이들을 위한, 참 믿음의 글들입니다.

사랑주의
Love ism _{개정판}

옌볜과기대·평양과기대 설립 총장
김진경이 국경과 이념을 넘어 가고자 하는 나라

허련순 許蓮順 글

홍정사

이 세상은 하나의 다리일 뿐이다.
이 세상을 그냥 건너가라.
이곳에 당신의 집을 지으려 하지 마라.

휴스턴 스미스 Huston Smith

개정판 머리말
놀랍고도 특별한 한 사람의 이야기를 시작하며

왜 《사랑주의》를 쓰지 않으면 안 되었을까? 이 질문은 스스로도 흥미롭다. 어쩌면 나 자신에 대한 또 하나의 도전이었는지 모르겠다. 옌볜과학기술대학이 설립된 지 올해로 26년이다. 김진경 총장은 한국인이자 미국 국적자이다. 외국인 신분으로서는 처음으로 중국과 북한에 과학기술대학을 세웠다. 사람들은 이를 두고 인간의 힘으로는 이룰 수 없는 신화라고 한다.

그렇다면 대체 누구의 힘으로 이루어진 것일까? 그 답을 얻고자 했던 것이 바로 이 글을 쓰게 된 이유이다. 1992년 9월 16일, 옌볜과학기술대학(이하 옌볜과기대) 개교 기념행사에 초대받은 적이 있다. 공동묘지이자 화장터였으며 사형장이었던 죽음의 땅에 배움의 전당을 세워 희망의 새 생명을 부활시키려는 김진경 총장의 열기 띤 개교식 연설을 들으면서 나는 어떤 거부할 수 없는 강렬한 힘과 압도적인 기운에 사로잡히게 되었다.

'언젠가는 저분에 대한 글을 쓰게 되겠구나'라는 생각이 계시처럼 머리를 번득이며 지나갔다. 당시에는 예술 일반에서 일상적으로 말하는 영감인 줄로만 알았다. 지금 생각해 보니 그것은 예술가의 당위적인 창작 동기와는 다른 초월적인 절대자의 계시에 의한 현시가 아니었을까 생각이 든다.

그때로부터 꼬박 20년이라는 세월이 지나서 나는 정말로 김진경 총장의 글을 집필하게 되었다. 그렇게 오랫동안 준비하였지만 나에게는 여전히 고민이 남아 있었다. 김진경의 종교철학과는 전혀 다른 사회주의 국가인 중국과 북한에서 공감할 수 있도록 글을 써야 한다는, 사실은 일종의 모험이었다. 국가의 체제를 넘어설 수 없기 때문이다. 친구들이 진심으로 나를 걱정하여 충고하였다.

"김진경 총장은 기독교인이다. 기독교를 떠나서는 그의 삶을 말할 수 없다. 당연히 기독교 사상을 말해야 될 것이고 그렇게 되면 중국이나 북한에서는 싫어할 것이 뻔한데 어떻게 쓰려고 그러는가. 잘못하면 너의 입지가 난처해지게 될 것이다."

참으로 난감했다. 하지만 그것이 문제가 되지 않는다는 것을 알기까지는 그리 오랜 시간이 걸리지 않았다. 김진경이 세상을 향하여 온몸을 던져 치열하게 전하고자 했던 것은 어떤 종교나 정치적 이념이 아니라 그것을 뛰어넘는 높은 가치로서의 사랑주의였음을 알게 되었기 때문이다.

어떤 종교든 정치적 이념이든, 예술이든 북한이든 모두 궁극적으로 사랑을 실천하기 위한 것이며 인간이 좀더 나은 삶을 살기를 지향하는 것이 아니겠는가. 그렇다면 문제가 될 것이 없을 듯싶었다. 김진경에게는 국경이나 이념이나 종교의 벽이란 무의미했다. 그런 것에 갇히지도 주저하지도 않았으며 두려워하지도 않았다. 자신과 다른 것을 배척하려고 하지 않았고 갈등을 빚으며 싸우지도 않았다. 오로지 그물에 걸리지 않는 바람처럼 거침없이 사람을 만나고 사랑을 전함으로써 모두의 행복을 추구하는 사람이었다.

김진경 총장이 중국과 조선에서 이뤄 낸 기적을 고스란히 지켜보면서 나는 희생과 섬김으로 이 사회의 평화를 구하고자 한 그의 '사랑주의'에 특별한 매력을 느꼈고 끊임없는 도전을 받았다. 김진경 총장의 사상과 철학은 철저히 사랑주의에 비전을 두고 있었다. 그는 자신의 비범한 인격에서 비롯되는 청정한 모범으로 주위의 건조한 정신적 소유자들이 정신적 변화를 이룰 수 있도록 도와주었다.

그는 기독교인이다. 하지만 그의 영향력은 종교에 대한 구체적인 설명보다 인간에 대한 사랑과 인류평화와 복음을 먼저 떠올리게 한다. 모든 종교나 이념, 경계를 초월한 인간애에 대한 숭고함과 초연함으로 사람들을 감동시킨 것이다.

"사랑이 없으면 평생 동안 다른 사람과는 물론 신과도 싸우게 되지만 사랑을 터득하게 되면 마음이 풍요로워져서 생존경쟁이 필요하지 않으며 마음에 우울이나 무기력함이 끼어들 수 없게 된다. 왜냐하면 사랑이란 생명의 일부이며 뿌리이기 때문이다."

이것이 바로 그가 믿는 철학이고 사상이다. 그리고 그가 궁극적으로 추구하는 진리이기도 하다. 왜 그가 한국과 미국을 넘어 중국과 북한을 위해 그렇게 어렵고 힘든 길을 걸어왔을까? 그의 대답은 의외로 단순했다.

"이곳이 나를 필요로 하기 때문이다."

그는 남에게 내어 주고 도와주는 것을 낙으로 삼는 일생을 살아왔다. 그는 '희생과 사랑으로 섬기는' 리더만이 이 시대에 필요한 존재라고 주장한다. 그를 통하여 사랑주의가 인류 사회의 흐름 속에서 또 하나의 가능한 발전을 이루어 낼 수 있는 보편적인 철학임을 확인할 수 있었다.

나는 이 글을 쓰는 동안 인간의 의지와 힘으로는 이룰 수 없는 신의 경지를 체험했다. 보지 못하던 것을 보게 되는 기쁨은 어둠 속에 갇혀 있던 자가 빛을 통해 누릴 수 있는 은총임으로 참으로 감사하지 않을 수 없다.

부족하지만, 김진경 총장의 뜻이 제대로 전해지기를 바라며, 이 글을 쓰는 데 도움을 주신 모든 분들께 감사드린다.

2018년 4월
허련순

차례

개정판 머리말_ 놀랍고도 특별한 한 사람의 이야기를 시작하며 6

1부 인생은 새로운 길을 찾는 여행
1. 운명의 십자가 15
2. 어린 시절의 기억 26
3. 유럽 유학을 택한 이유 54
4. 하늘이 내린 복, 가정을 이루다 67
5. 친구의 배신 79

2부 생각하고 꿈꾼 것을 즉시 실천하라
6. 중국에 발을 딛다 109
7. 어리석은 사람과 선각자의 차이 137
8. 그를 움직인 힘 151
9. 중국을 향한 마음 169

3부 세계적인 국제대학, 옌볜과기대의 기적

10. 기적을 낳는 것은 오직 사랑뿐 203
11. 좋아서 사랑하는 것으로는 부족하다 233
12. 우리는 양심에 투자한다 243
13. 내게 온 아이들은 모두 내 자녀다 255
14. 희생 없이는 신앙도 없다 265

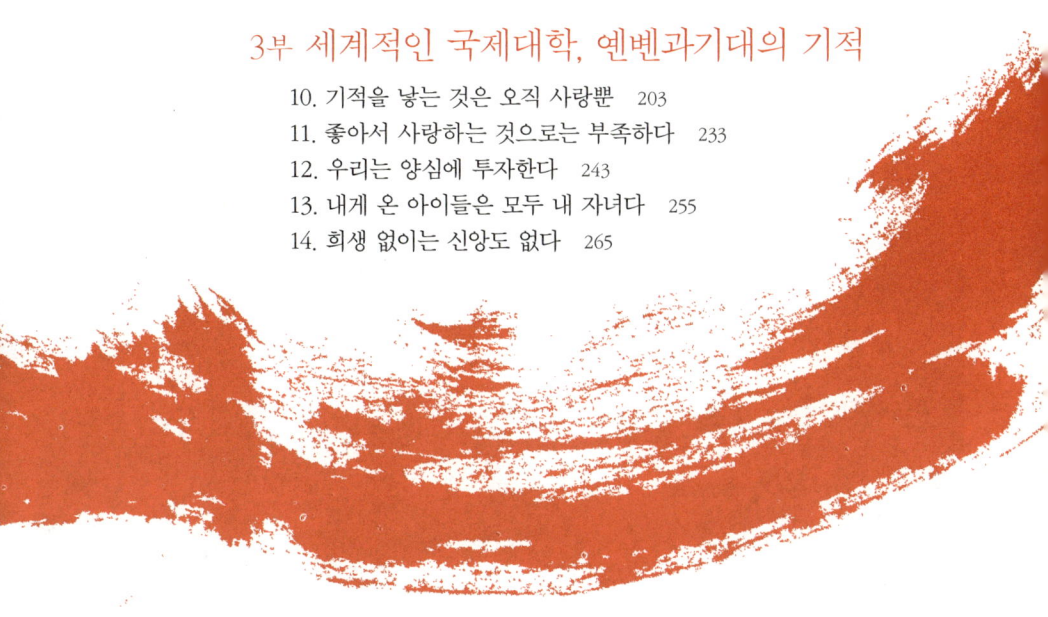

4부 한반도 평화의 허브, 평양과기대의 비전

15. 북한에서 받은 사형선고 281
16. 죽음을 넘어 평양과기대를 세우다 307
17. 사랑을 실천하는 사랑주의자 328

맺음말_ 동북아 번영과 세계 평화를 위한 길 360
부록_ 동북아 공동체로 평화와 번영을 이루자 366
　　　미국 국가조찬기도회 연설문 382
　　　김진경 연보 394

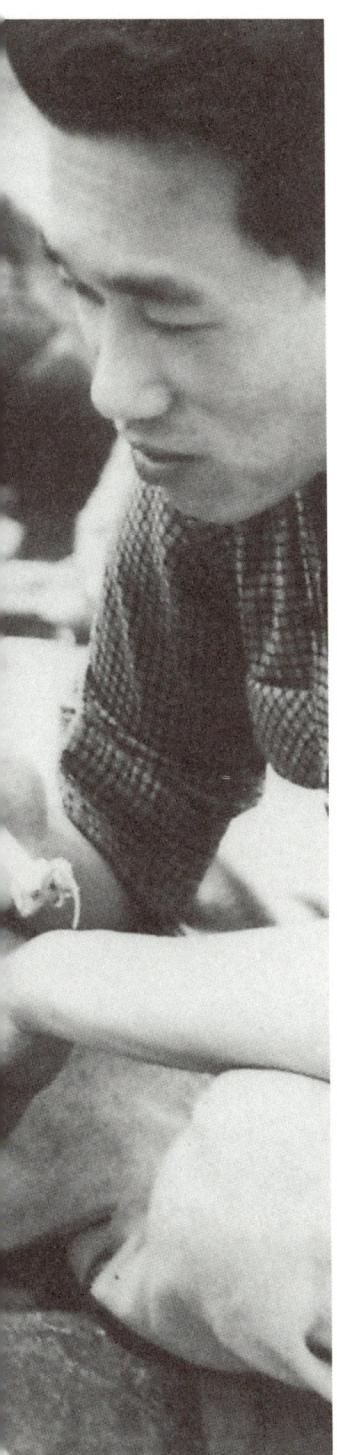

1957년 학창 시절. 배재고 고학년에게 방을 빼앗기는 일이 많았다.

1부

인생은 새로운 길을 찾는 여행

죽음을 보면 삶이 보이듯 그는 죽음을 통하여
비로소 절대자에 이르는 참된 길을 찾게 되었다.

1. 운명의 십자가

혈서

1950년 6월 25일. 전쟁이 일어난 지 단 사흘 만에 서울이 함락되었다. 이로써 만 18세 이상의 장정들을 징집하는 대대적인 징병제도가 실시되었다. 당시 김진경은 4월에 갓 3학년으로 진급한 창신중학교 학생이었다. 그때 마산시에는 창신중학교, 마산상업중학교, 마산중학교 등 6년제 중학교가 있었다. 전쟁으로 온 나라가 피난민으로 장사진을 이루었고 곳곳에서 사상자가 속출했다. 전쟁이 일어난 지 닷새 뒤인 6월 30일, 육군부대 모 장교가 학교에 와서

의용군을 모집한다고 선포하자 창신중학교에서 무려 60여 명이 자원했다. 하지만 새벽 기차로 부산에 가서 입대하려고 보니 중도에서 모두 도망가고 겨우 10여 명밖에 남지 않았다.

젊은이들이 입대를 위한 정밀 검사를 받기 위하여 줄을 서 있었다. 김진경의 차례가 되었을 때 검사를 맡은 장교가 의아하게 바라보았다.

"몇 살이냐?"

"열다섯입니다!"

김진경은 키를 크게 보이려고 일부러 발꿈치를 들고 힘차게 대답했다.

"열다섯?"

장교가 어이없어하며 냉소했다.

"까불지 말고 집에 가, 임마! 전쟁터가 뭐 어린애들 놀이터인 줄 알아?"

장교는 단호하게 "다음 사람!" 하고 외쳤다. 검사에서 제외된 김진경은 조급해졌다. 나이는 어렸지만 그의 마음속에는 오직 '나라를 위해 싸워야 한다'는 일념밖에 없었다. 그는 친화적이고 따뜻한 성격이지만 다혈질에다 황소고집이어서 한 번 한다고 하면 꼭 하고야 마는 성미였다. 그는 유리조각으로 자기 손끝을 찔러 피를 냈다. 그리고 노트 한 장을 찢어 '애국'이라고 혈서를 쓴 뒤 장교에게 내밀면서 다부지게 말했다.

"나라를 지켜 내기 위해 피 흘려 싸우는 것은 이 나라 젊은이들의 의무입니다. 조국을 지켜 내기 위해 전쟁에 나가도록 허락해 주십시오."

　김진경은 격앙된 듯 눈물을 흘리며 간청했다. 대책 없고 무모하긴 하지만 정의롭고 의리가 있어 보이는 데다가 저돌적이며 기이하기까지 한 이 열다섯 소년을 장교가 가만히 바라보더니 마침내 "합격" 하고 명했다. 어린 나이임에도 무서운 집념과 지독한 열정을 지닌 혈기왕성한 소년의 패기와 열정에 장병 모집 장교가 감동했던 모양이다. 이리하여 그는 대한민국 국군 역사상 가장 나이 어린 군인이 되었다. 겨우 열다섯, 지금 같으면 한창 어리광을 부릴 철부지 나이다. 하지만 그는 집에 이 사실을 고하면 어머니가 반대할 것으로 여겨 집에는 한마디 기별도 넣지 않고 슬그머니 부대를 따라나섰다.

　학도병들은 부산의 육군 제2훈련소에서 3주가량 훈련을 받았다. 훈련이랬자 제식훈련과 총검술 정도와 대열에 맞춰 설 수 있는 정도였다. 7월 22일 새벽 훈련을 마친 학도병들은 트럭에 실려 어디론가 가게 되었다. 하동전선이란 말은 들었지만 정확히 어디로 가는지 아무도 몰랐다. 모든 것은 군사 기밀이었다. 트럭에 오른 뒤 소총과 실탄 열 발을 지급받았고 담요와 몸에 맞지 않는 군복을 지급받았다. 하지만 소총이 길어 어깨에 메면 발꿈치에 닿아 걸을 때마다 말썽이었다. 이를 본 한 장병이 그에게 카빈소총으로 바꿔 주었다.

　그들이 도착한 곳은 바로 지리산 자락에 있는 남원이었다. 그곳에서 비로소 총기 조작법과 사격술 및 총기 분해하는 법을 배웠다. 하지만 여전히 실탄사격은 해보지 못했다. 그들은 주먹밥을 한 개씩 나누어 먹은 뒤 전방부대에 배속되었다. 이후 그들은 전주를 사수하기 위해 피난민의 행렬을 거스르며 도보로 전주를 향했다. 하지만 전주에 도착했을 때는 전주가 이미 북한군에게 함락되어 있었다.

25일 새벽 학도병들은 다시 도보로 하동의 화개장터에 도착했다. 이곳에서 북한군과 한 차례 치열한 전투가 있을 예정이었다. 하지만 행군 길에 지치고 굶은 학도병들은 전투 준비를 할 새도 없이 여기저기 픽픽 쓰러졌다. 연대장이 호통을 치면서 학도병들을 일으켜 진지로 들여보냈다. 이 진지는 이곳 경찰들이 여순사건 때 반란군의 공격에 대비하여 하동군 화개면 탑리 원탑마을 뒷산에 미리 만들어 놓은 고지였다.

새벽 4시, 고된 강행군에 지친 학도병들이 배고픔을 달래며 선잠이 들었을 때다. 북한군 6사단이 T-34소련제 전차를 앞세우고 파죽지세로 고지를 향해 올라오고 있었다. 북한군은 전차 외에도 SU-76 자주포, 122유포탄, 76밀리 야포와 122밀리 박격포로 중무장해 비교적 강한 전력이었다. 하지만 학도병들은 겨우 M-1소총만으로 무장하고 있었다.

중대장의 발포를 신호로 학도병들이 일제히 사격을 개시했다. 하지만 실탄 한번 쏘아 보지 못한지라 제대로 조준 사격을 하는지 알 수 없는 일이었다. 상대는 중공군에서 닳고닳은 베테랑 부대인 북한군 제6사단이다. 북한군은 박격포탄을 퍼부었다. 학도병들은 혼란에 빠졌고 인민군 보병들은 필사적으로 돌격했다. 학도병들은 죽음을 무릅쓰고 적과 3시간을 싸웠다. 하지만 이미 30여 명의 사상자를 냈고 나머지 병력도 곧 무너질 형편이었다. 오전 8시경, 중대장은 더 이상 버틸 수 없다고 판단하고 퇴각 명령을 내렸다. 살아남은 학도병들은 동료들의 시신을 거두지 못한 채 대열도 이루지 못하고 뿔뿔이 흩어져 필사적으로 후퇴했다.

부대는 흩어진 병사 100여 명을 집결시켰다. 그리고 하동, 진주 등 경남 일대에서 전투를 계속했다. 하지만 병사들의 희생으로 인원이 점점 줄자 독립적인 전투부대로서의 활동을 할 수 없게 되어 학도병을 해체하고 일반 군부대에 정식으로 입대하게 하거나 일부는 하사관 학교에 부사관으로 입관시키기도 했다. 김진경은 나이가 어린 까닭에 하사관 학교에는 들어가지 못하고 소대장을 보좌하는 부관으로 이런저런 심부름을 하게 되었다.

열다섯 살 국군 소년

김진경이 소속된 부대는 북한군에게 여지없이 밀려 마산 앞 진통까지 물러났다. 부대는 서부전선에서 다시 동부전선으로 옮겨 포항 전투에 투입되었다. 1950년 8월 10일 안동 지역으로 침공한 북한군 제12군단이 동남진하여 포항 북쪽의 흥해를 점령함으로써 한국군 제3사단의 퇴로가 차단되어 포항이 위기에 놓이게 되었다. 당시 포항여자중학교에 제3사단 후방사령부와 포항 학도병 71명이 함께 있었다. 8월 11일 새벽 4시경 북한군들은 소티재를 넘어 포항 시내로 진입했다. 학도병들은 스스로 두 개 소대를 편성하여 제3사단 사령부 행정요원 60여 명과 함께 사령부 주변에서 네 차례 혈전을 벌였다. 전투는 장장 11시간을 이어갔고 치열한 접전에도 불구하고 포항은 북한군에게 넘어가게 되었다. 이 전투에서 학도병 48

명이 전사하고 14명이 부상했는데, 김진경은 발에 파편을 맞고 포항에 있는 군병원에 입원하게 되었다. 후방병원으로 이송될 때 중대장이 종이에 '제대증'이라고 써주면서 전역 증명서 대용으로 사용하도록 해주었다. 비록 포항이 북한군에게 점령되었지만 학도병들의 선방으로 북한군의 포항 시내 진입이 지연됨으로써 제3사단 후방 보급품을 안전하게 후송할 수 있었고 일반 행정기관이 무사히 철수할 수 있었다. 그리고 국군과 유엔군이 반격을 준비할 수 있는 기회를 만들어 주기도 했다.

나라를 지키기 위해 자진하여 출전했던 열다섯 소년 김진경에게 전쟁의 현실은 너무 큰 충격을 주었다. 함께 공부하던 학교 동료들과 다른 군인들의 죽음을 목도하는 것은 그에게 너무나 참혹하고 잔혹한 시련이었다. 어떤 시체는 눈을 뜨고 있었고 어떤 시체는 무엇인가 마지막으로 말을 남기려는 듯 입을 벌린 채로 있었다. 그 야말로 아비규환이었다. 그는 죽는 것이 두려웠다. 너무 무섭고 두려워 몇 번인가 바지에 오줌을 지리기도 했다.

그러던 어느 날, 김진경은 미국 군목이 프린트해 나눠 주는 쪽복음을 손에 넣게 되었다. 1921년 선교사로 한국에 와 있던 '서위렴'이라는 한국명의 윌리엄 얼 쇼William Earl Shaw 선교사가 한국전쟁이 발발하자 주한미군에 자원입대하여 군목으로 활동하기 시작하여 국군 내에 군목 제도가 생겼다고 한다. 1951년 2월 28일과 5월 1일에는 두 차례에 걸쳐 이승만 대통령이 목사 44명, 신부 16명을 무보수 촉탁으로 임명하여 전선에 투입시키면서 군목들의 활동이 더 활발해졌다.

김진경은 프린트된 요한복음을 호주머니에 넣고 다니면서 전투가 소강 상태에 들어가면 참호에서 잠깐씩 꺼내 읽었다.

"그를 믿는 사람은 누구든지 멸망하지 않고 영원한 생명을 얻게 해주신다."

"생명은 소중하고 무엇과도 바꿀 수 없는 것이다."

"사랑은 무엇보다 귀한 것이다. 사랑은 인간의 제일 된 가치이고 덕목이며 사랑에는 조건이 없다. 원수도 사랑하여라. 정성과 모든 것을 다하여 이웃을 내 몸과 같이 사랑하여라."

김진경은 모태신앙인이다. 그는 어머니를 따라 어릴 적부터 교회에 나갔고 주일학교도 열심히 다녔다. 하지만 지금까지 그렇게 처절하게 하나님께 의지해 본 적이 없었다. 총알이 빗발치는 생사의 현장에서 그의 신앙은 너무도 절실했다. 혈서까지 쓰고 나라를 지킨다는 정의감으로 참전했지만 전쟁의 의미를 되새기지 않을 수 없었다.

'남에게 총을 겨누는 내 행위가 정의로운 것이라면 저 어린 적군의 죽음은 당연한 것이란 말인가. 그리고 저들의 총알에 쓰러져 가는 내 전우들의 죽음은 애국이라는 한마디 말로 미화하고 정당화하면 어떤 의미가 있는가? 이 세상에 생명보다 더 소중한 가치가 있는가.'

그는 하나님께 끊임없이 물었다.

'우리가 말하는 의로운 전쟁의 실체는 과연 무엇입니까? 그 정당성을 무슨 말로 설명할 수 있습니까? 우리가 왜 싸워야 합니까? 우리가 왜 죽어야 합니까? 살아 있는 모든 것은 소중하다고 하시지 않았습니까? 존재하는 모든 것은 그 존재 의미가 있다고 하지 않았습니까? 그런데도 왜 살상을 해야 합니까? 총을 들고 있는 존재로서 나는 도대체 어찌하여야 옳은 겁니까?'

그는 죽음조차 무릅쓰고 싸워야 하는 당위성과 꼭 살아야 한다는 또 다른 당위성 사이에서 가장 처절하고도 본질적인 질문을 수없이 던지며 갈등했다.

그리고 드디어 살상 행위로서의 전쟁이란 어떤 이유에서건 정당할 수 없다는 것을 그는 하나님을 통해 깨달았다. 죽음을 보면 삶이 보이듯 그는 죽음 앞에서 비로소 생명의 소중함 그리고 인간 존재의 본질적인 조건과 그 의미를 절실히 느끼게 되었다.

갑자기 어머니 생각이 간절했다. 왜 그리도 어머니 생각이 간절하던지, 떠날 때 어머니께 알리지 않고 떠나온 것이 몹시 후회되었다. 그리고 지금쯤 아들의 행방을 몰라 찾아다닐 어머니 생각에 목이 메기도 했다.

'죽고 싶지 않으면서 죽음을 강요당하는 것을 정당하게 생각해야 하는 이념이란 도대체 무엇인가. 인간의 생명보다 더 위에 있는 이념이라면 그것이 과연 정당한 것인가.' 그리고 깨달았다. 모든 이념 자체는 지극히 사회적인 것이고 인간을 위한 것이어야지, 이념을 지키기 위해 인간의 생명을 내놓아야 한다면 이는 지켜야 할 가치가 아니라는 생각이 들었다.

그는 살아야 했다. 그리고 꼭 살아서 어머니 곁으로 돌아가고 싶었다. 그는 하나님께 생명을 구해 주시도록 간구했다.

'제 생명을 구해 주신다면 우리를 대항하여 싸우고 있는 북한과 중국 백성들에게 하나님의 사랑을 전하겠습니다'라고 약속했다. 그리고 그들에게 보다 나은 길을 보여 주기 위해 일하겠다고 약속했다. 그 나은 길이란 전쟁이 아니라 진정한 평화로 이끄는 사랑과 협조의 길이었다.

1953년 7월 27일 정전협정이 조인된 후 휴전이 되었다. 전쟁이 끝났을 때 함께 떠났던 학도병 800명 가운데 살아남은 사람이 겨우 17명이었다고들 했다. 김진경은 구사일생으로 살아서 돌아왔다. 하지만 전쟁터에서 보고 겪은 그 많은 죽음의 영혼들에서 자유로울 수 없었다. 죽음도 슬픔이지만 살아남음 역시 고통이고 슬픔임을 뒤늦게 깨달았다. 전쟁에서 받은 상처는 그에게 죽을 때까지 짊어지고 가야 하는 평생의 아픔이자 빚이었다. 그는 그 빚을 갚아 가는 마음으로 이 땅에 평화를 실현하기 위한 삶에 자신을 바치기로 마음을 다졌다.

그는 절대자에 이르는 생명의 길을 절망을 통해 확실하게 보게 된 셈이다. 죽음의 체험을 통해 자신이 종교적 인간이 되도록 훈련되었다고 그는 믿고 있다.

전쟁을 뒤로 하고서

3년 1개월간의 한국전쟁으로 전 국토가 폐허가 되었다. 민간인만 해도 40만 명의 사상자가 발생했고 75퍼센트의 산업 시설과 120만 채의 주택이 파괴되었다. 그뿐만 아니라 10만 명이 넘는 전쟁고아와 수많은 이재민이 발생했다. 부모를 잃은 아이들은 한겨울에도 옷도 제대로 입지 못하고 맨살을 드러낸 채 먹을 것을 구걸하기도 했다. 그야말로 눈 뜨고 볼 수 없는 참담한 광경이었다.

1951년 3월 복교령이 내리기 3개월 전에 학교로 돌아왔다. 7월 20일, 마산 창신중학교에서는 학도병으로 참전한 영광을 기려 그에게 "우자右者는 학도병으로 종군從軍하였기로 본 상장을 수여함"이란 내용을 담은 상장을 수여했다.

김진경이 군생활을 끝내고 집으로 돌아오자 어머니가 버선 바람으로 달려나와 아들을 부여잡고 눈물을 흘렸다.

"진경아, 장하다. 역시 내 아들이야!"

가슴이 뭉클했다. 김진경은 '내 몸이 내 것이면서도 내 것이 아니고 엄마의 것이기도 하다'는 생각이 들었다. 그가 전쟁에서 싸우던 1년 사이 어머니는 몰라보게 늙었다. 전쟁에 나간 아들 때문에 얼마나 노심초사했을지 짐작되었다. '살아서 온 게 천만다행이지. 안 그랬으면 자식을 앞세우고 살아가는 어머니의 인생이 얼마나 슬프고 쓸쓸했을까. 어머니의 일생에 큰 불효를 저지를 뻔했구나!' 하는 생각으로 그는 안도할 수 있었다.

군대에 가면서 집에 기별도 하지 않았다고 책망이라도 할 줄 알았는데, 어머니는 한마디 꾸지람도 하지 않았다. 그저 어린것이 그래도 사내라고 군대에 지원한 것이 대견스럽고, 죽지 않고 살아 돌아온 것이 고마워 눈물을 흘렸다.

어머니는 아들이 전쟁에 나간 사실을 이미 알고 있었다. 군에 지원한다고 그와 함께 군부대를 찾아갔다가 낙방한 친구가 어머니께 알려드린 것이다. 어머니 조형순 여사는 강인한 분이었다. 사리가 밝고 인내심 또한 강했다. 아들이 군대에 간 뒤 매일같이 "제발 살아서 돌아오게 해달라"고 간절히 기도했고, 혹시 부정이라도 탈까 봐 한숨도 짓지 못했고 눈물도 흘리지 못했다고 하셨다.

    제대 후 김진경은 다시 창신중학교로 돌아갔다. 그해 6월 군부대에서 복교령이 내려져 대다수의 학도병들이 학교로 돌아가게 되었다. 원래 6년제였던 중학교 학제가 바뀌어 중학교 3년, 고등학교 3년으로 분리되었다. 그는 중학교 3년을 졸업하고 시험을 치러 마산고등학교에 입학했다. 전쟁터에서 생명의 소중함을 몸으로 체험했기에 더 값있고 가치 있게 살 수 있는 방법이 무엇인지 고민했다. 그리고 고민 끝에 야학을 꾸리기로 결심했다. 토요일과 일요일에 친구들을 움직여 황토벽돌을 만들어 집을 지었다. 집이 완성된 뒤 거기에 야학을 열고 부모가 없거나 돈이 없어서 공부를 못하는 아이들을 모아 놓고 가르쳤다. 아이들을 가르치는 동안 자기 것을 아끼지 않고 내놓았다. 그러다 보니 옷이 두 벌 이상 남아 있지 않았다. 그는 늘 단벌 신사였다.

아버지가 그의 지성에 영향을 주었다면
어머니는 그의 마음에 선善이란 씨앗을 심어 주고
그것을 결이 고운 비단을 다듬듯 곱게 가꾸어 주었다.

2. 어린 시절의 기억

교육자 아버지의 영향

    김진경은 1935년 9월 16일 경남 의령군 의령읍에서 6남매 중 다섯째로 태어났다. 교육자인 아버지로부터 인간의 자유와 평등을 누릴 수 있는 권리를 투쟁이 아닌 교육으로 실현해야 함을 배웠다.
    그의 부친 김수만 선생은 지주 집안의 아들로서 수원고농水原高農을 졸업한 뒤, 미국 선교사가 평양에 세운 한국 최초의 대학 숭실대학을 졸업했다. 그 후 일본 아오야마青山학원에서 공부했다. 1923년 일본 간토 대지진 사건 이후 일본이 그 죄를 조선 사람에게 뒤집어씌워 많은 조선인을 무참히 학살하자 그의 부친은 위협을 느끼고 귀국했다. 고국으로 돌아온 뒤 공무원 특임시험에 합격하여 하동군에 발령받아 관리 생활을 했다. 그러나 관직보다는 교육에 뜻을 두어 1929년 부산 동래일신여학교(호주 선교사가 세운 여학교, 현 동래여자중·고등학교) 부교장으로 부임했다. 1933년에는 마산 창신중·고등학교와 창신대학의 전신인 창신학교(호주 선교사가 세운 대학) 부교장으로 부임했다. 당시 한국에 들어온 선교사들은 무엇보다 교육에 뜻을 두고 많은 학교를 세웠다. 이것은 지금의 한국 사회가 있기까지 큰 동력이 되었다.

그런데 1938년, 부친은 갑자기 창신학교 부교장 직을 그만두고 중국행을 결정했다. 여기엔 두 가지 이유가 있었다. 조선교육령에 의한 조선말 탄압과 '창씨개명', '신사참배'에 대한 불만과 거부였다. 그리고 일제 통치하에서는 교육의 진정한 가치를 실현할 수 없다고 여겼기 때문이다. 하여 할아버지께 상속받은 토지를 팔아서 맏아들을 데리고 중국 북간도 흑룡강성 목단강 신안진에 농업학교를 세우고 해방될 때까지 그곳에서 학생들을 가르쳤다.

1910년 한일합병이 있은 뒤, 일본은 조선의 백성을 지배하기 위해 그해 8월에 '제1차 조선교육령'을 내려 보통교육의 중요한 목적이 일본어 보급이라는 요구를 제기했다. 1922년 2월에는 '제2차 조선교육령'을 내려 중학교 규정을 만들고 중학교 조선어 교육을 낯선 일본어 교육으로 만들어 놓았다. 1938년 3월 '제3차 조선교육령'의 '소학교 규정'을 만들어 소학교 학생들마저 철저히 일본어 교육의 범주에 넣음으로써 민족어 말살을 위한 법적 기초를 더욱 강화했다. 당시 일제는 강압적인 방법으로 조선 학생들에게 '우리나라의 국어는 일본어다', '우리나라 깃발은 히노마루다'라는 내용을 '인정'하게 했으며 조선 역사와 조선 지리 과목을 폐지하고 교과서도 일본어로 편찬하게 했다.

일제의 조선어 말살 책동은 조선 사람의 성과 이름까지 빼앗기에 이르렀다. 1939년 11월 '개정 조선민사령朝鮮民事令'의 총독부훈령 제19호에서 "조선의 호주는 본령 시행 후 6개월 이내로 새로 씨를 정하여 그것을 부윤 또는 읍, 면장에게 제출할 것을 요함"이라는 전대미문의 요구를 제기하고 이른바 '창씨개명운동'을 정당화하기 위한 법적 기초를 구축했다. 일제는 조선 사람들의 성과 이름을 일본식 성과 이름으로 바꾸도록 강요하였으며 이에 응하지 않으면 '비국민', '불온한 사람'으로 몰아 박해하고 징용, 징병하거나 보국대報國隊 동원을 위한 선발 대상으로 삼았다.

경찰서와 주재소, 면사무소에서는 창씨개명을 한 사람들의 명단만을 호적에 기입하도록 하고 조선식 성과 이름을 가진 사람에 한해서는 출생신고조차 받아 주지 않았다.

이러한 일제의 조선인 말살정책에 그의 부친은 분노했다. 그리고 풍전등화風前燈火와도 같은 조선의 운명을 개탄했다. 교육자로서 일제의 공공연한 조선어 말살정책을 옹호하면서 일본인에게 빌붙어 자국 백성들에게 조선어가 아닌 일본어를 가르치는 것을 부끄럽게 여긴 그는 망국의 슬픔을 안고 조국의 운명을 위한 또 다른 길을 찾아 결연히 만주를 선택했다.

아무리 식민지 시대라 해도 부교장 자리는 가족을 먹여 살리는 데 넉넉지는 못하더라도 보장된 직업임은 틀림없었다. 하지만 그는 부교장 자리도 마다하고 사랑하는 가족까지 뒤로 한 채 물 설고 바람 거친 동북의 만주 땅에 정착하여 손수 나무를 찍고 흙으로 벽돌을 만들어 학교를 세운 뒤 '농업학교'라고 이름을 지었다. 일찍이 농업에 뜻을 두어 수원고농을 마치고 일본까지 가서 공부하고 돌아온 부친은 일제 식민지를 벗어나면 중국이라는 광활한 땅에서 자유롭게 자신의 뜻을 펼칠 수 있으리라 여겼다. 그곳에서 그는 해방될 때까지 어렵고 힘없는 젊은이들에게 글을 가르쳤으며, 한국의 독립운동과 후진 양성을 위해 헌신했다.

여섯 살부터 열 살 무렵까지 김진경은 두세 차례에 걸쳐 아버지를 뵙고자 마산에서 꼬박 나흘간 기차를 타고 평양을 거쳐 목단강으로 간 기억이 있다. 털커덩 털커덩 느리게 달리는 열차에서 볶은 땅콩을 까먹으면서 창 너머로 가도가도 끝없이 펼쳐진 검은 산과 들의 풍경은 세월이 지나도 그의 머리에 액자 속 흑백 사진같이 오롯이 남아 있다.

아버지는 그에게 감히 다가갈 수 없는 거대한 산이었다. 작은 가슴이었지만 '아버지가 하시는 일이 크고 참된 일'이라는 기운을 감지할 수 있었다. 아직 뚜렷한 이상이나 사상을 수립하기에는 이른 나이였지만 '커서 아버지처럼 학교를 세워야 한다'고 생각했다. 그 뜻을 다 알지는 못했지만 누구나 그렇게 사는 줄 알았다.

어릴 때 만주에서 보았던 아버지에 대한 인상은 너무 강렬해 나이를 먹어도 쉬 지워지지 않았다. 누구와 약속한 것이 아닌데도 그것은 늘 청산하지 않은 빚문서처럼 그의 마음을 무겁게 했다. 돈이 있어도 행복하지 않았고, 무엇을 이루어도 무언가 해야 할 일을 미루는 사람처럼 마음이 편치 않고 늘 불안했다. 그것은 지독한 멍에였다.

아버지의 귀국

1945년 광복이 되자 그의 아버지는 7년간의 만주 생활을 정리하고 서둘러 귀국길에 올랐다. 하지만 여비를 준비하지 못했던 탓인지, 아니면 전쟁으로 교통이 두절되었던 탓인지 부친은 중국 목단강에서 서울까지 걸어서 왔다. 서울에 도착해서야 비로소 기차를 타고 마산까지 왔지만 귀국하자마자 결국 병석에 눕고 말았다. 설상가상으로 해방 후 토지개혁으로 그의 집 농토가 소작인들의 손으로 넘어가 버려 서민으로 전락했다. 조국의 광복으로 마음이 설레고 정신이 고양되어 있었지만 귀국과 함께 많은 것들이 철저히 부서지고 말았다. 육체적인 고통과 더불어 정신적인 고통으로 몸을 추스르지 못한 채 시름시름 앓다가 결국 1961년 61세의 나이로 세상을 떠났다. 아버지가 돌아가실 때 김진경은 영국에서 공부하고 있었다. 그의 어머니는 아들의 유학 생활에 부담을 주지 않기 위해 아버지가 돌아가신 소식을 일부러 그에게 전하지 않았다.

공부를 마치고 귀국하고 나서야 아버지의 사망 소식을 듣게 된 김진경은 땅이 꺼지듯 통곡했다. 늘 마음속에 큰 바위처럼 담고 살았던 아버지의 부재는 그에게 텅 빈 사막에 홀로 놓인 것과 같은 허탈감을 주었다. 그는 며칠 동안 두문불출하고 집에 처박혀 있었다. 그 힘든 침묵과 허무 속에서 그가 가장 견디기 힘들었던 것은 아버지께 채 하지 못한 말들이 많이 남아 있다는 사실이었다. 그는 비로소 누군가 죽었다는 사실보다 죽은 사람에게 하지 못한 말들이 남아 있다는 사실이 살아 있는 자들에게 더 견딜 수 없는 아픔이고 슬픔이라는 것을 깨달았다. 좀더 아버지와 가깝게 지내지 못한 것을, 아버지와 더 많은 대화를 나누지 못한 것을 후회했다. 너무도 사무쳤다.

그때를 계기로 그는 마산 창신학교 부교장 직을 버리고 중국에 가서 학교를 세운 아버지의 꿈과 아직 이루지 못한 그분의 한이 무엇일까를 가슴 아프게 되새기게 되었다. 누군들 사랑하는 부인과 자식을 두고 땅 설고 물선 이국땅에 가고 싶었겠는가? 왜 명을 재촉하는 그 험하고 어렵고 위험한 길을 택하였을까? 당신의 안일한 생활과 개인의 영달을 꿈꾸셨다면 좋은 조건을 거부하고 어려운 조건을 택하지는 않았을 것이다. 아버지는 가난하고 힘없는 사람들이 마음껏 배우고 가르침을 받을 수 있는 세상을 만들고 싶었을 것이다. 그런데 왜 하필이면 중국 흑룡강성 목단강이었을까. 부친께서도 중국에 도착해서 여기저기 정착지를 찾다가 결국 그곳을 찍었다고 했다. 그곳에 일제의 탄압을 못 이겨 조선을 떠난 사람들이 많이 모여 살고 있었기 때문이었을 것이다. 아버지는 늘 "인간의 권리 중에 가장 큰 권리가 교육받을 수 있는 권리다"라고 말씀하셨다.

교육받을 권리를 인간의 가장 큰 권리로 여기던 분인 만큼 그는 가난해서, 나라를 잃어서 교육받을 수 있는 여건을 상실한 사람들이 안쓰러워 그곳에 가셨던 것이다. 김진경은 아버지의 죽음을 경험하면서 아버지의 뜻을 이루고자 하는 자신의 마음을 더욱 확인할 수 있었다. 아들로서 아버지의 운명을 지켜보지 못했고 장례식에도 참석하지 못한 죄스러움이 교육에 대한 그의 마음을 더 단단하게 했다.

신앙이 깊던 어머니

당시 땅이 많은 대지주였던 김진경의 할아버지는 아들을 서울에 유학 보내어 고등 교육을 받게 하였다. 아버지가 서울에서 공부하는 동안 어머니는 집에서 시부모님을 도와 농사도 짓고 아이들을 키우며 살림을 했다. 아버지는 서울에서 공부하는 동안 예수 믿는 친구를 사귀게 되었다. 친구 따라 주일 예배와 수요일 예배에 열심히 다니던 아버지는 시골에 사는 아내 조형순에게도 예수를 믿으라고 편지로 설득했다. 남편의 강권에 따라 어머니는 예배당에 나가기 시작했다. 그런데 이것이 그의 할아버지의 비위를 거스르고 말았다. '예수 믿는 며느리는 싫다'며 그의 할아버지는 어머니가 시집올 때 가지고 온 이불이며 옷가지며 세간까지 죄다 길바닥에 내다 버렸다. 할아버지는 대대로 양반 족보를 긍지로 여기며 유교의 가르침만을 숭상해 오신 분이다.

"한 집안에서 두 신을 섬길 수 없는 일이여. 집안 망하는 꼴 보고 싶지 않으니 어서 집에서 나가게."

할아버지는 어머니를 집에서 쫓아내고 대문을 잠가 버렸다. 어머니는 눈물을 흘리며 하룻밤을 대문 밖에서 지냈다. 그리고 날이 밝아 할아버지가 출타한 틈을 타서 집에 들어올 수 있었다. 어머니는 한동안 할아버지가 두려워 예배당에 나가지 못했다. 그러다가 할아버지가 세상을 뜨고 나서 다시 교회에 다녔다. 아버지는 어머니를 대구중학교에 보내어 공부를 시켰다. 당신은 서울에서 고등학교를 나오고 평양 숭실대학을 거쳐 일본에까지 가서 공부를 하였는데 아내가 초등학교밖에 다니지 못한 것이 못내 마음에 걸렸던 모양이다. 당시 살림하는 여자를 남편이 공부시킨다는 것은 흔치 않은 일이었다. 시집가기 전에 공부하는 여자도 많지 않은 시대인데, 시집간 여자가 시댁에서 공부한다는 것은 그야말로 낙타가 바늘구멍에 들어갈 만큼 어려운 일이었다. 시부모를 봉양하고 남편을 섬기고 어린아이들을 키우는 것만이 여인들의 미덕이던 시대였으니 말이다.

아버지의 뒷받침으로 어머니는 중학교 공부를 하게 되었고, 하나님의 뜻을 알고 받아들이게 되었다. 《맹자》에서는 '선지先知'는 하늘의 뜻을 먼저 아는 자, '선각先覺'은 하늘이 백성임을 깨닫는 자라고 했다. 중국의 신해혁명을 주도한 손중산 선생의 '삼민주의'(민족民族, 민권民權, 민생民生)에는 "이 세상에는 세 부류의 사람이 있다. 즉 먼저 알고 먼저 깨달은 자는 선지선각자요, 나중에 알고 나중에 깨달은 자는 후지후각자後知後覺者요, 알지도 못하고 깨닫지도 못하는 자는 부지불각자不知不覺者라"고 적혀 있다. 그런 시대에 아내를 학교에 보내어 공부시키고 예수를 믿도록 인도해 준 그의 아버지는 개명開明한 분이고 그 시대의 선지선각자先知先覺者임에 틀림없다.

아버지가 중국에 가고 난 뒤 큰형도 일본 사람과 싸우고 16세에 독립운동을 한다고 아버지를 따라 중국으로 갔다. 이어 누나마저 일본 도쿄에 유학을 가다 보니 어머니는 마산에서 혼자 힘으로 4남매를 보살피며 살았다. 집안 살림을 혼자 떠맡게 된 어머니는 네 아이들을 공부시키려고 갖은 고생을 마다하지 않았다. 곡식을 이고 도회지에 나가 내다 판 뒤 빈손으로 돌아오지 않고 다시 천을 떼와 마을에서 팔았다. 아무튼 돈이 될 만한 일은 뭐든 했다. 어머니는 정직하고 부지런하고 근면했다.

어머니는 비가 오나 눈이 오나 매일같이 새벽 4시에 일어나 새벽기도회에 나갔다. 그녀는 생활의 고달픔을 기도로 지탱하는 듯했다. 어린 김진경은 종종 어머니의 손에 이끌려 교회에 나가기도 했다. 그곳에서 어머니는 어린 아들에게 하나님의 일하심에 주목하게 했고, 경건한 마음으로 하나님을 섬기는 마음을 갖도록 이끌어 주었다. 아버지가 그의 지성에 눈뜨게 해주었다면 어머니는 그의 마음에 선善이란 착한 씨앗을 심어 주고 그것을 결이 고운 비단을 다듬듯 곱게 가꾸어 주었다.

아버지는 말이 없고 온화했고 어머니는 부드러우면서도 엄했다. 아버지는 그를 꾸짖은 적도, 매를 댄 적도, 벌을 준 적도 없었다. 하지만 늘 먼 곳에 있었다. 어머니는 가끔씩 꾸짖고 회초리를 들기도 했다. 하지만 늘 그의 가까이에 있었다. 어린 시절 어머니에 대한 추억은 그의 영혼에 맑고 깨끗한 기운을 불어넣어 주었다.

하루 종일 실컷 뛰놀고 집에 돌아오면 저녁 숟가락을 놓기 바쁘게 곯아떨어진다.

"진경아, 옷 갈아입고 자야제."

어머니가 부드러운 손길로 머리를 쓰다듬는다. 그리고 목깃에서부터 차례로 단추를 푼다. 목깃을 건드리는 그 간지러운 느낌이 질긴 소리처럼 그의 마음을 파고든다. 두 눈을 감고서도 그는 어머니의 입가에 짓고 있는 그 애잔하고도 애틋한 미소를 느낄 수 있었다.

　때론 잘못을 저질러 벌을 받기도 했다. 어머니가 주는 벌은 독특했다. 절대 누나들이나 형들이 있을 때 꾸짖지 않았다. 일을 저질러도 당장에는 모른 척하다가 누나와 형들이 잠들면 슬그머니 진경이만 깨워 뒷방으로 데리고 갔다. 그리고 누구도 듣지 못하도록 문을 잠그고 조용히 따졌다. 다른 형이나 누나가 있을 때 꾸지람하면 아이가 상처받거나 기가 죽어 성격 형성에 장애가 되기 때문이라는 것이었다. 그리고 잘못의 경중에 따라 벽을 마주하고 손을 위로 추켜들고 있게 하거나 반성문을 쓰게 하기도 했다.

　어머니한테 벌을 받던 날을 그는 어른이 된 후에도 잊지 못한다. 벌이 유달리 혹독해서가 아니다. 벌을 주는 날에는 어머니께서 그의 국그릇에 고깃점을 더 얹어 주었기 때문이다. 숟가락으로 국물을 휘젓다가 고깃점을 발견하면 재빨리 그는 형과 누나들의 눈치를 살폈다. 누나와 형의 국그릇에는 고기가 없고 자기 국그릇에만 고기가 들어 있음을 확인하고는 어머니의 눈치를 살핀다. 그럴 때마다 어머니는 눈을 찔끔하면서 '모르는 척하고 혼자 먹어!' 하는 사인을 보낸다.

　유대인의 옛 격언처럼 오른손으로 벌을 주고 왼손으로는 정답게 껴안아 주는 애정을 수반한 훈육이었다. 만약 벌을 주는 것만으로 그쳤다면 그 벌은 어머니의 권위로 어린 자식을 억누르고 지배하는 것일 뿐 결과적으로 자식의 개성을 위축되게 했을 것이다. 김진경의 여리고 순하고 착한 심성과 예민한 감성, 독특한 말주변과 구김살 없는 낙천성은 어릴 적 어머니의 세심한 배려 때문이라 할 수 있다.

동정심 많은 아이

1944년 겨울, 그가 아홉 살 때 일이다. 방학 때 아버지를 뵈려고 어머니와 중국 목단강에 갔다. 서울에서 평양을 거쳐 증기기관차를 타고 나흘을 달려 목단강에 도착했고, 목단강에서 다시 말 두 필이 끄는 마차를 타고 몇 시간을 달려서 목단강 신안진에 도착했다. 그런데 그 정황이 별로 유쾌하지 못했다. 그곳은 너무 가난했다. 같은 또래 아이들이 하나같이 누더기 옷을 입었고 누런 콧물을 질질 흘리고 있었다. 소매는 콧물을 훔쳐서 소가죽처럼 번들거렸고 손등은 터서 거북등처럼 갈라져 있었다. 아이들은 고급 면직 외투에 털귀마개와 멋진 모자를 쓰고 나타난 김진경을 외계인 보듯 신기하게 바라봤다. 당시 김진경이 입었던 고급 외투와 예쁜 모자는 일본 도쿄에 유학 간 큰누나가 사 보낸 것이었다. 그러니 이 시골 아이들에게는 신기한 것일 수밖에 없었다.

동북 지방의 추위는 너무 추워 소머리가 얼어터진다고 한다. 오죽하면 침을 뱉으면 땅에 떨어지기 전에 얼어붙고 오줌을 누면 땅에 떨어지기 전에 고드름이 된다는 말이 있겠는가. 젖은 손으로 쇠문 고리를 잡으면 손이 문고리에 붙기도 하고 억지로 떼어 내려다 살점이 함께 떨어져 나가기도 한다. 김진경은 모자를 쓰고 귀마개까지 했지만 추워서 몸을 움츠렸다. 그런데 그곳 아이들은 맨발에 얇은 옷을 입고 있었다.

김진경은 자기 외투를 벗어 옷이 얇은 아이한테 주었다. 한 아이를 주니 또 다른 아이가 콧물을 훌쩍거리며 그의 앞에 다가섰다. 외투는 하나뿐이니 할 수 없이 그는 신고 있던 털실 양말에 털귀마개마저 벗어 주었다. 그리고 입술이 파랗게 질린 채 우들우들 떨며 집으로 돌아왔다. 그런 아들을 보고 어머니가 아연해했다.

"진경아, 외투는 어쨌노?"

"외투 없는 아이한테 줬어요."

"외투를 남한테 주고 넌 뭘 입을라꼬?"

"난 속내복이라도 입었잖아요. 걔네들은 속내복도 입지 않았던데."

"그렇다고 대책 없이 다 벗어 주면 우짤라고 그러노."

어머니는 푸념처럼 혀를 끌끌 찼지만 크게 꾸짖지는 않았다. 아버지는 아무 말 없이 따뜻한 눈빛으로 아들을 바라보고만 있었다. 아들의 선한 마음이 대견하였고 그 마음이 훼손되지 않고 어른이 될 때까지 반듯하게 자라기를 바랐을 것이다.

그는 옷뿐만 아니라 밥도 곧잘 퍼다 주곤 했다. 아침에 점심밥까지 해서 솥에 넣어 두면 가끔씩 밥이 없어졌다. 점심을 먹으려고 솥뚜껑을 열었는데 밥이 없으면 얼마나 황당하겠는가. 그러면 어머니가 대뜸 그런다.

"진경아, 또 니가?"

물어보나마나였다.

김진경은 야단맞을까 봐 먼발치에서 "예! 제가 그랬어요!" 하고는 바람같이 사라졌다.

그는 학교에 가서도 자기 도시락을 다른 애들한테 주고는 정작 자기는 배가 고파 냉수를 들이켰다. 그 사실을 안 뒤부터 어머니는 자식이 굶는 것이 안타까워 일부러 밥을 꽉꽉 눌러 도시락을 쌌다. 굶지 말고 나누어 먹으라는 뜻이었다.

그때는 시국이 어려울 때라 도처에 밥을 얻어먹으러 다니는 아이들이 있었다. 밥을 빌어먹는 애들이 처음에는 시도 때도 없이 아무 때나 불쑥불쑥 찾아오더니 차차 요령이 생겨 식사 시간에 맞춰 문을 밀고 깡통을 들이밀었다. 어떤 집들은 밥을 빌어먹으러 오는 아이들 때문에 식사 시간이면 문을 잠궜다. 그래야만 편안히 밥을 먹을 수 있었다. 김진경은 거지 아이들이 깡통을 들고 들어오면 "밥 좀 주세요"라는 말이 채 끝나기도 전에 기다렸다는 듯이 자기 밥그릇을 들고 나가 통째로 부어 주었다. 얼마나 행동이 빠르고 민첩한지 말릴 겨를도 없었다. 행동이 빨라 집안에서는 그를 '바람개비'라고 부르기도 했다.

어머니가 혀를 차면서 아들의 빈 밥그릇에 당신의 밥을 갈라 주며 푸념을 했다.

"속없는 놈. 제 먹을 것을 한 톨도 안 남기고 다 퍼주면 우쩌자는 건가?"

아들의 착한 마음을 알지만 제 밥그릇을 챙기지 못하는 아들이 은근히 걱정되기도 했다.

초등학교 소풍날 있었던 일이다. 줄지은 학생들 뒤를 거지 아이들이 줄레줄레 따라왔다. 소풍 가는 날에는 누구나 먹을 것을 많이 싸온다는 것을 알고 그곳까지 따라온 것이다. 그 아이들은 하루에 밥 한 끼만 얻어먹을 수 있으면 행복해했다. 예견했던 대로 점심시간이 되자 도시락을 풀어 놓기 무섭게 거지 아이들이 득달같이 달려들었다. 도시락을 풀어 놓던 아이들이 기겁을 하고 자기 밥그릇을 사수하려고 온몸으로 막으면서 저지했다. 어떤 아이들은 흙을 뿌리면서 "염치없는 거지 새끼들이!"라고 욕을 퍼부었다.

배고픈 사람은 한 끼 밥을 얻어먹는 것이 인생 최고의 희망일지도 모른다. 그런 아이들에게 염치 따위는 사치일 것이고, 고관대작의 밥이든 동네 아이의 밥이든 누구의 밥이든 일단 먹어야 살기에 사력을 다해 달려든 것이다. 불쌍한 생각이 들어 김진경은 손짓으로 그들을 오라고 불렀다. 기다렸다는 듯 아이들은 다시 먼지를 일으키면서 우르르 모여들었다. 아이들이 다 모이자 김진경은 자기 도시락을 내어 주었다. 거지 아이들은 더러운 손도 아랑곳하지 않고 음식을 입에 우겨 넣었다. 그의 도시락은 순식간에 비었다. 김진경은 그들 옆에서 그 광경을 흐뭇하게 바라보았다. 그럴 때는 초등학생이 아니라 제법 어른인 듯싶었다. 소풍 갔다가 점심을 굶고 집까지 오는 동안 배가 너무 고파서 눈앞이 어질어질하고 다리가 헛나가는 것 같았다. 집에 오자마자 밥부터 찾자 어머니께서 그랬다.

"진경이 니, 또 점심밥 굶었나?"

"네."

"도시락을 안 싸온 아가 있었나?"

"그게 아니고 구걸 다니던 애들한테 줬어요."

"가들이 그까지 따라갔더나?"

"네."

"넘 좋은 일만 시키고 다 퍼주면 너는 우짤라꼬 그러나?"

내가 먹고 나머지를 남에게 주는 일은 그래도 쉽지만, 내가 먹기 전에 내 것을 모두 내어 주는 일은 쉽지 않다. 그는 어릴 적부터 배고픈 것을 참으면서 다른 아이들에게 자기 점심을 선뜻 내어 주곤 했다.

울래미

그는 천성이 착하고 어질었다. 그리고 겁이 많았다. 누가 큰 소리로 욕하거나 윽박지르는 것을 두려워했고 잘 울었다. 그의 이런 성격은 그가 어릴 적에 겪은 무서운 기억과도 연관이 있다.

1938년 아버지가 중국으로 가신 뒤 집에 어른이라고는 어머니뿐이었다. 잠이 깊이 든 어느 날 밤, 누런 군복에 다리에 각반을 하고 군화를 신고 총창을 꼬나든 일본 헌병들이 문을 마구 두들겼다. 당장 문이 부서질 것만 같았다. 어머니가 옷을 걸치고 문을 열어 주자 헌병들이 우르르 달려들어 다짜고짜 어머니를 몰아세웠다.

"김수만은 어디 갔나?"

그들이 찾는 사람은 아버지와 형님이었다. 그들은 사람을 숨길 만하다고 생각되는 곳은 죄다 총창으로 마구 찔러 댔다. 그들의 말에 의하면 아버지가 독립군이라고 했다. 집 안 여기저기를 마구 헤집고 다니던 군화와 아무 데나 마구 찔러 대는 날 선 총창이 무서워 어린 진경이는 이불 속에 숨었다. 그러자 헌병들이 창끝으로 이

불을 걷어 올리면서 일어나라고 윽질렀다. 어머니께서 사시나무 떨 듯 떨고 있는 네 아이를 당신의 몸으로 감싸 주었다. 그때 어머니도 분명 떨고 있었다. 그때만 해도 아버지가 무엇을 하는 사람인지, 왜 중국에 갔는지, 그리고 식구들이 아버지 때문에 이런 고통을 당하는데 아버지는 왜 나타나지 않는 건지…… 아버지가 원망스러웠다.

그날 밤을 이어 일본 헌병들은 한 주가 멀다 하게 밤중이든 새벽이든 집 안을 쑥대밭으로 만들고 돌아가곤 했다. 그럴 때마다 식구들은 그야말로 혼비백산했다. 그 뒤 김진경은 누런 군복을 입은 사람만 봐도 벌벌 떨었고 멀리 도망가곤 했다. 그래서였는지 다른 친구가 학교에서 벌을 받으면 그 곁에 서서 벌 받는 아이와 함께 울었다. 그래서 붙은 별명이 '울래미'인데 초등학교 때까지 쭉 달고 다녔다.

어느 날 같은 반 친구가 흑판에 낙서를 해 선생님께 꾸지람을 받자 김진경은 자기도 흑판에 낙서를 했다고 '거짓 자백'을 했다. 이리하여 김진경은 그 친구와 함께 두 손을 들고 벌을 받았다. 벌 받는 친구가 울자 그도 따라서 울었다. 집으로 돌아오는 길에 친구가 물었다.

"왜 낙서도 안 했으면서 했다고 했니?"

"너가 혼자 벌 받는 것이 무서웠어."

그 뒤부터 낙서한 그 친구는 진경이라면 무조건 좋아했다.

숭실대학 시절

1954년, 고등학교를 마친 그는 숭실대학 철학과에 들어갔다. 숭실대학은 서양 선교사들이 평양에 세운 미션스쿨로, 1897년 선교사 배위량(裵緯良, William Martyn Baird)의 평양부平壤部 신양리新陽里 자택에서 13명의 학생으로 시작되었다. 그 후 날이 다르게 비약적인 발전을 거듭하여 1908년에는 조정의 정식 대학 인가를 받아 대학부와 중학부를 한 캠퍼스 안에 갖춘 관서 제일의 신교육 기관으로 명성을 떨쳤다.

1938년 3월 4일, 숭실대학은 신사참배를 거부하여 대학 과정을 시작한 지 40여 년 만에 폐교되었다. 해방 후에는 평양이 공산주의 체제하에 놓이게 되면서 학교를 열 수 없었고, 한국전쟁이 끝난 그 이듬해인 1954년 봄에야 문을 닫은 지 16년 만에 서울에 개교했다. 이를 안 김진경은 부산에 사는 누님에게 가서 여비를 얻어 이홍무(전 숭실대 총장)와 함께 서울로 올라갔다. 180명 모집에 2,700명이 지원했다는 소식을 듣고 자신이 없었는데 운 좋게도 합격했다.

김진경이 숭실대학을 택한 이유는 이 대학의 역사와 숭실의 정신 때문이었다. 그리고 또 한 가지 이유는 선친의 영향 때문이었다. 숭실대학은 아버지가 다닌 학교다. 김진경은 어려서부터 신앙 훈련을 받으며 자랐고 군에서도 예수를 경험했지만, 1953년 성탄절이 지나고 성경을 탐독하면서야 그분을 참구주로 받아들였다. 그가 기독교 학교를 선택한 것은 어쩌면 당연한 일이 되었다.

숭실대학에서 공부하면서 그는 친구들과 서울 청진동에 천막교회를 개척하여 '서울중앙교회'라 이름 지었다. 교회에서 선배 손영준 씨를 만나 혜화동 적산敵産 집을 얻어 가난한 학생들을 위하여 칼빈학사學舍를 시작하게 되었다. 청진동에서 상도동에 있는 학교까지 가려면 고개를 넘고 한강 부교를 건너 버스나 전차를 타고 두 시간 가까이 걸렸지만, 그는 학교 생활에 충실했고 수요일 저녁 예배도 빠지지 않았다. 10환을 주고 캐러멜을 한 통 사서 점심을 대신한 채 상도동 험한 산길을 오르내리면서도 "내 갈 길 멀고 밤은 깊은데……" 하는 찬송가를 홀로 부르면서 결석 없이 학교에 다녔다. 대학 생활 4년간 연애는 물론 여학생과 한 번도 다방에 가본 적이 없고, 영국에서 유학하고 돌아와 30세가 될 때까지 연애 한 번 하지 않고 공부에만 열중했다. 대학을 다니는 동안 학교 신문을 꾸리고 여러 가지 잡일을 하면서 돈을 벌어 아현동의 지하실을 빌려 야학을 운영하기도 했다.

김진경이 철학과를 선택한 것은 자신의 사상을 바르게 세우겠다는 의지에서였다. 대학 시절 그에게 영향을 준 스승은 연세대 김형석 교수와 〈사상계〉 주간이었던 안병욱 교수였다. 그분들의 철학 강의는 그로 하여금 철학에 입문하게 했으며 훗날 철학박사로 성장하는 데 기반이 되었다.

그의 관심 과제는 키에르케고르의 실존주의 철학 연구였다. 인간 존재의 인식에 새로운 지평을 열어 준 위대한 사상가이자 신학자이며 철학자인 키에르케고르의 철학을 연구하면서 그는 보다 깊은 차원의 근본적인 자기 변화를 이루었다. 어쩌면 이 과정을 통해, 그동안 자신의 의식 세계를 짓누르고 있던 전쟁에 대한 악마적 기억과 어둠과 불안의 심연에서 신의 뜻에 의한 혹독한 훈련을 명백히 느끼고 인간 정신의 참된 형성자로 성숙해 갔다고 볼 수 있다. 그는 숭실대학에서 〈키에르케고르의 미적 철학의 단계에서 종교적 단계에 이르는 실존주의〉를 학사논문으로 제출했다.

하필이면 왜 키에르케고르였을까? 그는 이렇게 말했다.

"그 시대에 살면서 생각하는 사람이라면 누구나 한번쯤 자신의 실존에 대하여 심각하게 고민하였을 것입니다. 그 고민이 깊다 보니 자연히 키에르케고르를 연구하게 되었지요. 키에르케고르는 실존주의 철학의 창시자입니다. 나는 그의 실존주의가 염세주의나 허무주의 철학을 넘어선 인간의 고뇌를 전제로 한 건강한 실존주의여서 좋아했습니다."

김진경은 키에르케고르의 신과 세상, 죄와 속죄 그리고 존재와 두려움에 대한 고찰에 특별히 공감했다. 그에게는 두려움에 대한 두 가지 떨칠 수 없는 기억이 있었다. 앞에서 이야기한 것처럼 밤이면 무분별하게 찾아와 집 안을 발칵 뒤집어 놓곤 하던 일본 헌병들의 살벌한 공포를 목격했던 여섯 살의 기억과, 1950년 한국전쟁에서 목도하였던 죽음에 대한 열다섯 살의 기억이다. 전쟁이 끝나고 평화가 온 뒤에도 '죽음'에 대한 공포와 두려움, 그리고 죄의 극복과 속죄 의식 등 강박관념에 많이 시달렸다. 그는 한국전쟁에서 겪은 어두운 그림자를 오래도록 지울 수 없었고, '어머니'를 부르며 처절하게 죽어간 동료들의 죽음에서 자유롭지 못했다. 참전한 자로서의 죄의식과 그로 인한 사회적 책임에 대한 고민이었을 것이다. 어린 나이에 삶과 죽음에 대해 알아 버린 그의 '인간의 존재'에 대한 고민은 깊었다. 인간 생명의 나약함과 무력함 그리고 그 하찮음에 두려웠으며 '참을 수 없는 가벼운 존재'에 대한 비정함, 그리고 인간의 사회적 책임과 그 한계에 엄청난 도덕적 갈등과 번뇌를 하게 되었다.

키에르케고르는 '신 앞에 선 단독자'처럼 살 것을 주장한다. 신 앞에 선 단독자란 신이 나의 모든 행동과 언행을 보고 있으며 우리는 결코 나 외의 다른 것에 책임을 돌릴 수 없으므로, 순간순간 최선을 다해 결단하고 노력하며 살라는 뜻이라고 김진경은 해석했다.

김진경이 키에르케고르의 실존주의에 빠진 까닭은 그의 실존주의가 건강한 실존의 철학이기 때문이었으며, 인간의 현실적인 고뇌를 인정하며 그 고뇌를 두려워하거나 피하지 말고 대담하게 마주서야 하며, 결국 인간은 신과의 무한한 거리에도 불구하고 신과의 만남을 통해서만 구제받을 수 있다는 그 넓은 공간의 의미와 철학에 공감하였기 때문이다. 김진경은 키에르케고르의 철학을 연구하면서 비로소 어린 시절 경험했던 절망적인 기억에서 벗어나는 이론적 근거를 찾을 수 있었다. 이것은 훗날 그의 삶의 궤적에 지대한 영향을 미쳤다. 그는 자신의 생성과 관련하여 절망이 갖는 본성과 의미에 대해 오래 사색했고, 드디어 절망을 통해 존재적 불안을 극복하는 이론적 근거를 찾게 되었으며, 서서히 영혼의 철저한 해방을 느끼게 되었다고 했다.

고교 때는 전영창 선생에게서 영향을 받았다. 그는 강연과 교회 설교를 통해 김진경에게 큰 영향을 주었다. 전영창 선생은 한국전쟁 당시 일부 젊은이들이 생명이 위험하다며 피난처를 찾아 외국으로 달아날 때 전쟁 소식을 듣고 오히려 미국에서 한국으로 돌아온 의로운 사나이였다. 고국에 온 뒤 병이 나도 돈이 없어 치료를 받지 못하고 죽음을 기다리는 사람들을 안타깝게 여겨 북에서 월 남한 장기려 박사와 함께 부산에 복음병원(현 고신대학교 복음병원)을 세웠다. 그리고 거창에 가서 농업학교(지금의 거창고등학교)를 세우고 후학을 가르치는 데 헌신했다. 전영창 선생은 일생 동안 남을 위한 삶을 살았다. 이런 선생의 모습에 김진경은 크게 감동하였고, 마침내 '갈 길을 제시하는 은사가 있어야 학생에게 감동을 주는 스승이 될 수 있다'는 생각을 하게 되었다. 이것은 후에 김진경의 사상을 지배했다. 훗날 옌볜과기대 총장이 되어서도 본인은 물론 교수들에게도 "학생들에게 감동을 주는 스승이 되라"는 당부를 잊지 않았다.

그는 마산고등학교 시절 흙으로 벽돌을 만들어 야간학교를 세우던 때와 마찬가지로 대학 시절에도 서울 아현동 신애유치원 지하를 빌려 야간학교를 열었다. 새롭게 일어선다는 의미를 담아 '새 학교'라 이름 지었다. 김진경이 "다시 세웁시다" 하면 학생들은 답례로 "새롭게!"를 외쳤다. 새롭다는 것은 이제부터 시작이라는 의미를 담고 있었다. 구두닦이 아이들, 공장 다니는 아이들, 오갈 데 없는 아이들을 모아서 4년간이나 그곳에서 야학을 운영했다. 당시 서울에는 전쟁에서 부모를 잃은 전쟁고아들이 상당히 많았다. 그들은 하루 종일 거리를 배회하면서 구걸하며 살아갔다. 넝마주이, 구두닦이, 신문배달을 하기도 했지만 배고프기는 마찬가지였다. 그러니 학교에서 글을 배우는 것은 애초에 사치였다. 그는 "인간의 권리 중에 가장 큰 권리는 교육을 받을 수 있는 권리다"라던 아버지의 말씀을 잊지 않고 있었다. 그리고 이들을 방치하면 앞으로 큰 사회문제가 되리라는 것도 알고 있었다. 그는 사회적인 지원이 미치지 못하는 소외된 아이들에게 참교육을 베풀어 더 나은 삶을 살도록 도와주고 싶어 작지만 야학을 시작한 것이다. 모든 교육은 무료였다.

    그는 각각의 아이에게 정성을 쏟아 따뜻한 인간애와 사랑으로 상처 입은 아이들의 마음을 감싸 주었다. 야학에서 그의 역할은 다양했다. 교사이자 급사였고 교장이면서 청소부였으며 때론 학생들의 친구이고 형님이었다.

'새학교' 졸업생 이야기

    1955년 9월 20일은 김진경이 세운 '새학교'의 첫 졸업식 날이었다. 그때 졸업한 한 학생의 이야기는 당시 그가 세운 야학이 얼마나 뜻 있고 의미가 큰 학교였는지 잘 보여 준다. 이미 육십을 넘긴 이풍자 씨는 '새학교' 시절을 이렇게 회고했다.

    "50여 년이 넘는 세월 동안 큰 스승으로 제 마음에 자리한 분이 계십니다. 당시는 전쟁 후라 모든 것이 어수선할 무렵이었지요. 학교 교사校舍가 전부 폐허로 남은 상태에서 배움에 대한 욕망은 대학생들의 야학 봉사활동에 의지해 채울 수밖에 없었어요. 야학교에서 김진경 선생님을 처음 뵐 수 있었습니다. 전쟁이 앗아간 것들과 남기고 간 상처로 인해 삶의 의지가 되새겨질 무렵 만난 김 선생님은 제게 인상 깊은 분이었습니다."

    이풍자 씨는 열 살 때 한국전쟁이 일어나 서울에서 수원에 있는 외가로 피난을 갔다. 전쟁으로 그녀의 집은 풍비박산이 났다. 큰오빠가 가슴에 태극기를 품고 인민군을 피해 숨어 다니다가 잡혀 몸수색을 당한 끝에 그 자리에서 총살당했다. 어머니는 아들의 죽음으로 화병이 나서 돌아가시고 아버지는 납북되었다. 어린 조카

역시 굶어죽었다. 전쟁이 끝나고 서울로 왔지만 폐허로 변한 서울에서 그녀가 할 수 있는 거라곤 아무것도 없었다. 전쟁 전에 다니던 서대문구 미동초등학교에는 다닐 엄두도 내지 못했다. 둘째 오빠는 "여자는 편지만 쓸 줄 알면 된다"면서 한문책을 사서 독학하는 그녀를 못마땅하게 여겼다. 하긴 밥 먹고 살기도 어려운 처지에 공부할 엄두를 낸다는 것은 어쩌면 사치고 염치없는 일이었을 것이다. 그러다가 1955년 열네 살 때 운 좋게 김진경이 세운 야학에 다니게 되었다. 그것은 그녀에게 행운이었다.

야학교 선생이던 김진경은 대학교 2학년생으로, 학생이던 이풍자보다 여섯 살 많았을 뿐이다. 그런데도 이풍자는 김진경을 나이 많은 어른 선생이라고 여겼지 스무 살밖에 되지 않은 선생일 거라고는 미처 생각지 못했다. 어린 14세 소녀의 눈에 김진경이 어른으로 보였던 것은 그가 이미 다른 사람들의 존경의 대상이었기 때문이다. 이풍자 씨가 기억하는 김진경은 길을 가다가 어려운 사람을 만나면 돈을 주든지 옷을 벗어 주든지 아무튼 그냥 지나치는 법이 없었다고 한다.

야학에 다니는 학생들은 대부분 낮에는 일을 하기 때문에 많이 지치고 피곤해 있었다. 그러다 보니 수업 시간에 졸기 일쑤였다. 그렇지만 김진경 선생의 목소리만 들으면 모두들 정신을 번쩍 차렸다고 한다. 그의 강의는 언제 들어도 패기가 있고 열정이 있고 유머가 있어 지루하지 않고 재미있었기 때문이다.

이풍자 씨가 야학에서 1년간 공부하고 졸업할 무렵, 그녀는 김진경 선생이 찾는다는 전갈을 받고 웬일일가 하여 가슴을 두근거리며 찾아갔다. 거기서 그녀는 뜻하지 않은 소식을 들었다. 김진경 선생이 "중학교에 등록을 해놓았으니 가보라"는 것이었다. 그녀는 너무 감격하여 눈물을 흘렸다. 얼마나 가고 싶었던 중학교던가. 하지만 돈이 없어 엄두도 못 내던 일이다. 그런데 김진경 선생이 등록금을 내주고 입학을 준비해 놓은 것이다. 부모형제도 해주지 못한 큰일을 하면서도 이풍자 씨에게는 귀뜸 한 번 없었다. 덕분에 그녀는 중구 정동교회 옆에 있는 중학교 속성과에 입학하여 우수한 성적으로 졸업하였고, 이후 중앙청사에 근무하게 되었다. 하지만 '어떻게 하면 김 선생님과 같은 분이 될 수 있을까?'를 고민하다가 2년제 사범대학을 졸업해 교사가 되었다.

"대학에 진학하고 제가 교직을 선택하는 과정에서도 늘 선생님은 제 마음의 길잡이로서 존경과 동경의 대상이었습니다. 오랜 세월이 지난 후 우연히 만난 선생님은 그 옛날 생각했던, 저보다 훨씬 나이 든 어른은 아니셨습니다. 그저 큰오빠뻘밖에 안 되셨습니다. 겨우 여섯 살밖에 차이가 안 나는데 어릴 적 저는 선생님이 부모님처럼 생각되었습니다."

김진경이 세운 야학교 학생 이풍자 씨는 46년이 지난 2001년, 오랫동안 알뜰히 부어 온 적금 2천만 원을 엔벤과기대 후원금으로 스승에게 보내왔다. 이 일을 두고 김진경은 이렇게 말했다.

"끊임없이 가능한 한 많은 씨앗을 뿌려야 한다. 물론 모든 씨앗이 다 싹을 내는 것은 아니다. 그렇다고 모든 씨앗이 헛되이 사라지는 것도 아니다. 그 헛되이 사라지지 않고 다시 돋아나는 새싹을 위하여 우리는 부지런히 뿌려야 한다."

심은 것은 어떤 형태로든 싹이 트게 마련임을 누구보다 잘 알고 있기에 '씨'를 심는 일에 그는 항상 게으르지 않았다.

"지금 생각해 보니 교육 사업은 오래전 야학 시절부터 김진경 선생님의 숙원이었고, 선생님의 신앙을 실천하는 방편이었던 같아요. 하지만 선생님의 '선의善意'가 항상 환영받았던 것은 아닌 것 같기도 합니다. 때로는 적잖이 오해도 받으셨을 것입니다. 혹시나 선생님께서 상처 받지 않으셨는지 안타까운 마음에서 여쭤 보면 '예수님도 죄 없이 십자가에 못박히시지 않았나?'라고 하시며 오히려 저를 위로해 주셨습니다."

선각자들의 생각이나 행동은 남보다 앞서가는 것이기에 동시대를 살아가는 사람들에게 오해나 비난을 받게 마련이다. 하지만 시대는 이런 선각자들에 의하여 진보한다. 모든 진보는 대가 없이는 이루어지지 않는다. 김진경은 그것을 알고 있기에 다른 사람들의 비난마저도 반드시 극복하고 넘어서야 하는 수순이라고 생각했다.

열정의 기사

1958년 김진경이 숭실대학을 졸업할 때, 그의 은사가 그를 위해 학교 신문 〈숭대월보〉 3월 4일자에 글을 투고했다.

열 정 의 기 사 김 진 경   군

그림자처럼 얼굴을 더듬어 볼 수 없는 먼 거리에서도 걸음걸이로 군을 알아차리기는 힘들지 않다. 걸음이 아니라 사뭇 몸부림을 친다. 마주

대하고 이야기를 하자면 입에서 바람이 일고 싸우려고 덤비는 줄 알고 오해할지 모르나, 대하는 이는 그의 얼굴의 여드름을 보아서 그를 능히 이해하고 남음이 있으리라.

이런 열정은 그가 아직 학창 시절 15세의 홍안紅顔으로 물 밀쳐 내려오는 공산군의 야만을 보고 있을 수는 없었을 것이다.

자기 키만 한 M1 소총을 메고 학도병으로 물불을 가리지 않는 의분에 펄펄 끓는 그를 하동전선河東戰線에서 못 본 것이 퍽 유감이다. 이 영오작전零五作戰에서 잃은 많은 그의 동지들을 그는 지금도 항상 뼈아프게 여겨 국군 묘지를 찾는 것을 잊지 않는다.

사선을 넘나들고 빗발치는 생지옥에서 소생한 그는 자기의 생환生還을 자기 것이 아닌 절대적인 섭리에서 온 것이라고 믿는다. 이런 그의 굳은 신념은 그의 정열과 결부되어 동조한다. 군이 학예부장 당시 학보편집이나 본보 편집장으로서 그의 열정은 보여졌다. 주저하거나 망설이는 것을 볼 수 없다. 덥석 물고 내닫는 품이 그의 본향이 마산이라는 것이 맞지 않게 맹호출림猛虎出林 같다. 지중투석池中投石과 맹호猛虎는 그의 경우에 있어서는 같은 점을 찾을 듯하다.

치밀한 기획이 없이 들이닥쳐서 해내는 것이 젊은이의 경우라 하겠지만 막상 다가서 동분서주하는 그의 육탄정신을 염려함은 그를 아끼는 이의 노파심에서만은 아니니라. 지금 김 군은 소년원에 매주 한 시간씩 약 5백 명의 소년의 선도善道를 위하여 교양 강좌를 하고 있으며 영문과 회장이었던 이중 군과는 교내에서의 명콤비로서 가장 어려웠던 지난 4년간의 숭실대의 문화 활동을 재건하는 데서 개척자라 하겠다.

이와 같은 활동가이면서 성적도 꼭 평균 B학점 이상은 따고 만다는 김

군은 앞으로 좀더 학문 연구의 길에 머물러 있을 것이라 한다. 젊은 로맨스에 대하여는 통 알 길 없는 정열의 기사의 앞날에 축복이 있으라.

이 글을 통하여 그가 4년간 대학 생활에서 학예부장과 학보사 편집장을 지낼 만큼 상당한 활동가이면서 성적도 B학점 이상을 받을 정도로 모범생이었음을 알 수 있다. 또한 그의 육탄정신은 반세기가 지난 지금도 여전하여 어찌 그리 초지일관하고 변함이 없는지 놀라게 한다. 특히 그의 걸음을 "사뭇 몸부림을 친다"라고 한 표현은 그의 열정과 자유분방함을 보여 주기에 충분하다.

김진경이 이 학교를 졸업한 지 40년도 더 지난 2002년 6월 26일, 숭실대학교 축구팀이 옌볜과기대를 방문하여 친선경기를 하면서 "그대 있음에 숭실이 아름답습니다"라는 위의 글 원문을 복사해 붙여 액자에 넣어 그에게 선물했다. 복사한 종이 뒷면에는 누군가 이름을 밝히지 않고 쓴 글이 적혀 있었다.
"정열의 화신 김진경"
"그대 신념은 숭실의 정신"
"정열과 신념의 화신 김진경"
"영원한 숭실인 김진경"

1958년 대학을 졸업하고 유럽 유학을 준비하면서 김진경은 서울 보성여고 독일어 교사로 일했다. 지금과 마찬가지로 당시에도 박사학위가 있어도 일자리 구하기가 결코 쉽지 않았다. 그는 비교적 운이 좋은 편이었다. 철학을 전공한 것이 독일어 선생으로 취직하는 데 도움이 컸다.

그 시절 보성여고 학생들 나이가 선생인 그와 비슷했다. 젊은 데다가 총각 선생이니 인기가 치솟았다. 성격이 활달하고 열정이 있으며 강의도 잘하고 연설도 잘하니 학교에서 모르는 사람이 없었다. 가끔은 다른 학교에 다니면서 강연도 하고 교회에서 설교도 했다. 그의 열정 넘치는 강연이나 설교를 듣고 감동하지 않은 사람이 없을 정도였다.

그러는 동안에도 야학교는 계속 이어갔다. 학교에서 받는 월급의 상당액을 야학교 아이들에게 썼다. 그리고 2년 후 그는 유럽 유학을 가게 되었다. 어떤 사람들은 서울 보성여고의 안정적인 교사직을 두고 왜 떠나느냐, 꼭 후회할 거라며 만류했다. 하지만 그는 자신의 뜻을 접지 않았다. 그는 편안하고 안정적인 것에 연연하지 않았다. 공부하여 더 좋고 안정된 직업을 찾아 편안한 생활에 안주하는 것은 결코 그가 추구하는 삶의 가치가 아니었다. 그는 더 크고 아름다운 그림을 그리기 위하여 현재 자신을 위해 존재하는 좋은 여건들을 결연히 버릴 수 있었다.

희망과 사랑이 지향하는 것은 결코 성취할 수 없는 완전성이다.
그럼에도 여전히 굳게 그것을 끌어안고 있으면
누군가에게는 보탬이 되고 도움이 될 것이다.

3. 유럽 유학을 택한 이유

배 타고 65일

    1960년 2월, 비로소 유럽 유학 길을 떠나게 되었다. 그것은 김진경의 숙원이었다. 당시 한국의 젊은이들은 유럽보다 미국으로 공부하러 가는 편이었다. 미국은 세계 질서를 좌지우지하는 초강대국이었고, 특히 제2차 대전 후 한반도가 양분되고 남한이 미국의 영향을 받으면서 한국의 문화는 점차 미국을 좇는 추세였다. 미국 유학은 미래를 보장하는 확실한 보험 같은 것이었다. 그렇지만 김진경은 특별했다. 그는 미국으로 갈 기회가 있었지만 흔들리지 않고 유럽을 고집했다.

그는 미국에서 한창 유행이던 실용철학에도 관심이 있었지만, 그보다도 미국 문명의 원류源流라 할 수 있는 유럽의 사상과 문화에 더 관심이 쏠렸다. 그리고 공산주의 국가들에게 비교적 융통성을 발휘하던 유럽에서 생활하면서 이념을 넘어서는 공존의 개념을 터득하고 싶었다. 한국전쟁에서 적으로 싸운 중국과 북한에 대한 이해와 그들에 대한 인간적인 구원을 자신이 평생 메고 갈 십자가로 여기고 있었던 그는 유럽 국가에서 공부하는 것으로부터 그 일을 시작하려고 작심한 듯했다.

이 세상에 존재하는 것은 모두 소중한 것들이다. 불필요한 것이란 존재하지 않는다. 서로 다르기 때문에 존재하는 모든 것들은 갈등과 모순을 안고 있지만, 이들은 서로 거부하고 자극하며 서로 충격을 주고 거스르면서 사회를 진보시키고 발전시킨다. 그는 어느 한쪽 이념으로 다른 한쪽 이념을 바라보지 않았다. 사회 발전이란 측면에서 모든 것은 서로의 문제를 안고 있는 동시에 서로의 우세를 가지고 있다는 시각이었기에 양자대립의 구도로 세상을 바라보는 것은 위험한 발상이라고 주장한다. 그는 자기와 다른 이념을 바라보는 데 비교적 부드럽고 유연성이 있었다.

그때만 해도 서울에서 유럽으로 가는 비행기가 없었다. 그래서 홍콩 항에서 화물선을 타고 프랑스 마르세유 항까지 65일을 항해했다. 떠날 때 숭실대 재건 설립자이자 보성여고 이사장이었던 한경직 목사가 당시 돈으로 10만 환(100만원 정도)을 주었다. 뱃삯을 치르니 주머니에는 20달러가 남았다. 배에서 생활하면서 보니 갈아신을 양말도 없고, 입고 있던 내의도 우박 맞은 배추 잎처럼 구멍이 숭숭 뚫려 있었다. 심심하여 세어 보니 무려 열아홉 개의 구멍이 있었다. 하지만 갈아입을 옷이 없어 그냥 견뎠다. 다른 사람한테는 째지게 가난한 유학생으로 비쳤을 것이다. 하지만 그는 그런 시선을 의식하지 않았다. 진짜 가난해서가 아니라 남에게 나누어 주어서 가난해진 자신을 그는 서글퍼하지 않았다. 오히려 가슴이 뿌듯하고 보람과 긍지, 멋진 쾌감을 느꼈다.

마르세유 항에 도착하여 그는 스위스에 있는 라브리 펠로십L' Abri Fellowship의 프랜시스 쉐퍼Francis A. Schaeffer의 편지를 받았다. "우리 학원에 당신을 초청합니다. 당신이 가난한 동방 은둔의 나라 코리아에서 온 학생이라는 소식을 들었습니다. 우리 학원에 오는 것을 환영합니다"라는 내용의 초청장이었다.

그는 8개월 동안 휴에모Huémo에 머물면서 프랜시스 쉐퍼 박사 밑에서 가르침을 받았다. 쉐퍼의 교훈은 곧 바른 철학, 바른 신앙이었다. 쉐퍼 박사와 함께한 생활이 한국전쟁 이후 그에게 두 번째 변화의 계기가 되었다. 훗날 김진경은 프랜시스 쉐퍼 박사를 만난 것을 두고 "유럽 첫 유학부터 아주 훌륭한 정신적 지도자를 만났다. 문학가, 예술가, 철학가 등 가계의 사람들이 함께 모여 강의하고 토론하면서 기독교 사상의 다양함을 경험했다"고 회고했다.

클리프튼 신학대학원에서

1960년 10월, 그는 영국 클리프튼 신학대학원(Clifton Theological College, 현 트리니티 신학교Trinity Theological College)에서 석사 과정

을 밟게 되었다. 클리프튼 신학대학은 영국 국교회의 목사들을 키워 내는 곳이었다. 브리스틀Bristol의 푸른 초원의 가장자리에 위치한 학교에는 17세기에 지은 멋진 건물이 있었다. 학교 식당에서 내려다보면 안개가 흐르는 나무숲이며 계곡이 보여 기분이 상쾌했다.

어느 날 저녁식사가 끝날 때쯤이었다. 톰 안스콤Tom Anscombe 총장이 일어나 짧게 연설을 했다. 연설을 마무리하면서 그는 "마지막으로 한국에서 온 새로운 학생을 환영합니다. 이제 그가 자기소개를 하겠습니다"라고 말했다. 학생들이 갑자기 술렁거렸다.

그는 이 학교의 첫 동양인이었다. 검은 가운을 입은 서양인들에 비해 작고 마른 체구의 김진경이 일어나자 큰 홀은 한순간에 조용해졌다. 김진경은 밝고 명랑한 목소리로 자신을 소개했다. 체구에 비해 목소리가 유달리 컸다. 하지만 그가 무슨 말을 하는지 제대로 알아들은 친구는 별로 많지 않았다. 당시 그 자리에 있었던 학생 그레이엄 윈저Graham Windsor가 전하기로는, 김진경의 자기소개에서 알아들을 수 있었던 문장은 "나를 짐Jim이라고 불러 주시오"밖에 없었다고 한다. 당시 영어 수준은 다소 미흡했던 모양이다.

소개가 끝나고 나니 조용하던 홀이 떠들썩했다. 다들 동양에서 온 김진경에 대해 흥미진진하게 대화를 주고받았다. 그레이엄 윈저는 통로에서 김진경을 기다렸다가 먼저 손을 내밀며 자신을 소개했다. 새로 온 학생에 대한 호기심도 있었지만 집을 떠나 멀리 왔으니 친구가 필요할 것 같아 먼저 다가간 것이다. 그레이엄 윈저는 "내가 김진경을 도울 수 있을 거라고 생각했지만 다음 해 나는 내가 그에게 배울 것이 얼마나 많은지 알게 되었다"라고 했다.

친구들은 김진경이라는 발음이 어려워 '경' 혹은 '짐'이라고 불렀다. 유학 생활은 누구에게나 외롭고 힘든 시간이다. 하지만 김진경은 전혀 힘들거나 외로워 보이지 않았다. 낙천적이고 활달했으며 마음이 선하고 밝아 학교에 오자마자 친구를 잘 사귀었다. 그는 봉사도 열심히 했다. 친구들은 정원이나 부엌, 그리고 휴게실 같은 데서 자주 그가 일하는 모습을 볼 수 있었다. 김진경은 스페인 친구 페페 라나와 함께 설거지와 식사 당번 아르바이트를 했다. 그레이엄은 김진경에 대해 이렇게 회고했다.

"그는 늘 하얀 이를 드러내고 미소를 띠었으며 활력이 넘쳐흘렀습니다. 그리고 무엇을 하든 열심히 하는 것이 특징이었습니다. 그는 밝고 사교적이며 현실적인 노동가였지요. 내가 잡초를 뽑거나 감자를 캐는 당번이 되었을 때마다 정원의 책임자로서 참을성 있게 나를 도와주었습니다."

그레이엄은 김진경의 영어 공부를 도와 주려고 그의 영어 선생을 자처했다. 이왕 영어권에 왔으니 영어를 빨리 익히는 게 그에게 중요하리라 생각해서였다. 하지만 김진경에게 영어를 가르쳐 주면서 그레이엄은 오히려 더 소중한 것을 배우게 되었다.

"짐은 자신이 15세 때 전쟁터에서 어떻게 예수님을 알게 되었는지 말해 주었어요. 생사가 오가는 상황에서 하나님을 신뢰하는 것이 무엇인지 들었을 때 한없이 그에게 매료되었습니다. 내가 아는 크리스천의 삶은 그의 것에 비해 낡고 텅 빈 것같이 여겨졌습니다. 또 그가 어떻게 거의 빈털터리로 한국에서 배를 타고 프랑스로 건너와 마르세유에 도착했는지, 그리고 스위스에 갔다가 다시 프랑스를 지나 브리스틀에 도착할 때까지 어떻게 하나님께서 그와 함께 하셨는지를 알게 되었지요."

그레이엄 윈저는 겨울방학이 되자 볼튼에 있는 자기 집에 김진경을 초대하여 며칠 묵게 했다. 가족과 친구들이 김진경을 만나는 기쁨과 특권을 누리길 희망했기 때문이다. 첫 만남인데도 김진경은 활발하고 스스럼없이 그레이엄의 가족들과 어울렸다. 그의 이야기는 그레이엄 윈저를 감동시킨 것처럼 그의 가족을 매료시켰다. 당시 12세였던 그레이엄 윈저의 여동생을 포함한 온 가족이 모두 김진경을 좋아했다. 특히 그의 어머니는 김진경을 많이 사랑했다. 1987년 돌아가시기 전까지 김진경을 기억하였으며 그의 안부를 묻곤 했다.

김진경을 만나 본 그레이엄 윈저의 고향 사람들도 모두 김진경을 특별한 사람으로 기억하고 있었다. 마을의 한 주민은 김진경에 대해 이렇게 기억했다.

"당시 갓 예수님 안에서 하나님의 사랑을 알게 된 십 대 소년이었던 나에게 짐을 만나는 일은 무척 흥미로웠습니다. 그의 강렬한 신앙심은 내게 아주 강한 인상을 남겼습니다. 1960년대 나는 아는 외국인이 거의 없었기 때문에 그가 후에 한국에서 내게 편지를 보내왔을 때 매우 기뻤습니다. 하나님에 대한 그의 깊은 믿음과 신뢰는 나 자신이 진실한 제자가 되기를 자극하였습니다."

OMF(Overseas Missionary Fellowship)의 전 대표이자 김진경의 친구 존 월리스는 클리프튼 신학대학 시절을 기억하면서 이렇게 말했다.

"짐은 언제나 하나님 앞에 무릎을 꿇고 필요한 모든 것을 채

위 주시길 기도했지요. 겸손하게 설거지와 다른 일들을 하며 학업에 필요한 돈을 벌었고요. 그가 한국으로 돌아가는 뱃삯을 위해 우리 모두 함께 돈을 모았던 것을 기억합니다. 그의 영향으로 나도 한국에 가서 5년 동안 봉사하게 되었습니다. 그는 자신이 하나님을 믿는 것처럼 우리가 믿지 못하고 주저하는 것에 항상 의아해 했습니다."

김진경이 영국에 머물던 두 번째 해에 그레이엄 윈저가 케임브리지로 갔기 때문에 두 사람은 휴가 때만 만날 수 있었다. 김진경은 영국 전역에 친구들이 많아서 어디서나 환영을 받았다. 그레이엄 윈저는 1963년 클리프튼 대학원을 마치고 리버플에서 김진경이 영국을 떠나는 마지막 순간을 함께할 수 있었다고 한다. 큰 배 위에 있는 김진경의 작은 체구가 점점 작아지다가 결국 그 작은 점마저 사라지고 보이지 않을 때까지 그레이엄 윈저와 그의 친구들은 부두에 서서 손을 흔들었다.

"김진경의 우직한 믿음, 흘러넘치는 활력, 끊임없는 순종, 그리고 따뜻한 마음. 이 모든 것이 그를 만드신 창조주에게는 어떤 의미인지는 모르지만 우리에게는 놀라운 본보기며 자극적인 경험이며, 무엇보다 우리를 변화시킨 것은 우정이었습니다."

이렇게 헤어진 두 사람은 편지로 연락을 하다가 1975년 잠깐 만났고, 그 뒤로 오랫동안 연락이 끊겼다. 그러다가 김진경의 소식을 듣게 되었고, 다시 연락을 주고받던 중 1999년 김진경의 제안으로 그레이엄 윈저는 옌볜과기대에 와서 영어학과 교수로 일하게 되었다. 그때에야 그는 클리프튼 대학원에서 함께 공부했던 이 동양 친구가 어느새 자신이 상상도 못 할 큰일을 주도하는 인물이 되었음을 알고 크게 감동했다.

클리프튼 졸업식 때 김진경은 졸업생 대표로 연설을 했다. 가뜩이나 작은 나라, 그마저도 전쟁으로 두 동강이 나 가난하고 보잘것 없는 한반도에서 온 젊은이가 도대체 무슨 생각을 하며 유럽에서 공부했을까? 아마도 이것이 궁금하여 그를 대표로 추대하였는지도 모른다. 김진경은 단상에서 자신의 꿈을 밝혔다. 하지만 그의 저돌적이고 돌발적인 발언으로 하여 다들 고개를 갸우뚱하면서 난감한 표정을 지었다.

"저는 앞으로 공산주의 국가인 중국과 북한에 가서 제 꿈을 펼치고자 합니다."

그게 도대체 실현 가능한 일인가? 그때 그 말을 믿은 사람은 거의 없었다. 젊은이의 혈기에 의한 허황된 꿈에 불과하다고 생각했을 뿐이다. 그때까지 중국은 문을 굳게 닫은 채 외국인을 받아들이기는커녕 좌경 노선의 정치적 소용돌이 속에서 바야흐로 문화혁명이 시작될 때였다. 그리고 북한은 이념 갈등으로 한국과 더욱 첨예하게 대립하고 있었다.

하지만 50년 전, 그 젊은 한국 청년 김진경이 유럽에서 했던 자신의 호언장담을 중국과 북한에서 현실로 펼치고 있었다. 그러니 그레이엄 원저의 눈에 김진경은 '기인이며 전설적인 사나이'일 수밖에 없었다.

형과의 좁힐 수 없는 거리

영국 리버풀에서 배를 타고 고국으로 향한 김진경은 한국으로 바로 가지 않고 일본에 들렀다. 큰형을 만나기 위해서였다. 큰형은 서울제일고보(현 경기고등학교) 시절 일본 사람과 싸운 뒤 1939년 아버지를 이어 중국으로 갔다. 중국 팔로군 계열의 군관학교를 졸업하고 해방 후 귀국하지 않고 일본으로 가서 '재일본조선인총연합회', 일명 조총련에서 활동했다. 형은 공산주의가 추구하는 복지사회가 온다고 믿은 철두철미한 공산주의자였다. 16세에 집을 떠난 뒤 단 한 번도 한국에 오지 않았다. 부모님이 돌아가셨을 때도 오지 못했다. 당시 한국 사회도 공산주의 이념에 대해선 철저히 봉쇄하고 있던 때라 마음이 있어도 엄두를 못 냈을 것이다.

어머니는 생전에 큰형을 위해 기도를 제일 많이 했다. 방석이 젖도록 눈물을 흘리며 기도했다. 어려서 집을 나가 이념의 대립으로 집에 돌아오지 못하는 큰아들이 어머니에게는 6남매 중에서 가장 아픈 손가락이었을 것이다. 당신의 살과 피로 만들어진 자식인데 평생 생이별을 하고 살았으니 얼마나 애달프고 사무쳤을까. 그가 공산주의자이든 사회주의자이든, 어머니에게는 영원한 자식이었다. 어머니는 자나 깨나 아들이 돌아오게 해달라고 기도했다. 하지만 어머니의 평생의 기도에도 불구하고 큰형은 결국 죽을 때까지 한국에 돌아오지 못했다.

이념의 딜레마에 갇혀 평생 외롭고 고독하게 산 큰형을 그는 불행한 사람, 불쌍한 사람이라고 측은하게 여겼다. 부모가 있음에도 부모를 멀리하고, 형제가 있음에도 형제를 볼 수 없고, 고향이 있음에도 고향을 등지고 살아가는 큰형이 추구하는 삶의 가치는 도대체 무엇인지 묻고 싶었다. 이념이 달라도 피를 나눈 형제여서 그런지 그는 형을 생각하면 가슴이 아렸다. 세월이 많이 흘러 이념의 가치도 많이 변했고 큰형도 나이가 들어 조금 생각이 바뀌었을 거라고 믿고 싶을 때도 있었다. 그가 어떤 이념으로 살든 한 피를 나눈 형이 남이 될 수는 없는 일이었다.

김진경은 학업을 마치고 귀국하는 길에 큰형을 만나 볼 요량으로 일본을 경유했다. 중국의 유명한 작가 노신魯迅 선생의 시처럼 "시련과 파도는 있어도 형제는 형제다. 만나서 한번 웃기만 해도 있던 원한은 없었던 것으로 될 것"이라 믿었다. 하지만 어릴 때 헤어진 형을 성인이 되어 막상 만나니 늘 마음속에 품고 있던 그리움만큼 가깝지 않은 듯싶어 기분이 묘했다. 덥석 끌어안고 싶은 심정이 아니라 주춤거리는 서먹함과 어색함에 미안한 생각마저 들었다. 그런 기분이란 참으로 낯설고 생소했다. 일종의 슬픔이었다. 그동안 헤어져 산 세월 탓일까. 미묘한 거리감을 어찌할까.

형제는 아침부터 잠자리에 들 때까지 서로 자기의 정치적 이념을 주장하며 끊임없이 논쟁을 벌이다 각자 다르게 살아온 세월의 두께만큼 두터워진 두 사람의 차이만 확인하게 되었다. 형의 사고는 너무도 확고했다. 그래서 형이 더 슬퍼 보였다. 그는 형이 더 이상 어떤 주의나 이념에 빠져 외롭게 살지 말고 자신의 행복을 위해 살았으면 하는 바람을 말했다. 그리고 이념을 인생 전부의 가치로 여기던 시대는 지나갔으며 인간은 결코 주의를 위해서만은 살 수 없다고 말했다. 그러자 형은 인간의 삶에서 주의를 버리면 벌레와 같은 삶이라고 했다. 김진경이 공산주의도 너무 경직되어서는 안 되며 유연해야 할 필요가 있다고 하자 형은 공산주의 사상은 유연성이 아니라 철저함과 강한 투쟁성이라고 부언했다. 김진경은 투쟁은 상처만 가져다줄 뿐이고 그리스도의 사랑만이 인류의 평화를 이룰 수 있다고 했다. 형은 종교는 인민의 아편이라는 카를 마르크스의 말을 인용하면서, 종교는 반동적이며 비과학적인 세계관으로 계급의식과 투쟁의식을 마비시키는 아편과 같은 것이다, 투쟁만이 민족을 구할 수 있다고 강하게 주장했다. 김진경은 개인의 자유와 인간 존엄을 말하고 형은 그것은 자본주의, 개인주의의 병폐라고 비판하며 공산주의, 집단주의를 말했다.

　밤중까지 목에 핏대를 세우고 논쟁을 했지만 두 사람은 결국 허탈하게 한숨을 쉬며 안타깝게 고개를 저었다. 가까이 있었지만 너무나 먼 그들은, 형제였지만 서로 등만 바라보며 살아야 할 운명이었다. 언제면 형과 함께 한 곳을 바라볼 수 있을까? 형을 바로 보면서 중국 삼국시대 위나라 조조의 아들 조식曺植의 7보시가 떠올라 안타까움을 금할 수 없었다.

　　콩깍지로 콩을 삶으니
　　콩이 솥 안에서 울고 있다
　　원래 한 뿌리에서 자랐는데
　　서로 삶아 대는 것이 어찌 이리 급할까?

　같은 아버지와 어머니의 한 탯줄을 물고 태어난 형제가 서로 마주볼 수 없고 등만 바라보고 살아야 하는 심정. 비애스러웠다. 큰형은 결국 인간의 따스한 참행복보다는 차가운 이념을 추구하다가 형제를 등진 채 홀로 외롭고 쓸쓸하게 일본에서 세상을 마감했다.

칼빈대학과 고신대학을 세우다

유럽 유학을 마치고 귀국하자 서울에 있는 몇 대학에서 교수로 와달라는 요청을 했다. 청빙 내용을 검토하고 있는데 부산에 있는 이근삼 박사와 한상동, 한명동 목사가 찾아와 "서울에는 대학도 많고 일할 이도 많으니 부산에 새 대학을 세우면 좋지 않느냐"고 권유했다. 기존 틀에 얽매이기보다는 새로운 일에 도전하고 새로운 틀을 만들어 성취하는 것에 더 매력을 느끼고 심취하는 스타일인 그에게 이 권유는 적중했다. 당시 그는 종교개혁자 칼빈에 빠져 있었다. "종교는 인민 속에서 인민을 사랑하고 인민을 복지사회로 인도하는 것이어야 한다"라는 칼빈 사상에 매료된 김진경은 스위스가 잘사는 것은 존 칼빈의 종교사상이 깊이 뿌리내려 있기 때문이라고 보고 있었다. 하여 학교를 세운다면 '칼빈학교'를 세우고 싶었다. 그는 부산에 기독교 대학을 세울 계획을 하고 우선 친구들과 지인들을 찾아 설득했다. 어쩌면 이것이 그 뜻을 실천할 수 있는 기회가 될 것 같았다.

김진경은 한다 하면 곧 행동하는 성격이다. 우회하거나 맴돌거나 오래 기다리지 않고, 옳다고 판단하면 그날로 움직이는 사람이다. 한평생 그렇게 일했다. 그 결정이 혹시 잘못되어 내일 고치더라도 일단 오늘은 움직인다. 그는 '일을 하면서 고치는' 스타일이다. 하면서 고치지 말고 처음부터 충분히 계획해야 한다고 말하는 사람들도 있지만, 그는 "시작하지 않으면 고칠 수도 없다. 시작은 그래서 중요하다"라며 움직인다. 그는 뛰어 가면서 고치는 사람, 행동하는 사람이다.

그는 이근삼 박사와 한명동 목사와 의기투합하여 부산의 허허벌판에 방치되어 있던 일본군 병사兵舍를 인수하여 대학 과정인 칼빈대학을 세우는 데 일조했다. 1961년 고려신학교의 중심에 있던 한상동 목사(신사참배 거부로 7년간 평양 감옥에서 옥고를 치름)가 고려신학교를 세웠는데, 그의 동생 한명동 목사의 지원에 힘입어 이근삼 박사와 김진경은 학문 발전과 신학 연구를 위해 칼빈학교와 고려신학교를 합병했다. 이 학교는 지금의 고신대학교가 되었고, 김진경은 당시 대학부 초대 학부장을 지냈다. 그때 그의 나이 불과 스물아홉, 아직 결혼 전이었다.

전쟁이 끝났다고는 하지만 여전히 국내 사정이 여의치 않아 학생들이 여유 있게 학교를 다니지 못하던 시절이라 등록금을 거의 받지 못했다. 등록금 대신 쌀 한 가마니로 대신하는 경우도 있었다. 그러다 보니 학교는 재정난으로 어려움을 겪었다. 그는 학교 재정 확보를 위해 고심하던 끝에 지인의 도움으로 일본에서 자동차 105대를 수입하여 고려교통 공용운수를 세워 택시 회사를 함께 운영했다. 한때 이 회사가 잘되어 학교 재정에 큰 보탬이 되었다.

여자는 약하지만 남자를 지킨다.

4. 하늘이 내린 복, 가정을 이루다

첫 만남

1964년 김진경이 부산 고신대학교 학부장을 지내던 시절, 그는 같은 대학의 오병세 교수에게서 이화여대에 재학 중인 미술학도 박옥희 씨를 소개받았다. 그녀의 아버지는 큰 사업을 했고, 고모할머니는 정치인 박순천 야당총재였다.

당시 박옥희의 집 건너편 고신대 사택에 오 교수가 살고 있었는데, 고신대 사택은 지대가 좀 낮아서 그녀 집에서 문을 열고 큰 소리로 말하면 바로 들을 수 있었다. 전화가 집집마다 있을 때가 아니라서 박옥희네 집으로 오 교수를 찾는 전화가 걸려 오곤 했다. 그러면 큰 소리로 "전화 왔습니다!" 하면 오 교수네가 건너와 전화를 받았다. 박옥희는 서울에서 학교를 다니고 있었기 때문에 그런 사실을 전혀 모르고 있었다.

방학이 되어 집에 내려왔다가 낯선 분이 집에서 전화를 받고 있기에 어머니께 누구시냐고 물었더니 고려신학교 오 교수님 사모님이라고 알려 주었다. 박옥희가 짧게 인사를 하고 방으로 들어간 사이 오 교수 사모가 그녀의 어머니에게 물었다.

"학생 같은데 몇 학년인가요?"

"대학 졸업반이에요."

그 뒤 졸업을 한 달 앞둔 어느 날, 박옥희는 집에 빨리 내려오라는 기별을 받았다. 집에서 내려오라는 소식에 기분이 좋아 들뜬 마음으로 갔는데 어머니가 다짜고짜 선을 보라고 하여 깜짝 놀랐다.

"갑자기 웬 선이에요?"

"요 앞에 오 교수 사모님이 고신대 교수를 소개했는데, 총각이 아주 훌륭한 사람이라는구나. 강의도 잘하고 무엇보다 신앙이 바른 사람이란다."

어머니가 말씀하신 그 교수가 바로 김진경이었다. 선을 보는 것은 별로 내키지 않았지만 어머니가 좋은 사람이라고 침샘이 마르게 칭찬하는 바람에 맞선자리에 나가지 않을 수 없었다. 김진경은 딸 둘에 아들 넷 6남매 중 끝에서 두 번째고 박옥희는 딸 넷에 아들 둘, 6남매 중 장녀였다.

김진경은 박옥희가 첫 선 상대라고 했다. 여러 차례 선자리가 있었지만 이상하게도 선보는 날이 되면 상대방이 아파서 못 나오거나 김진경에게 일이 생겨 만나지 못했다고 했다. 하지만 박옥희는 두 번째 선이었다.

그녀는 집에서 멀지 않은 2층 다방에서 맞선을 보았다. 김진경은 까만색 영국식 긴 외투를 입고 있었다. 영국에서 유학을 하고 돌아와서인지 영국식 느낌이 다분했다. 점잖고 신사적이고 풍도風度가 있어 보였지만 그것이 오히려 고루하고 나이 들어 보이게 했다. 좀더 발랄하고 생기 있는 복장을 했더라면 상황이 달랐겠지만 박옥희는 김진경이 나이 든 아저씨 같아 마음에 들지 않았다. 친구들은 거의 동급생들과 연애하고 있었는데, 여섯 살 차이가 났다. 게다가 학생이던 그녀에게 학생들을 가르치는 교수인 김진경은 더욱 나이 차이를 느끼게 했을 것이다.

박옥희는 다른 약속이 있다고 한 뒤 2층 다방에서 총총히 빠져나왔다. 사실 그녀는 교수라는 직업도 마음에 들지 않았다. 교수는 평생 책이나 붙잡고 씨름해야 하는 고지식하고 고리타분한 직업이라는 편견이 있었다. 골방에 들어앉아 책밖에 모르는 서생의 아내가 되면 마음대로 놀러 다닐 수도 없을 거라고 생각했다. 당시는 친구들이랑 뭉쳐 다니면서 재밌게 놀고 하고 싶은 일을 하면서 자유분방하게 살고 싶은 철없는 여학생이었다.

맞선을 보고 돌아오니 어머니가 다그쳐 물었다.

"어떻더냐? 괜찮았지?"

"제가 좋아하는 타입은 아니었어요."

"예수 믿는 집안의 사람이고, 앞날이 창창한 교수인데 왜 싫으냐?"

어머니는 세차게 몰아세웠다. 어머니는 모태신앙인 박옥희가 혹시 예수 믿는 집안이 아닌 총각과 만나면 어떡하나 걱정하고 있던 차에, 마침 선 볼 총각이 예수 믿는 사람이라고 하니 무조건 좋게 생각하고 있었다. 솔직히 고신대학에서 김진경의 인기는 하늘을 찔렀다. 잘생긴 데다가 강의도 잘하고, 열정 있고 패기 있고 친화력도 있으니 교수들이나 학생들에게 인기가 높을 수밖에. 그의 강의를 들으려 일부러 쫓아다니는 학생들까지 있었다.

박옥희는 독실한 기독교 집안이었다. 할아버지 때부터 예수를 믿었다. 그 집의 예수 사랑은 언더우드 Horace G. Underwood 선교사에 의해 시작되었다. 박옥희의 할아버지가 경남 기장군 대변리에서 참봉을 할 때였다. 리에서 면으로 일 보러 갔다가 어느 주막 평상에 앉아 쉬고 있는데 얼굴이 하얀 서양인 두 사람이 걸어오더니 "쉬고 가면 안 되겠습니까?" 하고 익숙한 한국어로 말을 걸었다. 그녀 할아버지는 "앉으시오" 하면서 두 사람이 편히 앉도록 자리를 내주었다. 말을 주고받다가 그 두 사람이 서울에 대학을 세운 선교사인 것을 알고 할아버지가 감동하여 주막 주인에게 "내가 돈을 계산할 것이니 이분들에게 따뜻한 음식을 대접하시오" 하고 부탁했다.

그 이후 할아버지는 일요일이면 주먹밥을 싸가지고 식구들에게 어디에 간다 온다 말도 없이 새벽부터 나가시곤 했다. 몇 개월을 그렇게 하더니 아내에게 그동안 예배당에 다녔다는 사실을 얘기하고 언제인가부터 아내까지 데리고 다니기 시작했다.

아들, 그러니까 박옥희의 아버지도 젊은 시절에는 아주 열심히 교회를 다녔는데 큰 사업을 하면서부터 교회에 나가는 날이 점차 줄어들었다. 할아버지는 자식들이나 다른 가족이 교회에 가지 않으면 크게 야단을 쳤다. 그러다 보니 박옥희의 어머니도 예수 믿는 사위를 얻으려고 했던 모양이다.

김진경은 첫눈에 그녀가 마음에 들었다. 늘씬한 키와 하얀 피부, 단아하면서도 이국적인 외모에도 끌렸지만 다소곳한 여성스러움에 더 끌렸다. 그는 오 교수 사모에게 여자가 마음에 꼭 드니 적극 밀어달라고 부탁했다. 하지만 돌아온 대답은 좋아하는 타입이 아니라는 완곡한 거절이었다. 김진경은 만나자고 계속 박옥희에게 전화를 했다. 어머니까지 합세하여 장래성 있는 총각이니 만나라고 다그쳤다. 하지만 박옥희는 매번 "친구와 약속이 있다", "일이 있다"라며 만남을 거부했다. 그러는 딸을 보다 못해 어머니가 김진경에게 "아무래도 우리 딸은 고집이 세서 안 되겠으니 포기하고 더 좋은 여자를 만나라"고 설득하기에 이르렀다.

그리고 시간이 흘러 박옥희는 그 일을 까맣게 잊었다.

다시 시작된 인연

어느 날 느닷없이 먼 친척 아저씨에게 전화가 왔다. 긴히 부탁할 일이 있다고 했다. 부탁 같은 걸 할 만큼 가까이 지내는 사이도 아닌데 갑자기 무슨 부탁을 한다는 걸까. 박옥희는 적잖이 궁금했다.

"혹시 김진경이란 사람과 선 봤나?"

"그 일은 이미 끝난 일인데요?"

"그래서 말인데, 다시 만나 보면 안 되겠나? 너 그 사람 놓치면 후회한다. 그 사람, 너무 괜찮은 사람인기라. 강의를 얼마나 잘하는지 모를 끼다. 얼마나 인기가 있는가 하면, 학생들이 그 강의를 들을라고 그 시간만 기다린다. 난리도 아이다."

"이미 끝난 일인데요."

"배울 게 정말 많은 사람이다. 결혼한다고 생각하지 말고 만나 봐라. 만나다 보면 엄청 많은 것을 배우게 될 끼다."

박옥희는 친척 아저씨가 갑자기 왜 자신의 혼사에 발 벗고 나서는지 의아했다. 알고 보니 그 친척 아저씨가 부산대학을 중퇴하고 고신대에 입학해 김진경 교수의 강의를 듣고 있었다. 그런데 고신대에서 명랑하기로 이름난 김진경 교수가 갑자기 그답지 않게 우울하고 풀이 죽어 있어 "무슨 일인지 모르겠지만 요즘 많이 우울해 보이시는데 결혼을 생각해 보시는 것이 어떻겠습니까?" 하고 친척 아저씨가 권했다고 한다. 그러자 김진경이 쓸쓸한 표정을 짓고 말을 꺼냈다.

"결혼하려고 선을 보았는데 잘 안 됐어요."

"여자는 마음에 들었고요?"

"그랬는데 여자 마음을 잡지 못했습니다."

"어떤 아가씨인데 그렇게 눈이 높답니까? 감히 우리 교수님을 거절하게요?"

"부산 대신동교회 강 집사님 딸입니다."

"정말입니까? 강 집사는 우리 형수 되는 분인데? 조카가 벌써 시집갈 때가 됐나 보네요."

"그런데 그 아가씨의 고집을 꺾을 수가 없다더군요."

"교수님, 걱정 마이소. 그 아이가 교수님 마음에 들었다면 제가 어떤 방법으로든 성사시키겠습니다."

그 뒤 친척 아저씨는 지치지도 않는지 매일같이 전화를 걸어왔다. 김진경이란 교수는 만나서 대화만 해도 득이 되는 훌륭한 사람이니 그를 만나지 않으면 네가 큰 손해라면서 꼭 좀 만나라고 사정하는데, 거의 애걸 수준이었다. 그분이 그리 질기게 권유하지 않았다면 아마 두 사람이 다시 만나는 일은 없었을 것이다. 윗사람이 이토록 권유하는데 나 몰라라 하는 것은 너무 야박한 것 같아 마음이 불편했다. 하여 결혼을 전제로 하지 않고 가볍게 부담 없이 만나 보기로 했다.

하지만 여자 쪽에서 아무리 결혼을 전제로 하지 않고 만난다고 해도 남자 쪽에서 "이 여자가 내 여자다" 하는 마음으로 만났으니, 결과는 불 보듯 뻔했다. 한 번 두 번 만나다 보니 박옥희도 김진경의 매력에 끌리지 않을 수 없었다. 박식한 데다가 달변이어서 한 번 이야기를 시작하면 스펀지처럼 주위의 모든 것을 흡수해 버리는 힘이 있었다. 게다가 마음이 따뜻하고 친화력이 좋아서 그녀도 결국 김진경에게 끌리고 말았다.

김진경과 박옥희는 부산 용호동 나환자 재활 마을교회에서 첫 데이트를 했다. 환자들에게 찬송가를 불러 주고 그들과 함께 예배를 드리고 위로해 주었다.

아버지의 이름으로

　10개월간의 연애 끝에 1964년 10월 23일 드디어 두 사람이 결혼을 했다. 그 후 딸 하나, 그 밑으로 두 아들을 차례로 낳았다.

　김진경은 저녁이면 꼭 아이들과 식사를 하고 아이들의 손을 잡고 기도했다. 그리고 아이들과 대화를 많이 했다. 아이들의 말이라면 아무리 사소하고 하찮은 것이라도 진지하게 들어 주고 조언을 했다. 그의 대화법은 어른이 대답을 만들어 주는 것이 아니라 아이들이 스스로 이치를 생각하고 터득해 가게 하는 것이었다. 결과보다 여러 가지 의문을 가지고 접근하고 사색하게 하는 그 과정을 더 중요시했다.

　그는 세 아이를 서로 다른 인격체로 인정하고 대했다. 절대 아이들을 서로 비교하여 교육하지 않았다. 동생을 누나와 비교한다거나 동생을 형과 비교하는 방식은 서로 개성이 다른 인격체로 성장하는 데 바람직하지 않기 때문이었다. 그가 특별히 관심을 둔 것은 아이들 간의 능력 차이가 아니라 저마다의 개성이며, 그 개성을 계발하고 발전시키는 일이었다. 아울러 아이들이 서로 아끼고 배려하는 마음을 간직해 가도록 충분히 배려했다.

　아버지의 외출이 잦다 보니 벌 주는 일은 당연히 아내의 몫이었다. 아이들이 엄마한테 혼나고 울면 "엄마가 미워서 때린 게 아니라 너희가 잘되라고 그런 거다"라며 다독이고 달래 주었다. '오른손으로 벌 주는 일'은 엄마가 하고 '왼손으로 정답게 껴안아 주는 일'은 아빠가 했다.

　하지만 늘 부드럽게 달래다가도 가끔씩 침묵을 지킬 때도 있었다. 자녀 교육에서 벌은 필수적인 것이다. 하지만 어떤 잘못을 저지르든 같은 방법으로 벌을 주는 것은 효과적이지 않다. 아이가 한 행동이 얼마나 잘못된 일인지 알려 주기 위해서는 차별을 두는 여러 가지 방법이 필요하다. 어떤 때는 자녀에게 내린 경고나 벌이 타당치 않아 아무런 영향력을 미치지 못하고 오히려 제멋대로 행동하게 해, 아이로 하여금 버릇을 굳히게 할 수도 있다. 그래서 김진경은 잘못의 경중에 따라 아내가 내리는 벌을 지켜보면서 침묵으로 일관하기도 했다. 아버지의 침묵은 엉덩이 몇 대 얻어맞는 것보다 훨씬 더 큰 부담이 되었다. 늘 따뜻하고 자상하고 친절하던 아버지가 무거운 침묵을 하고 있으면 이거야말로 아이들에게 위력적인 벌이 된다.

낮에 아무리 야단을 치고 심하게 꾸중을 했어도 잠들기 전에는 재미있는 이야기를 나누고, 잠깐이라도 성경을 읽고, 그날을 반성하는 기도를 함께 했다. 그리고 자리에 누우면 머리를 쓰다듬어 준다든지 하여 불안감이나 근심거리를 갖지 않고 편안하게 잠들게 해주었다. 그는 아이들에게 부모로부터 사랑받고 있다는 것을 가슴으로 느끼게 해야 하고, 그래야만 아이들이 긍정적으로 밝게 클 수 있다고 했다.

김진경은 아무리 사소해 보이더라도 아이들에 관해서는 등한시하지 않았다. 어른이 생각하기에는 작은 일이라도 아이들에게는 상처가 될 수 있기 때문이었다. 한번은 막내아들이 법대 입학 자격시험에 98퍼센트 이상의 성적을 받아 상위 2퍼센트에 들어갔다고 아내가 전화를 했다. 아내의 목소리는 떨렸다. 얼마나 대견스러운 일인가. 김진경은 그 소식을 듣고 무척 기뻤지만, 막내에게 전화를 하지 않고 큰아들에게 전화를 했다. 큰아들이 열등감을 느끼지 않도록 세심한 관심이 필요하다고 생각했기 때문이다. 그런 다음 막내에게 축하한다고 전화를 했더니 막내가 그랬다.

"아빠가 기도 많이 해주셔서 성적이 좋을 수 있었습니다."

자식에 대한 아버지의 세심한 배려로 두 형제가 서로 어긋나지 않고 잘 어울리고 우애 있게 지내고 있다. 그는 미국 루즈벨트Franklin Roosevelt 대통령의 아버지의 자녀 교육 이야기에 누구보다 공감했다.

루즈벨트는 어릴 때 소아마비로 거동이 불편했고 시력도 안 좋았다. 5형제 중 가장 병약하고 총명하지도 않아 늘 위축되고 의기소침해 있었다. 이를 가슴 아프게 여긴 그의 아버지는 어느 날 나무 다섯 그루를 사다가 다섯 아들에게 한 그루씩 나누어 주면서 1년간 시간을 줄 테니 나무를 가장 잘 키운 아들한테 원하는 것을 다 해주겠다고 약속했다. 1년이 지난 어느 날, 아버지는 다섯 아들을 데리고 나무가 자라고 있는 숲으로 갔다. 놀랍게도 제일 병약한 아들의 나무가 다른 나무에 비해 키도 크고 잎도 무성했다. 약속한 대로 아버지는 병약한 아들에게 무엇을 제일 원하느냐고 물었다. 하지만 병약한 아들은 자기가 딱히 무엇을 원하는지 말을 하지 못했다. 아버지는 병약한 아들에게 "이렇게 나무를 잘 키운 것을 보니 분명 훌륭한 식물학자가 될 것이며 그리 될 수 있도록 온갖 지원을 아끼지 않겠다"라고 모두들 앞에서 큰 소리로 치하했다.

아버지의 성원을 한몸에 받은 루즈벨트는 성취감이 고조되어 식물학자가 되겠다는 꿈에 부풀어 그날 밤 잠을 이루지 못했다. 하얗게 지새운 새벽, 어린 소년은 잘 자라 준 나무가 고맙고 신통하여 숲으로 갔다. 어스름한 안개 속에 움직이는 물체가 나무 주변에서 느껴져 더 가까이 가보았더니 물 조리개를 들고 있는 아버지의 모습이 보였다. 그의 아버지가 병약한 아들에게 희망을 주려고 매일같이 남몰래 그의 나무에 물을 주었던 것이다. 그 후 병약했던 소년은 식물학자는 되지 못했지만 미국 국민의 가장 많은 지지와 신뢰를 받은 대통령이 되었다.

김진경은 외출하여 집을 비울 때는 늘 전화로 아이들의 생일이나 시험일을 챙겼다. 그러니 세 아이들은 어릴 적부터 자신들의 이야기는 물론 이성 친구에 대한 이야기까지 부모에게 모두 털어놓았다. 아버지의 자상함에 아이들은 사춘기에도 실수하지 않고 바르게 클 수 있었다. 아이들이 어른이 되자 김진경은 자식들에게 "다른 사람보다 뛰어난 사람은 정말 뛰어난 사람이 아니다. 이전의 자기보다 뛰어난 사람이야말로 정말 뛰어난 사람이다"라고 가르쳤다. 다른 사람을 뛰어넘으려고 하기보다 자기 자신을 초월하려고 노력하는 사람이 언젠가는 다른 사람을 뛰어넘는 사람이 된다는 것이다.

아버지의 교육 때문인가. 세 자녀 모두 다른 사람과 비교하고 질투하는 아이들이 아니라 스스로 자신을 뛰어넘으려고 노력하는 성실하고 반듯한 이들로 자랐다. 큰딸은 미국 휘튼 대학에서 공부했고, 사위는 미국 공군 군의관으로 일하고 있다. 큰아들은 미국 보스턴 대학을 나와 증권 회사에서 일하다가 지금은 동북아교육문화재단의 기획실장으로 일하고 있고, 며느리는 미국 변호사로 한국에서 일하고 있다. 작은아들 역시 변호사로 서울에서 일하고 있다.

2017년 결혼 53주년을 맞아 그는 아내에게 "나는 착한 사람을 만나 행복하게 잘 살고 있어 복이다"라고 했다. 그에게 부인 박옥희는 아내이면서도 어머니 같고 친구 같은 존재였다. 이 사람이 내 남편이 맞나 싶을 정도로 밖에 있는 시간이 많았지만, 아내는 한 번도 "어디 갔다 왔냐" "왜 이리 늦었냐" "거기서 뭐했냐"라고 따진 적이 없다. 그녀는 묵묵히 남편이 하는 일을 이해하고 기다리고 도와주었다. 그림자같이, 늘 한결같이 그가 채 줍지 못한 이삭을 줍는 마음으로 남편의 뒤에 있는 듯 없는 듯 서 있었다. 아내 얘기가 나오면 김진경은 행복한 표정을 지으며 이렇게 말한다.

"나를 미워하는 사람은 많아도 내 부인을 미워하는 사람은 없습니다. 그녀는 누구나 좋아하는 사람입니다. 내가 오늘 일할 수 있는 것은 아내가 있었기 때문이고, 내가 이런 아내를 만난 것은 하늘이 준 축복입니다."

노력이란 오랜 시간에 걸친 헌신이며
자신이 가장 아끼고 믿는 것을 내놓는 고난이다.

5. 친구의 배신

숨은 뜻

부산에서 학생들을 가르치고 결혼도 하여 자리를 잡아 갈 즈음, 김진경은 돌연 미국으로 떠나게 된다.

1965년, 결혼한 바로 다음 해 그는 부산에서 멀지 않은 곳인 구포에 산지 70만 평을 샀다. 당시에는 사람이 거주할 수 없는 돌산이어서 주위 사람들이 말렸다. 하지만 김진경은 일단 사업을 시작하면 돌만 캐도 돈이 되리라고 보았다. 그리고 나중에 이곳에 한센병 환자들을 위한 농장과 기술학교를 세울 계획으로 이 땅을 매입했다. 그때 시세로 140만 원이었는데 구입 자금은 빌려서 마련했다.

1960년대 한국에서 가장 힘들고 어려웠던 이들은 바로 한센병 환자였다. 국가에서 전라도 소록도에 시설을 만들고 한센병 환자들을 집단 수용해 살게 했지만, 완치된 뒤에는 국가의 지원과 혜택을 받을 수 없었다. 병이 나았으니 스스로 생계를 감당해야 하는데, 얼굴이며 손에 한센병 환자라는 낙인이 찍혀 있어 사회에 적응하기가 어려웠다. 일자리를 구하고 싶지만 어디서도 받아 주지 않았고, 심지어 기차나 버스 같은 대중교통을 이용하기도 어려운 실정이었다. 이들이 살아갈 방도는 스스로 삶의 터전을 만드는 수밖에 없었다. 하지만 배운 것도 없고 돈도 기술도 없으며, 가진 것이라고는 한센병 환자 경력이 전부인 이들이 삶의 터전을 스스로 만들어 갈 길은 정녕 어디에도 없었다. 인간이지만 인간으로서의 기본적인 삶조차 누릴 수 없는 이들에게 김진경은 이들만을 위한 농장을 만들고 기술학교도 세워 차별받지 않는 이들만의 삶의 터전을 만들어 주고 싶었다.

그런데 학교 설립 허가를 받으려니 의외로 일이 많았다. 그 무렵 김진경은 대학 강의와 함께 택시 사업을 하고 있어서 고양이 손도 빌려야 하는 입장이라 학교 허가를 받는 일에 매달릴 시간이 없었다. 그리하여 서울에 있던 대학 동창에게 이 일을 맡겼다. 친구는 이 분야에 힘을 쓸 수 있는 어떤 분의 누님을 잘 알고 있다며 그쪽에 부탁을 해서 빠른 시일 내에 허가를 받아 내겠다고 장담했다. 며칠 후 친구는, 자기 이름으로 계약하면 그 지인이 허가를 내주겠다고 한다면서 인가 내는 동안만이라도 자기 이름으로 하면 어떻겠냐고 제안했다. 김진경은 아무런 의심도 하지 않고 그렇게 하라고 했다. 게다가 택시 회사를 담보로 하여 허가 내는 데 필요한 몇 천만 원의 자금까지 마련해 주었다. 그 친구의 제안을 재고해 보는 게 좋겠다고 하는 이들도 있었지만, 김진경은 믿고 맡겼으면 끝까지 믿어야지 일을 맡긴 사람을 의심하는 것은 예의가 아니라고 했다.

친구에게 모든 일을 맡긴 뒤 김진경은 유럽의 학교들을 둘러보며 학교 운영에 대해 배우고 특강도 있어 몇 개월 머물 요량으로 독일로 떠나게 되었다. 그런데 그가 자리를 비운 동안 친구는 김진경의 모든 재산을 자기 명의로 바꾸고 회사까지 부도를 내버렸다. 고양이한테 생선 가게를 맡긴 셈이었다. 그동안 쌓았던 재산을 한순간에 도적맞고 회사마저 부도가 나버린 김진경은 독일에서 한국으로 돌아오지 못하는 신세가 되고 말았다. 말 그대로 한순간에 쪽박을 차게 되었다.

세상에서 가장 참기 힘든 일 가운데 하나가 믿었던 친구의 배신일 듯싶다. 한이 뼈에 사무칠 일이었다. 하지만 김진경은 아무 말도 하지 않았다. 그 사람을 고발하지 않았을 뿐만 아니라 심한 말로 욕하지도 않았다. 왜 그 천추에 용서 못할 놈을 가만 두냐고 주위에서 더 분노하였지만 그는 이렇게 말했다.

"악인에 대한 분노로 자신을 소모시키는 일은 어리석은 일입니다. 그러니 배신했다고 원망하고 비난할 필요가 없습니다. 그가 선한 사람이라면 스스로 깨닫고 괴로울 것이고, 악한 사람이라면 아무리 비난해도 아무 자극도 되지 않을 것입니다. 오히려 비난을 들으면 악인은 마음의 짐을 덜게 되어 홀가분해질 것입니다. 그 일에 대해서는 내가 사람을 잘못 믿고 투자했으니 나의 잘못입니다. 그에 대한 심판은 그분이 하실 일입니다."

훗날 엔벤과기대를 세우고 나서 김진경은 그때 일을 회고하며 말했다.

"하나님은 나를 이곳에 불러들여 더 크고 뜻 있는 일을 맡기려고 구포의 산을 잃어버리는 큰 시련을 겪게 했던 모양입니다. 만약 그 친구가 나를 배신하지 않았다면 오늘의 옌볜과기대는 없었을 것입니다."

남의 재산을 가로챈 그 사람은 부산 시내에 정원이 딸린 넓은 집을 사서 그 모든 것이 마치 본인이 쌓은 부인 양 제법 부자 행세를 하며 큰소리 떵떵 치면서 살았다. 남의 재산을 이름만 바꾸어 부자가 되었으니 인생이 얼마나 쉽다고 생각했겠는가. 그렇지만 세상에 공짜란 없다. 덕을 쌓으면 덕으로 돌아오지만 악을 쌓으면 그 악이 부메랑이 되어 자신에게 되돌아오게 된다. 남의 재산을 가로채고 부자 행세를 하던 그 친구의 삶은 길지 못했다. 어느 날 가지치기를 하려고 나무 위에 올라갔다가 떨어져 어이없는 죽음을 당했다.

미국 시민이 되다

친구 때문에 전 재산을 날리고 회사까지 잃은 김진경은 독일을 중심으로 유럽과 아메리카 대륙의 60여 개 나라를 돌아다녔다. 그렇게 떠돌다가 마침내 미국에서 사업을 하던 조카에게서 함께 일하자는 제의를 받았다. 조카의 제안에 그는 고민했다. 떠돌이 생활을 하고는 있었지만 고국에 돌아가 학교를 세우리란 꿈을 포기하지 않고 있었기 때문이다. 더욱이 미국에서 사업을 할 생각은 단 한 번도 해본 적이 없었다. 그런 중에 버클리 대학을 졸업하고 미국에서 건축설계사로 일하던 동생에게서 초청장이 왔다. 김진경은 자신이 추구하던 삶과는 상반되는 결정이었지만 미국으로 갈 수밖에 없는 상황이었다. 자녀들의 장래를 생각해서라도 이것이 최선책이었다. 1974년 가을 그는 미국 플로리다 주로 이민을 떠났다.

미국에 도착한 김진경은 베리언 크리스천 칼리지에서 공부를 시작했다. 그리고 〈공자 철학의 사회학적 연구〉로 박사학위를 받았다. 이후 미국 생활에 적응하게 되면서 1976년부터는 자기 사업을 시작했다. 가족들은 이때 한국에서 미국으로 건너왔다. 그는 주로 흑인들에게 인기가 있는 가발과 남자 의복, 프랑스와 이태리제 여성용 신발을 팔았다. 매장에는 늘 손님이 넘쳤다. 그는 신기하기만 했다. 단 한 번도 장사를 업으로 하리라고는 생각해 본 적이 없었다. 그런데 전문 장사꾼들의 매장보다 더 장사가 잘되니 이거야말로 신이 돕지 않고서는 상상도 할 수 없는 일이었다.

소명을 주소서!

사업이 번창하자 김진경은 드디어 가죽과 의류 등을 취급하는 뉴요커주식회사를 설립했다. 이후 80년대 초에는 이와 비슷한 유형의 회사를 세 개나 더 경영했다. 맨주먹이었던 그는 드디어 펜사콜라에 저택을 마련했다. 정원에는 야외 수영장이 있고 캐딜락 승용차를 포함해 차도 세 대나 되었다. 그는 그 지역 한인 회장을 맡왔고, 미국 리폼드 신학대학에서 객원교수로 철학과 윤리학을 강의하기도 했다. 얼마 안 되어 플로리다 주 한인 회장단 모임에서 플로리다 주를 대표하는 전체 회장으로 당선되기도 했다. 구름이 비를 몰고 다니듯 그가 있는 곳에는 늘 사람이 모여들었다. 사업은 번창했다. 물론 교회 일도 열심히 했다. 일요일 오전에는 미국인 교회에서 봉사하고, 오후에는 미국인 교회를 빌려 한국 교포들이 모여 예배드리는 것을 도왔다. 부인 박옥희는 교인들을 위해 간식을 준비하여 예배 후 티타임에 참석자 모두가 나눠 먹도록 세심하게 배려했다.

당시 그는 명예와 부, 단란한 가정, 신앙 생활까지 부족한 것 없이 모든 행복의 조건을 다 갖춘 성공한 한국계 미국 이민자의 전형적인 모습이었다. 갖은 시련과 고생 끝에 이룬 것이니 이제는 그냥 누리면 되었다. 하지만 그는 행복하지 않았다. 겉으론 웃어도 마음은 늘 빚진 사람처럼 무겁고 조급했다. 평안한 날들이 거듭될수록 그 마음속 깊은 곳에서는 참을 수 없는 고통이 더해졌다.

그는 소명을 달라고 간절히 기도했다. 애초부터 혼자만이 누리는 개인적인 영달은 그가 추구해 온 인생이 아니었다.

"세계 어느 나라든 마음대로 다닐 수 있는 비자를 가질 수 있게 해주시고, 공산국가인 북조선이나 중국 땅에 가서 일하게 해주십시오."

당시 국제 정세로 보면 공산권에 대한 시선이 별로 곱지 않았다. 그럼에도 김진경은 유독 그것을 고집했다. 그렇다고 그가 공산주의 이념을 가졌거나 공산주의자일 거라고 생각하면 오해다. 그는 공산주의냐, 자본주의냐 하는 것에 관심이 없었다. 그곳에 사는 동족들의 삶과 미래에만 관심이 있을 뿐이었다. 그는 인간이 좀더 인간다운 세상을 살도록 구축하는 데 자신을 제물로 바치고 싶었을 뿐이었다. 열망이 넘치고 기도가 너무 간절하여 부인이 안타까운 심정으로 말리기도 했다.

"아직은 때가 아닌 듯하니 그만 애쓰심이 좋을 듯싶어요."

"때가 아니어서가 아니라 내 기도가 아직 받아들여지지 않아서일 거요."

그는 기도를 멈추기는커녕, 오히려 더 치열하게, 더 간곡하게 간구했다. 그러는 남편을 바라보기가 아내는 무척 괴로웠다.

'하나님께서 분명 이 사람을 쓸 데가 있으실 텐데 왜 이리 오래 묶어 두실까?'

아내는 '남편이 빨리 부르심을 받도록 해달라'고 기도했다.

누구든 이 세상에 태어날 땐 오직 그만의 소임이 있다. 그러나 그 부르심을 끝까지 듣지 못하고 자기 삶을 마치는 사람도 있고, 그 부르심을 듣고 고난의 길을 가는 사람도 있다. 고난을 겪더라도 부르심을 받은 사람은 하늘의 복을 받은 사람이다. 인류의 모든 역사는 부르심을 받은 사람들이 그 족적을 남긴 결과다. 그러니 그 부르심은 결코 아무나 받는 것이 아닐 것이다.

그러던 어느 날, 한인으로서 캐나다에 적을 두고 북한에 자주 들어가던 어느 단체장에게서 반가운 편지 한 통이 왔다. 평양에 먼 친척이라도 있으면 그곳에 갈 수 있다는 내용이었다. 김진경은 평양에 갈 수 있다는 말에 귀가 번쩍 열리고 온몸에 전율이 느껴졌다.

정말 사무치게 갈망하던 소망을 곧 이룰 듯싶었기 때문이다. 그는 북에 외가 쪽 친척이 있는 것을 기억했다. 어머니의 사촌오빠의 자녀들이니까 그에게는 6촌이 되는 형이었다. 그 집안은 변호사 집안이었다. 그들은 자진 입북한 경우여서 한국에서는 불순 사상자로 분류되어 있어 자유롭게 입에 담을 수 없는 사람들이었다. 김진경은 그분들에 대한 기억이 별로 없었다. 그도 그럴 것이 그들과 헤어질 때 김진경은 겨우 유치원생 정도였으니 말이다.

그는 이 일 때문에 누나를 찾아갔다. 예상대로 누나는 그 집 내력을 소상히 기억하고 있었다. 누나의 말을 들으면서 그도 어릴 적 일이지만 어렴풋이 지난 일들을 기억해 낼 수 있었다.

여섯 살 무렵 마산에서 살 때다. 김진경은 유치원에 갔다가 돌아오는 길에 곧추 집으로 가지 않고 먼저 변호사 댁에 들르곤 했다. 그곳에 가면 형수 되는 분이 준비하고 기다렸다는 듯이 맛있는 개눈깔 사탕을 주었다. 그 옛날, 사탕이 귀하던 시절인 만큼 아이들에게 사탕만큼 유혹적인 것은 없었다. 김진경 역시 그 유혹을 떨칠 수 없어 매일 사탕 얻어먹는 재미로 그 집에 들렀다. 그 달콤했던 기억은 지금도 입맛을 다시게 한다. 형수 되는 분은 참으로 정이 많았다. 단 한 번도 그를 실망시키지 않고 한결같이 손에 사탕을 쥐여 주었다.

김진경은 누님을 통하여 6촌 형의 호적 관련 서류를 만들어서 북조선으로 보냈다. 얼마 안 있어 평양에서 6촌 형네 가족사진이 날아왔다. 친척 관계가 확실하여서인지 평양으로 가는 모든 절차가 속전속결로 이루어졌다. 모든 수속이 끝나고 곧 떠날 준비를 하는데 박옥희 여사가 그를 말렸다.

"아직 그곳은 위험하다는데 무슨 변이라도 당할까 봐 걱정이에요. 좀더 기다렸다가 정세가 좋아지면 그때 가시는 것이 어떻겠어요?"

"다 사람 사는 곳인데 무슨 큰일이 있겠소. 얼마나 기다렸는데 또 기다리겠소. 더 이상 지체할 수 없소."

그는 베이징을 거쳐 평양으로 들어갔다. 만주에 계신 아버지를 뵈려고 어릴 적 어머니와 평양에서 열차를 타던 기억이 새삼 떠올랐다. 벌써 50년의 세월이 흘렀다. 참으로 멀고도 가까운 곳이었다. 그가 황해도 연산군에 있는 형수 집에 도착하자 노인, 아이 할 것 없이 동네 사람들이 떼 지어 모여들었다.

그는 당황스러웠고 긴장도 되었다. 아내의 걱정처럼 혹시 무슨 위험한 일이라도 당하는 건 아닌지 싶기도 했다. 한국이나 미국에서는 친척이 왔다고 동네 사람들이 몰려오는 일은 있을 수 없었다. 혹시 무슨 일이 일어날까 봐 노심초사했지만, 다행히 그가 걱정하는 일은 일어나지 않았다. 동네 사람들의 표정에는 미움도, 원한도, 경계하는 눈빛도 없었다. 그렇다고 특별한 친절이나 환호도 없었다. 그저 신중한 머뭇거림이 느껴졌다. 배고픈 시절, 집에 손님이 오면 손님 손에 들린 보따리를 바라보는 그런 머뭇거림 말이다. 드러내 놓고 내색하지도 못하고, 그렇다고 포기할 수도 없는 그런 표정이 애처롭고 슬펐다. 그리고 그들이 바라보고 있는 자신의 두 손이 부끄러웠다. 그들에게 아무것도 줄 수 없는 그 두 손이 말이다. 착잡하고 서글펐다.

어릴 적 그에게 눈깔사탕을 주던 형수가 하얗게 늙었어도 그를 알아보았다.

"진경이네."

"알아보시겠어요?"

"알아보지, 그럼. 어릴 적 모습 그대로야!"

50년 세월이 넘었는데도 늙은 형수는 그를 알아보았고, 하나도 변하지 않았다고 했다. 그것이 참으로 눈물겨웠다. 그는 가지고 간 선물과 평양에서 산 물건을 보태어 형수의 칠순잔치를 챙겨 드렸다. 어릴 적에 눈깔사탕을 얻어먹었던 형수께 눈깔사탕 값을 톡톡히 갚아 드린 셈이다.

'결코 이 사람들의 배고픔을 그냥 넘어가지 않을 것이다. 세상에서 가장 비정한 것은 배고픈 사람을 보고도 모른 척하는 것이다.'

김진경은 그런 생각을 담아 귀국했다.

북한에 다녀온 뒤로 그의 마음은 더욱 확고해졌다. 그의 기도는 어느 때보다 절실하고 간절했다.

"이들을 도울 수 있는 길이 무엇입니까? 그 길을 열어 주십시오."

그리고 끝없는 기도 가운데 드디어 그들을 도울 수 있는 길을 보게 되었다. 그것은 북한의 이웃인 중국을 통하는 길이었다. 험하고 위험한, 누구도 장담할 수 없는 길이었다. 가시덤불이나 철창이냐가 문제가 아니었다. 차라리 그런 것이면 더 쉬울지도 모른다. 쇠는 녹일 수 있지만 이념은 불에도 녹지 않는다. 그는 큰형 때문에라도 그것을 잘 알고 있었다. 하지만 꼭 그 장벽을 넘어야 했다.《누가 세상을 바꾸는가》의 저자 프랜시스 웨슬리의 말처럼 "어떤 경우에 부름은 오랜 시간에 걸친 헌신이 되어 스스로의 정체성과 운명을 뒤흔들기도 하고, 세상에서 해야 할 일을 위해 가장 아끼고 믿는 것을 내놓는 고난이 되기도" 할 것이다. 그는 이미 자기의 가장 아끼고 소중한 것을 내놓을 준비가 되어 있었고, 이날을 위하여 지구의 반을 돌며 50여 성상을 준비하여 마음을 갈고 닦아 온 것이다.

그는 카를 힐터의 시 〈새로운 나라〉를 일기장에 적어 놓았다.

여행은 끝나고 이 여행으로
어두운 물길에 다리가 놓였다.
나는 영혼의 배를 타고 무사히
새로운 나라에 도착했다.
그것은 이상한 나라, 다른 별
지상 낙원으로 불릴 것이다.
더할 나위 없이 가까우면서도 멀어
이 나라를 아는 사람은 많지 않다.
지나간 지상 생활의 무거운 짐은
아득한 저편에 두고 왔다.
나를 버리는 것이 여기서는 행복으로 불리고
생명은 하느님의 영광을 위한 존재로 불린다.
내 마음이여, 이제 이곳이 너의 조국이란 말인가.
너는 감히 이곳이 내 나라라고 말할 수 있는가.

지금까지 너를 바깥에 묶어 두고 있었던 것을 버릴 수 있는가.
정말 이 자유로운 공기를 견딜 수 있겠는가.
이제 이 땅을 떠나서는 안 된다.
여기서 너는 완전히 치유될 것이다.
지금까지 빛이 되어 이끈 성스러운 자가
걸어간 발자취가 눈앞에 똑똑히 보인다.
아침마다 새로운 체념으로
새로운 승리를 기뻐하라.
이제 괴로운 시간은 지났다.
어둠은 사라지고 새벽이 다가온다.

김진경은 이제부터 자신의 마음에 새로운 나라의 여행이 곧 시작될 것임을 알았다. 그리고 곧 떠날 차비를 했다.

1929년 3월 10일 일신여학교(현 부산동래여자고등학교) 제19회 졸업식 사진.
(앞줄 왼쪽에서 네 번째가 김진경의 아버지 김수만 선생)

1933년 3월 2일 마산 창신학교 학생들과 함께.
(앞줄 가운데는 창신학교 설립자 아담슨 선교사, 그 왼쪽이 김수만 선생)

1939년 중국 헤이룽장성 농업학교 시절,
(농산물을 건조시키는 학생들과 함께한 김수만 선생)

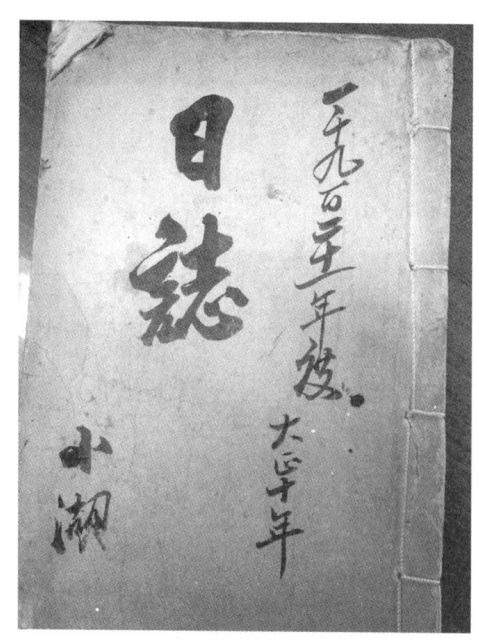

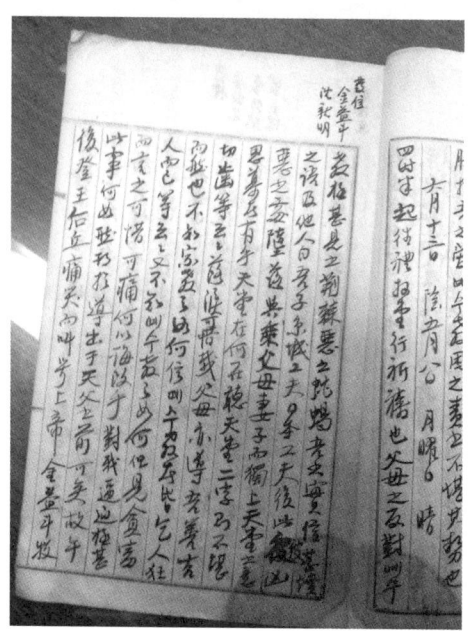

김수만 선생의 일지. 선천성 하반신 불구자를 낫게 한 사건으로 유명한
김익두 목사의 사역 내용 등이 적혀 있다.

1939년 김수만 선생이 중국으로 떠나기 전에 찍은 가족 사진.

마산 의신유치원에 다니던 시절, 큰누나와 동생(왼쪽)과 함께.

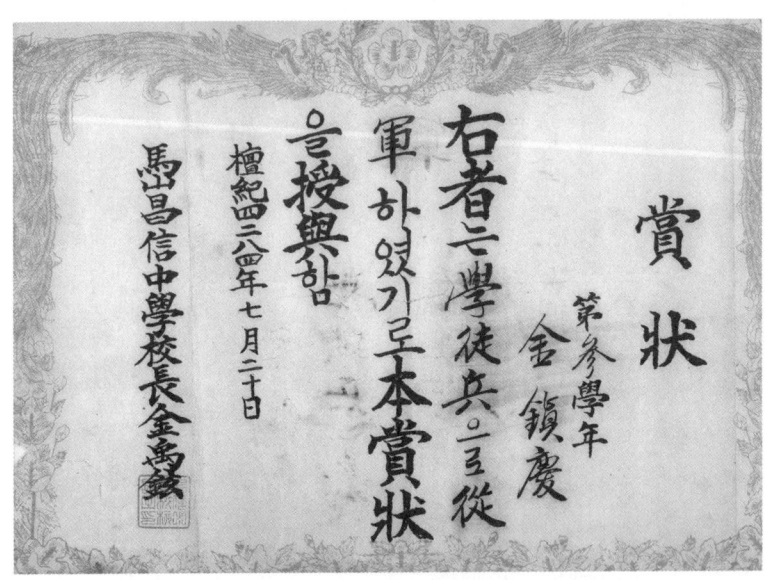

1951년 7월 20일 창신중학교에서 받은 학도병 참전 공로상.

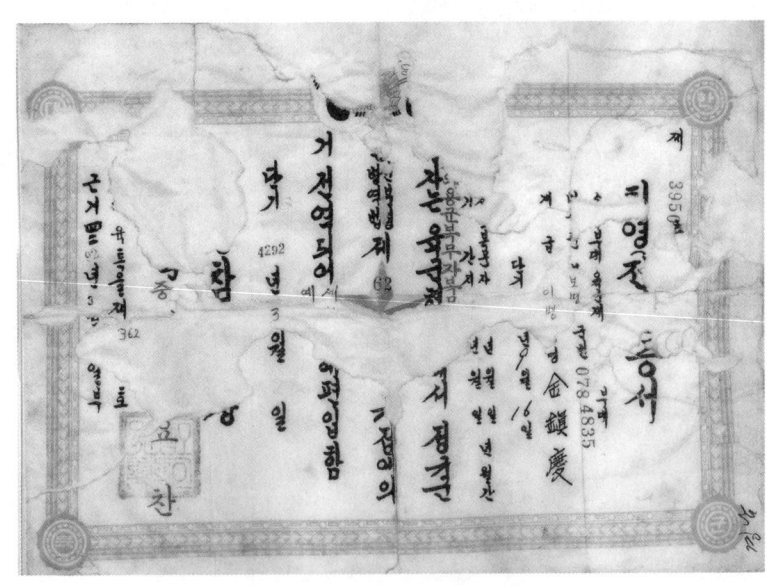

1959년 3월에 받은 전역증서.

제 2016-04436 호

호국영웅기장증

성 명 김진경
소 속 학도병
생년월일 1935.09.16

「6·25전쟁 정전60주년 기념 호국영웅기장 수여규칙」
제4조에 따라 위와 같이 6·25전쟁 정전60주년 기념
호국영웅기장을 수여합니다.

2016년 12월 12일

국가보훈처장

1998년 5월 20일 김대중 대통령으로부터 수여받은 참전용사증서.

1955년 9월 20일 김진경이 대학생 시절 세운 야간학교인 '새학교' 첫 졸업식 기념사진.
(앞에서 두 번째 줄, 왼쪽에서 여섯 번째가 김진경)

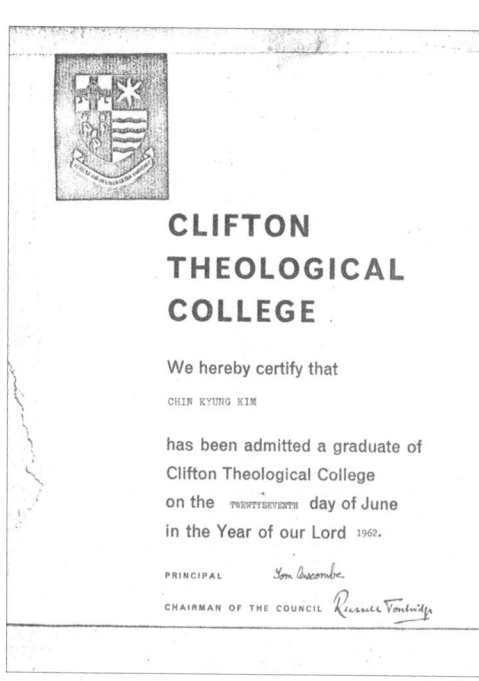

클리프튼 신학대학원 졸업증서.

1962년 클리프튼 신학대학원 졸업식.

1974년 미국 베리언 크리스천 칼리지에서 박사학위를 받는 모습.

1963년 유학을 마치고 귀국한 뒤 고신대학교 설립 초대 학부장으로 일하던 시절.
(맨 앞줄 왼쪽에서 두 번째가 김진경, 맨 앞줄이 선생님,
둘째 줄부터 맨 뒤까지가 당시 재학 중이던 학생들)

인생의 스승, 경남 거창고등학교 초대교장 전영창 선생(왼쪽)과 함께.
'월급이 적은 쪽을 택하라' '내가 원하는 곳이 아니라 나를 필요로 하는 곳을 택하라'
'왕관이 아니라 단두대가 기다리는 곳으로 가라' 등
그가 가르친 〈직업 선택 10계〉는 지금도 많은 이들에게 감동을 준다.

2부

생각하고 꿈꾼 것을 즉시 실천하라

유럽 유학을 떠나기 전 보성여고 학생들에게 마지막 작별 인사를 전하며.

그가 지향하는 바는 그렇게 복잡하지도 어렵지도 않았다.

조금 더 높은 영적 진화靈的進化를 위한 환경이 요구될 뿐이었다.

6. 중국에 발을 딛다

중국사회과학원의 초청

1986년 김진경은 마침내 중국 개혁개방의 시험무대인 중국사회과학원의 특별 요청을 받아 '경제개혁'과 관련된 강의를 하게 되었다. 그 시기 중국을 방문하여 정치·경제 분야의 지도자들을 만나면서 자연스럽게 이루어진 초청이었다. 중국은 드디어 오랜 잠에서 기지개를 켜고 그 힘을 주체하지 못해 요동치고 있었다. 1978년 12월에 열린 중국공산당 중앙위원회 제11기 3중 전회에서 개혁개방정책을 공식적으로 채택했으며 "사상을 해방하고 실사구시實事

求是의 정신을 발양할"것을 전군, 전 국민의 행동방침으로 내세웠다. 그리고 덩샤오핑은 이듬해 1월 1일자로 미국과 수교한 뒤 곧바로 미국을 방문해 개혁개방정책이 일관되게 추진될 것임을 시사했다. 그의 실용주의적 지도력이 탄력을 받으면서 중국은 대내적으로는 빠르게 경제발전을 도모하고, 대외적으로는 소련과의 관계 정상화를 비롯한 국제관계 개선과 확대를 추진하고 있었다. 당시 덩샤오핑의 '흑묘백묘黑猫白猫', 즉 "검은 고양이든 흰 고양이든 쥐만 잡으면 된다"는 실용주의가 계획경제에서 각 기업의 자주권을 확대하는 시장경제체제를 조금씩 변화시켜 나가고 있었다. 1982년부터 조심스럽기는 하지만 중국에서 시장경제체제가 가동되고 중국식 사회주의 개혁개방이 시작되었다. '개혁개방'이란 바로 대내에서는 개혁을, 대외로는 개방을 시도한다는 것인데, 중앙으로부터 대외무역을 선호하면서 외국 자본을 끌어들이고 외국 선진 기술을 과감하게 배우도록 독려했다.

개혁개방이라는 말은 빠르게 중국의 신조어로 퍼져 나갔다. 공산당회의나 혹은 사업 단위에서 회의할 때마다 사람들은 '개혁개방'이란 단어를 입에 달고 다녔다. 심지어 문학·예술 분야에서도 개혁개방을 작품에 담으려고 애썼다. 이것은 중국의 개혁개방 의지와 그 절박함을 그대로 보여 주는 것이었다.

이런 시기에 이루어진 김진경의 '시장경제학' 강의는 현지에서 상당한 파문을 일으켰다. 그는 당시 중국에서 가장 큰 관심사가 시장경제였기에 그것에 중점을 두었다. 사회주의 사회에서 시장경제체제란 참으로 재미있는 화두였다. 계획경제가 사회주의의 산물이라면 시장경제는 자본주의의 산물이다. 식물에 비유하면 서로 유전자가 다른 종자의 접목이라 할 수 있다. 이것이 과연 가능한 것인지, 세계가 주목하는 가운데 중국은 '중국식 사회주의'라는 타이틀을 들고 나와 중국식 스타일로 개혁개방의 길을 탐색하고 있었다.

김진경은 철학을 전공한 학자이지만, 젊은 날 영국, 스위스, 독일 등 60여 개 국가들을 두루 돌아다니며 경험하였고, 미국에서 20년 가까이 기업 활동을 한 기업가로서 중국식 개혁개방에 대한 현실과 미래를 이해하고 있었다. 자본주의 나라에서 온 그의 견해는 갓 개혁개방에 눈뜨기 시작한 중국인들에게는 생소하고 낯설면서도 새롭고 진취적이고 미래지향적인 희망서와도 같은 것이었다. 경제를 중심으로 그는 중국의 의식 변화와 정신의 변화를 촉구했다. 당시 중국은 아직 정치, 사상, 의식면에서 전면적인 개혁에 들어가지 않은 때라 그의 발언에 다소 위험한 요소가 있었지만, 변화를 갈망하는 중국인에게는 반가운 일이었다.

그의 강의는 계획경제에서 시장경제로 옮겨 가는 과정에서의 우월성은 무엇인지, 사회주의의 집단주의가 안고 있는 문제점은 무엇인지, 그리고 시장경제가 일으키는 문제점은 무엇인지 등에 초점을 맞추었다. 그의 특강이 중국 사람들에게 인기가 있었던 것은 그가 자본주의냐 공산주의냐 하는 민감한 정치적 이념이나 관념론에 매이지 않고 시대적 수요와 인간의 필요에 따른 경제발전에 대해 이야기했기 때문이다. 그는 사회주의 집단경제의 소극적 병폐인 게으른 평균주의를 날카롭게 지적하였고, 자본주의 자유경제와 시장경제의 병폐인 빈익빈 부익부 貧益貧富益富를 지적했다. 그리고 게으

름의 경제나 부패의 경제는 소멸될 수밖에 없다고 주장했다. 사회주의 집단경제는 문제가 생기면 서로 떠넘기고 누구도 책임을 지려 하지 않으며 노동 열정을 높일 수 없어 사회가 발전할 수 없으며, 자본주의 자유경제와 시장경제는 물신주의에 의한 부패로 썩게 되어 있다는 것이 그의 지론이었다.

당시 중국에는 사회주의의 병폐를 강하게 지적하는 사람이 없었다. 그런데 자본주의 사회에서 온 지식인 김진경은 대담하게 지적했다. 하지만 그를 문제 삼는 사람이 없었고 오히려 그의 강의를 모두 좋아했다. 그의 지적이 매우 객관적이고 설득력이 있었기 때문이다. 그가 만약 사회주의를 공격하고 자본주의를 고취하려는 인상을 주었다면 문제는 달랐을 것이다. 그는 사회주의나 자본주의라는 틀에서 벗어나 사회를 말하고 있었기에 중국인들이 공감할 수 있었다.

그가 강의를 마치고 숙소에 돌아오면 사회과학원 연구원들 몇몇이 찾아와 밤을 새우며 그의 말을 경청하고 질문을 하기도 했다. 그들은 한국의 경제발전사와 자유주의 국가관에 관심이 많았다. 한국이 왜 북한을 앞서갈 수 있었는지, 한국이 독재정치를 했는데 어떻게 경제발전을 이룩할 수 있었는지 등을 질문했다. 김진경은 한국은 정치적 독재는 하였어도 경제와 문화에서는 오히려 자유경제를 받아들였으며, 문화의 민주주의를 계속 발전시켜 왔기 때문에 사회주의 국가와는 다르게 발전해 왔다고 설명했다. 그리고 중국이 빠른 발전을 이루려면 중국인들에게 옛 문화대국이었다는 자부심을 심어 주고, 인권을 향상시켜 인간이 얼마나 고귀한 존재인지 인식시켜야 한다고 했다. 사람은 동물과 다르기에 사람답게 살도록 삶에 의욕을 불어넣고 좀더 나은 삶을 추구할 수 있는 정신교육을 먼저 실시해야 한다고 설파했다. 그리고 인간의 고귀함, 생명의 고귀함, 정신의 자유, 인간 가치의 인정, 인권 보장은 무엇보다 소중하며 이는 경제발전과 정비례하는 것이라고 설명했다.

결국, 국민에게서 권력이 나오는 민주 시대가 되지 않으면 사회발전도, 경제발전도 있을 수 없다는 것을 선진국들의 예를 들어 가며 설명했다. 이에 젊은 학자들은 공감했고, 중국도 중국의 특성을 유지하면서 중국의 사회주의를 연구해야 하며 결코 문화대혁명 같은 역사는 되풀이되지 말아야 한다는 인식을 함께했다.

그가 추구하는 가치가 과연 사회주의 집단경제로부터 시장경제로 진입을 시도하는 중국의 선택에 어떤 도움이 되었을까? 그는 우선 덩샤오핑의 '백묘흑묘론'을 높이 평가했다. 그리고 중국 사회주의가 성공할 것인가, 개혁개방 이후의 중국 특색의 사회주의가 성공할 것인가를 다룬 특강에서는 '중국 특색의 사회주의'를 높이 평가했다. 그는 중국이 서구 자본주의와 같은 체제를 그대로 옮겨 왔더라면 대혼란이 일어났을 거라고 주장했다. 중국식 사회주의 체제야말로 현 중국의 정치제도와 정책 구조에 잘 어울리는 최선의 제도라고 분석하고, 개혁이란 외부의 영향도 중요하지만 자체 구조와 조건에서 출발하는 것이 가장 이상적인 것이라고 했다. 중국은 바로 이런 점에서 성공한 것이며, 자칫 개혁개방에서 일어날 수 있는 대혼란을 견제하면서 내국의 실정에 맞게 속도를 조절하고 점진적으로 개혁을 풀어 나간 것은 잘된 일이라고 평가했다. 김진경은 중국의 사회주의 경제개혁을 저우언라이 총리가 말한 '연 띄우기 묘법'에 비유했다. '연줄은 너무 느슨해서도 안 되고 너무 조여서도 안 된다, 그러니 연을 가장 높이 잘 띄울 수 있는 조건은 연줄을 조절하는 데 있다. 그 조절 기준은 바로 '풍향'이라 할 수 있는데 풍향을 잘 살펴야 한다'고 그는 말했다. 그가 말하는 풍향이란 민심이다.

김진경은 중국에 대한 서방국가들의 맹목적인 비판에 부정적이다. 신발이 작아 느끼는 고통은 발가락만이 안다며 "중국은 자국의 실정을 가장 잘 알고 그 실정에 가장 어울리는 체제를 구축했을 터이니 외부의 논란은 의미가 없다"고 일축했다. 그리고 영국을 실례로 미래주의를 지향할 것을 제시하기도 했다.

"영국은 과연 자본주의 국가인가, 공산주의 국가인가. 영국은 자본주의도 아니고 공산주의도 아니다. 말로는 자본주의라고 하지만 복리정책은 사실상 공산주의에 가깝다. 의료보험이 완전히 무료고 국민의 최저생활비를 제공하고 있다. 영국은 국가가 부유하고 국민이 복지를 누리는 나라다. 이것이 국가가 원하고 국민이 추구하는 가장 바람직한 가치가 아닌가."

그가 이 점을 강조한 것은 중국이 직면한 사회주의냐, 자본주의냐 하는 강박적이고 닫혀 있는 이념의 딜레마에서 빨리 헤어 나와 시간 낭비를 하지 않기를 바라는 마음에서였다. 그리고 사회주의 이론과 공산주의 이론에만 길들여진 중국이 새롭게 받아들여야 하는 자본주의 경제원리와 논리에서 생기는 괴리와 분리로 생기는 갈등을 해소하는 데 도움을 주고 싶었고, 중국이 형식적인 사회주의와 자본주의의 관념론에서 벗어나 좀더 넓고 풍부한 사회적·시대적 가능성을 받아들이는 데 도움을 주고 싶었다. 한마디로 중국이 조금 더 자유로운 사유와 나은 삶을 추구하는 진실된 복지국가로 거듭나기를 권장하는 데 강의의 목적을 두었다.

"중국은 국민 생활의 질을 향상시키고 더 나은 사회 건설을 위해 노력해야 함과 동시에 국제성을 띠어야 합니다. 세계 4대 문명 발상지의 하나인 중국이 세계적인 문화를 유지해야 하듯이 중국의 정치도 국제성을 띠어야 합니다. 그리하여 국제사회에 공헌하고 리더로서 역할해야 합니다."

그는 중국 개혁개방이 안고 있는 문제점도 지적했다. 중국이 현대화를 추진하면서 빚어진 사상과 이념의 갈등이다. 사회주의 시장경제는 중국 내에서 그 자체로서 한계가 있었다. 그 이름 자체가 모순이었다. 그럼에도 중국은 사회주의 체제를 견지하면서 시장경제를 도입하여 기적적인 경제 성장을 이루었다. 일차적인 실험은 성공한 셈이다. 하지만 경제 성장의 배후에는 심각한 이데올로기적 갈등이 있었다. 중국이 끝까지 고수하려는 사회주의 체제라는 사회주의의 구심력과 이를 이탈하려는 시장경제의 원심력이 대립하면서 그 사이에 심각한 사회적인 문제가 생겨날 수밖에 없었다.

쉽게 말하면 중국의 현대화 과정에서 야기된 사상과 이념의 갈등은 과거 중국이 자본주의 이데올로기라고 비난했던 그 자본주의 사상들을 그대로 안고 가거나 받아들여야 하는 실제적인 문제들을 내포하고 있었다. 경제 영역뿐만 아니라 사상과 의식, 삶의 형태에서도 과거의 것을 스스로 부정해야 하는 이율배반적인 상황이 나타났다. 이를테면 황금만능주의의 팽배, 소득 불균형에 대한 계층

간의 불만, 사회주의 평등사상에 대한 회의, 그리고 당과 관료사회에 만연한 부정부패 문제는 정부 시책에 대한 심각한 사회적 긴장을 유발하고 있었다. 이것이 바로 사회주의 이념과 자본주의 시장경제의 동거가 낳은 결과다. 이는 외면할 수 없는 필연적인 결과이자 중국이 앞으로 계속 풀어 가야 할 숙제이기도 하다.

"이제 중국에는 적대계급에 대한 계급투쟁이 아닌 사회주의 현대화의 달성, 즉 경제발전의 목표를 실현하는 것이 주요한 사회적 의무이며 책임이 되었습니다. 계급투쟁을 종식하고 국민이 행복해하는 복지사회를 만드는 것이 국가의 의무입니다."

김진경의 이런 강연은 중국 사람들에게 사회 인식의 변화와 아울러 인간이 행복해질 권리에 대해 이해하며 깊은 공감대를 형성하게 했다. 그의 솔직담백하고 위트 넘치는 강의는 가는 곳마다 폭발적인 인기를 누렸다.

산동성 사회과학원 연구교수가 되다

중국사회과학원 초청으로 특강을 하기 시작한 지 6개월 후, 그는 산동성 사회과학원으로부터 연구교수로 정식 초청을 받았다. 사회과학원이란 정부 관할하에 있는 최고 학술 기관인데, 이런 기관에서 외국인을 연구교수로 초청하는 것은 당시 중국에서는 이례적인 일이었다.

1988년 6월, 그는 마침내 산동성 사회과학원의 '특별요청연구원'이 되었다. 이 직책은 그에게 큰 특권이 되었다. 우선 미국 국적의 한국인으로서 중국에서 신분을 보증받은 셈이어서 본격적으로 중국으로 진출할 수 있는 발판이 되었다. 무엇보다 입국비자를 받는 데 어려움을 덜게 되었고, 중국 내에서도 활동하기가 훨씬 수월해졌다. 80년대 중반까지만 해도 외국인의 중국 내 여행은 극도로 제한되어 있었다. 당국의 허가 없이는 외국인을 집으로 초청하지 못했고 호텔 투숙도 어려웠다. 호텔에서 자다가 외국인이라는 이유만으로 불려 나가 공안당국의 조사를 받는 일이 비일비재했다. 그뿐만 아니라 외국인이 베이징에서 다른 지역으로 가려면 꼭 당국의 허락을 받아야 했다. 허가 없이 마음대로 다니면 당국의 저지가 있었다. 중국에서 일을 하고자 마음먹은 그로서는 중국 정부의 신임을 얻는 것이 무엇보다 중요한 과제였다. 그런 점에서 산동성 과학원 연구원 직은 다른 지방 정부의 믿음을 얻는 데 신분증 역할을 했다.

이후 그는 베이징, 상하이, 광저우 등 중국의 큰 도시들을 답사하고 길림, 요녕, 흑룡강성 등 동북 3성과 내몽고를 돌아보았다. 단순히 여행의 의미는 아니었다. 마음속에 그만의 소중한 비전을 갖고 그 비전을 현실로 만들어 가야 할 곳을 찾아 중국의 여러 곳을 꼼꼼히 살핀 셈이다. 그가 지향하는 바는 그렇게 복잡하지도 않고 어렵지도 않았다. 좀더 높은 영적 진화를 위한 환경이 필요했을 뿐이다.

중국 국민에게 드리는 충언

1988년 10월 14일, 김진경은 센양 공항에서 무려 5시간이나 지연된 비행기를 기다리면서 일기장에 "중국 국민에게 드리는 충언"

이란 글을 썼다.

저는 금번으로 중국을 7차나 방문하였습니다. 중국을 오가면서 이제 친우도 많이 생기고 중국에 정도 많이 느끼고 있습니다. 남으로는 광저우로부터 북으로는 옌지, 롱징까지 도시와 시골을 다 다녀 보았으며, 여러 층의 사람들과 교류도 하여 왔습니다. 중국인들은 모두 소박하고 낙천적이고 인정이 있는 민족입니다. 제가 중국인을 대할 때는 언제나 위대한 인류 문화의 선각자로서 중국의 문화와 함께 중국인을 생각합니다. 그러나 적지 않은 중국인들이 중국 땅에서 살고 있지만 자기 조상들의 위대한 문화유산을 모르고 문화민족이란 자부심, 문화민족이란 우월감을 가진 사람이 많지 않았습니다. 중국인의 의식 속에서 '문화'라는 두 글자가 사라져 버린 것을 보고 저는 한없이 슬퍼하며 큰 충격을 받았습니다.

제가 한국의 경제발전에서 성과와 경쟁에 대하여 산동성 사회과학원에서 강의할 때도 지적하였습니다만, 오늘 중국 경제발전을 위하여서는 중국 국민의 의식혁명이 없이는 불가능한 것 같습니다. 한국은 천연자원은 전무하다시피 한 나라입니다. 그러나 오늘 한국이 경제대국이 될 수 있는 것은 모든 국민이 한국 국민이라는 자부심과 문화민족이라는 긍지와 남보다 잘살아 보아야 되겠다는 의지로써 이룬 피눈물 나는 노력의 대가이지, 훌륭한 정치가를 만나서나 훌륭한 경제정책에 의하여 경제발전을 이룩했다고 저는 보지 않습니다. 물론 사회제도와 경제정책과 한국의 새마을운동이 경제발전에 견인차 역할을 하였습니다마는 국민 한 사람 한 사람의 의식혁명으로 인하여 30년 전후 완전히 잿더미가 된 땅에서 무에서 유를 만들어 내었습니다.

오늘 중국 국민에게는 어떠한 가치관에 대한 목표가 없습니다. 마오쩌둥의 대장정 때는 혁명이란 깃발 아래 뭉쳤고, 배고픔과 헐벗음을 참았으며, 전국 통일 후에는 토지혁명과 사회혁명이란 큰 슬로건 밑에서 전 국민이 내일의 희망을 바라보고 견디었습니다. 혁명 투쟁이 막을 내리고 개방정책과 사회혁명으로 인하여 중국 역사상 모든 국민이 가장 많은 자유를 누리고 있으며, 착취계급이 없는 모든 국민이 주인이 된 국가를 건설하였습니다. 그러나 이 시점에서 뚜렷한 목적의식과 지향하는 목표 설정이 없어 이제 국민들 마음속에 애국심이 사라져 가고 있으며, 국가 기관에 있는 분들은 완전히 타성에 젖어 능동력과 창의력을 발휘하지 않고 있으며, 소상공인과 농민들이 먹고살기 위하여 경제활동하는 것이 전부입니다.

금번 베이징과 몇 지방의 공장들과 제조업체들을 방문하였습니다. 본인이 가본 국가 경영 업체 모두가 너무나도 지저분하고, 더럽고, 청소를 하지 않아 쓰레기통과 같았습니다. 건물들은 손을 보지 않고 수리하지 않아서 낡아 마치 피난민 수용소 같은 느낌이고, 일하는 사람들은 자기 맡은 일에 충실하게 임하는 것 같지 않았습니다. 어떤 상품 생산 공장에 갔더니 손님이 와도 본체만체하면서 끼리끼리 붙어 카드놀이를 하고 있는데 근무 시간에 어찌 그럴 수 있는지 아연실색하지 않을 수 없었습니다. 국가에서 경영하는 호텔에도 가보았으나 로비에서 일하는 사람들의 불친절과 비서비스와 불결함과 이가 다 빠진 그릇들을 손님 접대용으로 사용하는 것이라든지 이런 것은 시급히 고쳐 가야 할 문제들이라고 봅니다.

센양에서 옌지 가는 비행기를 타려고 표를 샀는데, 16시 50분에 출발하는 비행기여서 한 시간 전에 비행장에 갔더니 18시가 되어도 아무 소식이 없기에 가서 물어보니 한 시간 연착이라 하여, 한 시간 후 다시 가서 물어보니 18시 50분을 16시 50분이라고 잘못 쓴 것이라면서 앞으로 얼마나 연착할지 모르겠다고 하였습니다. 저는 할 말을 잃었습니다. 대중국 민항이 비행기 표에 시간을 틀리게 기록하는 것이라든지, 7시간이나 지연되어도 회사 측이나 공항에서 알려 주거나 사과 한 번 없으니 이 모든 것은 기술이 부족하여서가 아니요, 물자가 없어서도 아니요, 분명히 모든 분야에서 일하시는 분들의 의식 속에 나라 사랑하는 마음과 문화민족이란 긍지가 없어 일어나는 것 같습니다.

전 중국의 교통질서를 보십시오. 자동차, 자전거 우마차, 사람이 섞여 뒤죽박죽입니다. 사람들은 붉은 등과 푸른 등의 교통 신호를 지키지 않습니다. 붉은 신호등이 켜져도 사람들은 여유작작하게 지나다닙니다. 차가 오히려 사람을 기다리고 피해 가야 하니 이것은 질서가 아니라 혼란과 혼돈입니다. 이것은 오늘의 중국의 사회상을 그대로 나타내는 것입니다. 교통 문화가 그 나라의 얼굴입니다.

오늘 전 중국 인민들이 문화의식혁명을 일으킬 때만이 비로소 좀더 좋은 질서가 유지 가능한 줄 믿습니다. 나는 이것을 '문화경제Cultural Economy'라고 말하고 싶습니다. 지금 이 글을 심양공항에서 5시간 동안 비행기를 기다리며 쓰고 있는데 또 본인 옆에 있는 분이 공항 대합실 바닥에 추호의 부끄러움이나 주저함 없이 침을 뱉고 있습니다. 중국은 광활한 땅과 없는 것 없는 천연자원이 있는 천혜의 축복받은 땅입니다. 본인이 황하를 따라 여행하여 보니 아직도 수천만 평의 황무지가 버려져 있었습니다. 춘하추동을 즐길 수 있는 좋은 기후, 아름다운 대자연과 그 찬란한 문화, 만일 오늘 보던 중국 인민이 잠에서 깨어나 우리도 잘살아보자는 이념과 사람답게 깨끗이 살아 보겠다는 문화의식과 위대한 민족이라는 역사의식을 되살리는 의식혁명이 일어나지 않고는 중국 인민 경제발전은 참으로 힘들 것 같습니다. 본인은 중국을 사랑하고 중국 인민에게 많은 애정을 느끼고 있어 이런 중국 현실을 안타깝게 여기고 변화가 시급하다고 생각해 절실한 심정으로 이 글을 썼습니다. 비난하거나 비판하는 뜻이 결코 아님을 말씀드리며, 중국 인민의 의식 속에, 중국 사회에 새마을운동이 일어나고 새사람 운동이 일어나는 날이 하루 속히 오기를 기다리며, 본인도 계속 중국 땅에서 인민 속에서 이 일을 돕고 싶다는 마음을 전합니다.

이렇게 그는 여행하면서 보고 느낀 생각들을 수시로 수첩에 적었다가 정부 관원이나 관계부처 사람들을 만나면 문제 제기를 하여 모든 선진문화는 어느 날 갑자기 오는 것이 아니라 작은 것부터 하나하나 바로잡아 나가는 책임 있는 시민의식에서 시작된다는 것을 행동으로 보여 주었다.

마차 타고 아버지에게 가던 길

중국에서 여행이 자유로워지자 김진경은 흑룡강성 목단강 신안진을 찾았다. 중국이란 이름만 떠올리면 제일 먼저 가고 싶었던 곳 신안진. 그곳은 1930년대 말, 그의 아버지가 농업학교를 세운 곳이다. 아버지의 꿈이 묻힌 곳이며 그의 어린 시절의 추억이 있는 곳이기도 했다. 어린 시절 어머니 손에 이끌려 증기기관차를 타고 서울에서 평양을 거쳐 중국 흑룡강까지, 다시 흑룡강에서 신안진까지 말 두 필을 메운 마차를 타고 찾던 먼 길이다. 50년 전에 아버지로 이어진 그 멀고도 먼 길이 오늘까지 이어지는 그 의미를 되새기며 그는 가슴이 설렜다. 어린 시절 걸었던 그 길을 걷고 있자니 갑자기 〈이 길〉이란 영화의 노래 가사가 떠오르며 가슴이 먹먹해졌다.

"이 길은 언젠가 왔던 길, 아아, 그리운 어머니와 함께 마차 타고 갔어요……."

이 노래는 기타하라 하쿠슈北原白秋의 시에 야마다 고사쿠山田耕作가 곡을 붙였는데, 일본 대표 창가唱歌이다. 어린 시절 도쿄에서 유학했던 누나에게 배운 듯하다. 〈이 길〉을 부르니 저도 몰래 어머니 생각이 났고 아버지의 얼굴도 떠오른다. 목이 메고 눈시울이 젖어들었다. 어머니와 아버지에 대한 기억은 언제나 가슴을 싸하고 뭉클하게 한다. 그는 〈이 길〉의 가사를 고쳐 이렇게 불렀다.

"이 길은 아버지를 찾아왔던 길, 어머니와 함께 마차 타고 왔던 길, 아버지의 길이고 어머니의 길이었네. 그리고 지금부터 내 길이 되겠네……."

가슴속 깊은 곳에서 뜨거운 것이 흘러내렸다. 세월은 이렇게 흘러 유치원 꼬마가 아버지보다 더 많은 나이로 아버지가 서 있던 땅위에 서 있다. 영원히 오지 못할 것만 같던 길이다.

하지만 그곳에는 지나간 세월의 추억뿐, 새로운 감동은 없었다. 아버지 손으로 세워서 운영했던 농업학교 시설이 퇴락한 채 쓸쓸하게 남아 있었다. 전에 아이들과 뛰놀던 학교 마당에는 이름 모를 잡풀만이 무성하다. 세월은 거꾸로 흐른 듯 이곳은 변한 것이 없다. 여전히 가난한 시골이었다. 왠지 짙은 외로움과 고독이 엄습했다. 이곳에서 고독과 혼자 싸웠을 아버지에 대한 안쓰러움과 그리움이 밀려와 가슴이 아렸다. 낯선 이 땅에서 아버지가 구하고자 했던 것이 바로 오늘 자신이 이 땅에서 구하고자 하는 것과 같은 것임을 확인하면서 가슴속에 거센 파도가 일었다. 아버지 손에서 그의 체취와 손때 묻은 바통을 받아서 뛰어야 하는 신선함과 사명감에 마음이 벅찼다. 그는 혼자 되뇌었다.

'이 길을 가는 것은 숙명이다. 그리고 정해진 나의 운명이다.'

그런 결심을 할 즈음, 그는 개혁개방을 맞은 중국 교육이 진퇴유곡에 빠져 있는 것을 보았다. 개혁개방이 시작되면서 많은 학생들이 국외로 유학을 갔지만 돌아오는 사람이 없었다. 공부시켜 결국 남 좋은 일만 시키지 국내에는 도움이 안 되었다. 이리하여 그는 중국 정부에 "내 돈으로 중국에 학교를 짓고 외국에서 가장 우수한 교수들을 데려다가 중국의 개혁개방에 필요한 최고의 인재를 길러 내겠다"는 제안을 했다. 중국 내에서 국제 수준의 과학기술 교육을 시키겠다는 것은 중국 입장에서는 앉은 자리에서 유학생을 양성하는 것이니 반대할 리가 있겠는가. 학교를 세우려는 것은 그의 오랜 꿈이고 숙원이었다. 어쩌면 그의 천부적인 재능일지도 모르겠다. 이미 한국에서 '새학교'라는 야학교를 세웠고 부산에 칼빈학교를 세운 전력이 있다. 이제 그가 꿈꾸는 학교는 그의 세 번째 학교이자 공산주의 국가에서 세우는 첫 학교가 될 것이다. 김진경은 학교를 옌볜에 세우기로 마음을 정했다.

옌볜에 학교를 세운다는 것에 의문을 제기하는 사람이 적지 않았다. 일부에서는 민족적인 감정이 지배적이라고 보기도 했다. 하지만 그는 협애한 민족주의 감정으로 이곳을 선택한 것은 절대 아니다. 그럼 무엇 때문인가? 옌볜 지역은 북한과 중국의 접경지대다. 한반도와 중국을 갈라놓은 압록강과 두만강이 각각 황해와 동해로 흘러든다. 두만강 하류 지역에 훈춘 방천琿春防川이라는 중국 국경도시가 있다. 방천에서 보면 동쪽 끝으로 러시아와 북한을 잇는 우의友誼철교가 보인다. 한반도와 러시아 대륙을 연결하는 이 철교로 기차가 달리기도 한다. 두만강 하류로 가다 보면 왼쪽으로 길고긴 철조망이 보인다. 러시아와 중국의 국경선이다. 오른쪽으로 흐르는 두만강 줄기의 한가운데가 중국과 북한의 국경선이다. 이곳은 러시아, 북한, 중국 세 나라를 동시에 볼 수 있는 절묘한 지역이다. 그는 옌볜을 동북아의 요충지로서 동아시아의 평화와 번영의 꿈을 실현하는 가장 적합한 지역이라 단정했다. 유럽이 대학 연합으로 유럽 공동체를 이루어 냈듯이, 이곳에 대학을 세워 대학을 중심으로 한 동아시아의 평화와 번영을 보장하는 공동체를 이루어 낼 것이라는 미래를 설계하고 있었던 것이다.

그는 교육의 힘으로 여러 경계들과 한계들을 극복한 체험자다. 그는 국제적인 교육으로 국제사회에서 상호 이해하고 협력할 수 있는 미래의 리더를 교육시킬 글로벌 환경을 마련하는 것이 이곳에서 자기가 해야 할 일임을 자각했다. 그것은 반드시 중국의 다른 대학과는 차별되며 글로벌 기준에 맞는 국제대학이어야 한다는 것이 그의 주장이었다. 김진경은 자신의 꿈을 실현하는 데 이론적 근거를 제시하기 위하여 중국에서《옌볜, 미래로 향하다 延邊, 面向未來》란 책을 출간했다. 이 책은 그가 30만 달러를 투자하여 동북아 발전 계획에 따라 출간한 저작으로 "남북이 통일되면 필연적으로 동북아시아에도 경제공동체가 형성되어야 하며, 이에 미리 준비해야 한다"는 것이 주요 내용이다. 중국과학위원회 부주임인 덩샤오핑의 둘째 딸 덩난 씨가 이 책의 서문을 써주었다.

김진경의 옌볜 사랑은 남달랐다. 처음 옌볜에 왔을 때 그는 이곳에 조선족이 많이 살고 있다는 사실에 놀랐다. 이들은 나라를 지켜 주지 못한 못난 조상을 둔 죄로 살 길을 찾아 조국을 떠나온 이민자들과 그 후예들이다. 그리고 독립운동을 위하여 이 땅에서 일제와 목숨 바쳐 싸운 독립투사들의 후예들이다. 이들은 중국이라는 대륙에서 열세 번째로 인구가 많은 소수민족으로 떳떳하게 살아가고 있었다. 하지만 가슴 한편이 짠하기도 했다. 많은 조선족들이 농사를 짓고 있었는데, 옌볜의 다른 현縣과 시市는 말할 것도 없고 자치주 수부首府라고 불리는 옌지의 조선족들도 가난하기는 마찬가지였다.

중국의 경제개혁은 이들에게 변화를 요구하고 있었지만 그들은 어떻게 이 변화를 받아들여야 할지 모르고 있었다. 농사를 지으면서 자기가 생산한 농산품이나 채소를 시장에 가져다 팔아서 푼돈을 마련하는 정도의 수준이었다. 이미 여러 차례의 정치운동을 목격했고, 특히 문화대혁명에서 피해를 입은 사람들이 많아서인지 중국의 개혁개방정책에 대해서도 조심스럽게 접근하고 있었다. 접근한다기보다 소심하게 지켜보고 있었다고 하는 편이 나을 듯싶다.

이들의 경제적 수준이나 시민의식은 수도 베이징이나 경제수도 상하이, 광저우 등에 비하면 그야말로 절반에도 못 미치게 뒤처져 있었다. 중국의 큰 도시들에서는 곳곳에서 경제적인 발전의 변화를 느낄 수 있었을 뿐만 아니라 사람들의 사상과 의식의 변화를 뜨겁게 감지할 수 있었지만 이곳은 너무도 미미했다.

때는 1987년이었으므로 이미 중국은 두 번째 단계의 개혁개방 시기에 있었다. 중국의 개혁개방정책은 내용과 시기에 따라 3단계로 나누어 볼 수 있다. 1단계(1978~1984)는 농촌 지역을 중심으로 이루어졌다. 2단계(1984~1987)는 도시 위주로 진행되었는데, 기업의 자율성과 효율성을 높이기 위해 금융개혁 및 대외무역 활성화 등이 추진되었다. 3단계(1987~)는 연안 지역을 중심으로 대외개방정책이 적극적으로 실시되었다.

갑작스러운 변화 속에서 옌볜 조선족들은 대처가 늦었다. 그는 그들이 어렵게 살 수밖에 없는 몇 가지 문제를 발견했다. 우선 옌볜이 지역적으로 중국의 변두리에 있다는 것이고, 10년이 넘는 문화혁명을 거치면서 지식이나 기술을 배울 기회가 없었으며, 오랫동안 닫힌 사회 환경에서 국제적인 가치관과 감각을 갖출 수 없었던 게 문제였다. 아울러 자주독립적인 인격의 결핍도 문제였다. 개인의 독창성이 결여되어 그냥 묻어 가는 형국이었다.

독립적인 인격과 독창성은 다른 사람과 구별되는 주요인이며 국민적인 발전을 위한 핵심 조건이다. 지역이 발전하고 나라가 발전하자면 자의식이 발달한 사람, 학교 교육을 받은 사람, 또 그런 만큼의 생활능력이나 직업을 갖춘 사람이 필요한데 그것이 부족했다.

이들은 창의성이나 호기심보다 무관심에 익숙해 있었다. 그리고 교육에서도 몇 가지 문제를 발견하게 되었다. 국립학교제도를 주도하고 있는 중국 교육은 국가적 지원이 충분하지 못하여 학교 시설과 교육 시설이 뒤처져 있었다. 지방 학교의 상황은 더욱 좋지 않았다. 기본적인 시설조차 갖추어 있지 않았다.

특히 직업기술교육이 존중받지 못하고 있었다. 중국은 경제건설과 사회발전을 위하여 초·중급 수준의 기술관리 인력과 일반적인 수준의 지식기술을 갖춘 산업 예비군이 많이 필요했다. 하지만 직업기술교육이 충분하지 못하고 균형적인 발전을 이루지 못하며 그 질도 떨어져 국가적 수요에 미치지 못하는 실정이었다. 당시 옌볜 지역의 정황으로 볼 때 중학교를 졸업하고 할 일 없이 노는 학생이 많았다. 김진경은 기술학교를 세워서 그런 젊은이들에게 기술을 가르쳐 변화하는 시대에 잘 적응하고 더 나은 삶을 살 수 있도록 도와주고 싶었다. 그리고 이곳의 젊은이들에게 국제적인 삶의 가치 기준으로 살아갈 수 있도록 기술적으로 인도할 뿐만 아니라 참된 인격체로 형성되는 과정을 배워 가도록 도와주고 싶었다. 장래를 위한 일에서 가장 가치 있고 보장되는 일로 학교를 세우는 일만큼 확실한 것은 없다. 그들에게 기술을 가르쳐 주고 그들을 바른 인재로 교육하는 것이 시급하다고 생각했다.

김진경은 헤이룽장성(흑룡강성)의 어느 마을에 갔다가 목격한 일을 지금도 잊지 못한다. 조선족 교장선생님 한 분과 선생님 세 분이 학교를 운영하고 있었다. 오전에는 학교에서 아이들을 가르치고 오후에는 시장바닥에 나가서 채소장사를 하고 있었다. 가히 기네스

북에 오를 만한 일이었다. 조선족의 교육열은 다른 민족에 비해 높았다. 중국에 56개 소수민족이 살고 있지만 자기 글과 언어가 있는 민족은 여섯 정도밖에 없다. 그 가운데 조선족은 자기 민족의 글과 언어뿐만 아니라 자기 글과 언어로 교육을 하는 소학교, 중학교 그리고 대학까지 있었다. 만주족은 300년이나 청나라를 다스렸는데도 자기 글을 다 잊어버려 없는 데 비해 조선족은 자기 민족의 글을 보존하고 있어 참으로 다행스러웠다.

그런데 이 다행스러움이 그들에게 하나의 딜레마였다. 조선족 아이들은 조선족 소학교와 중학교에서 조선말로만 수업을 받다 보니 중국어 실력에서 밀려 중국 주류사회에 적응하지 못하고 중심에서 밀려나 소외되어 있었다. 이것은 아주 중요한 문제였다. 13억 인구의 대국에서 살면서 자국 언어와 글에 소홀히 하여 조선족끼리만 통한다면 영원히 비주류로 살아야 할 것이다. 이 문제를 해결하려면 이들의 생활환경과 삶의 질을 높여야 했다. 그러려면 반드시 국제적인 감각과 가치를 실현할 수 있는 최고의 학교를 이곳에 세워야 했다.

그의 이런 계획에 대해 주변 사람들은 모두 "좋은 일입니다" 하면서도, 그것이 가능하다고 믿는 사람은 거의 없었다. 일부에서는 미치지 않고서야 어떻게 이런 발상을 할 수 있느냐며 콧방귀를 뀌었다. 당시 미국이나 한국에서는 사립대가 유행이었지만 중국에서는 사립대라는 것은 꿈도 꿀 수 없었다. 게다가 외국인이 학교를 세운다니! 그것은 상상조차 할 수 없는 일이었다.

중화인민공화국이 설립된 이래 외국인이 사립학교를 설립하고 경영한 사례는 없었다. 그러므로 외국인이 국내에 학교를 세우는 '법' 자체가 없었다. "중국이 사회주의를 포기하고 자본주의를 하겠다고 마음 먹지 않는 이상 이런 일은 일어날 수 없다"고 다들 입을 모았다. 사회주의 국가에서 개인이 학교를 세운다는 것은 감히 생각할 수 없는 일이었다. 교육은 국가의 미래가 달려 있는 천년대계, 만년대계의 일이기 때문에 개인이 학교를 경영하는 것은 사회주의 체제가 전복되는 일이며, 나라가 전복되는 일이라고 인식하고 있었다. 그러니 다들 그의 말에 냉소적일 수밖에 없었다.

김진경이 중국 태생이었다면 이런 발상을 하지도 않았을 것이다. 그가 중국을 잘 모르는 외국인이라서 이런 모험적인 발상을 감히 했다고 본다. 중국의 개혁개방은 경제 영역에서 시작되었으므로 경제 영역의 대외합작이나 외국인의 중국 내 기업 진출은 가능했다. 하지만 중국 공산당은 교육과 종교 등에 관련된 영역에서는 여전히 보수적이었다. 외국에서 책을 들여오는 것조차 엄격히 규제되어 있었다. 공항에서 도서 반입은 따로 검열할 정도다. 한 사람이 열 권 이상 휴대해서는 안 되며 정치나 종교, 그리고 저속한 내용을 담은 도서는 반입이 금지되어 있다. 우편으로 부쳐 오는 책들도 마찬가지다. 검열을 통과하지 못한 도서는 압수 처리된다.

이런 분위기에서 학교를 세우겠다는 김진경의 계획은 지나치게 급진적어서 분위기 파악을 못 하는 것이라고밖에 볼 수 없었다. 그를 잘 아는 사람들마저 그를 어리석은 사람이라고 했다. 그렇지 않고서야 어찌 이룰 수 없는 일을 이루려 하겠는가. 사람들은 그의 생각을 비웃었다. 하지만 김진경은 오히려 큰소리를 쳤다.

"세상에는 안 되는 일이란 존재하지 않아. 존재하는 것은 오직 안 된다는 생각뿐이야."

옌볜이어야 하는 이유

중국 정부 주요 관직에 있는 일부 당직자들은 김진경이 중국에 학교를 짓는 것은 지지하면서도 옌볜에 세우는 것은 별로 탐탁지 않아 하는 눈치였다. 베이징의 한 고위 인사는 그에게 이렇게 말했다.

"옌볜에는 옌볜대학이 있습니다. 작은 도시에 왜 또 학교를 세우려 합니까? 대학을 세우고 싶으면 베이징이나 상하이 등 큰 도시에 세우세요. 중국은 아직도 기술이 부족하니 베이징에 기술학교를 세워야 합니다. 베이징에서 학교를 세우면 당신에게도 큰 보람이 될 것입니다."

그는 김진경에게 베이징에 땅을 내어 줄 테니 베이징에다 학교를 세우라고 권유했다. 때를 같이하여 상하이와 산둥에서도 제의가 들어왔고 랴오닝성 셴양과 헤이룽장성과 광둥성 광저우에서도 자기네 성에 학교를 세워 달라고 요청했다. 하지만 김진경은 정중하게 거절하고 기어이 옌볜을 고집했다. 큰 도시에 학교를 세우면 학교 지명도가 높아 학생 모집도 쉬울 것이며, 그에 따라 생기는 부수적인 혜택이나 경제적 수익도 훨씬 높을 텐데 왜 좋은 조건을 마다하고 굳이 외지고 열악한 옌볜을 고집하는지 중국 사람들은 의문스러워했다. 베이징이나 상하이에 학교를 세운다고 했으면 넓은 땅을 받았을 것이고, 그곳의 땅값을 감안하면 지금쯤 아마 엄청난 재산가가 되었을 것이다. 하지만 그가 재산가를 꿈꾸었다면 중국에 오는 것보다 미국에서 사업을 확장하는 편이 훨씬 빨랐을 것이다. 중국인 친구들은 그를 진심으로 걱정해 주었지만, 그는 그들에게 솔직한 속내를 털어놓을 수 없었다.

우리말 속담에 "팔은 안으로 굽는다"라는 말이 있다. 아무래도 우리 민족이 사는 곳에 더 애정이 가고 그들이 좀더 잘살았으면 하는 마음이 있었다. 조국애나 인류애도 자기 집안의 사랑에서 시작되는 것이다. 그렇다고 김진경이 편협한 민족주의자여서 그런 결정을 한 것은 아니다. 그는 민족을 넘어선 평화주의자, 사랑주의자다. 그가 옌볜에 학교를 세우기로 한 가장 큰 이유는 옌볜이 동아시아 공동체의 중심 도시가 될 수 있는 지정학적 위치를 보았기 때문이다. 그럼에도 당국자들의 눈치를 보지 않을 수 없었다.

중국은 56개 소수민족이 사는 다민족 국가로서 소수민족 문제에 상당히 민감하다. 중국에서 일하면서 중국 정부의 마음을 읽지 못하는 것만큼 어리석은 짓이 어디 있겠는가. 김진경은 그들의 기분을 거슬리지 않기 위해 "옌볜은 낙후되어 있다. 낙후된 곳일수록 학교가 더 필요하다. 이것이 내가 옌볜을 선택한 이유다"라고 설명했다. 그러자 이번엔 정 그렇다면 차라리 학교가 없는 다른 소수민족 지역에 가서 학교를 세우라면서 '허베이'가 어떠냐고 제의했다. 이것은 또 다른 시험대였다. 낙후된 지역을 꼽으라면 당연히 옌볜보다 허베이였다. 속 보이는 것 같아 솔직히 마음이 몹시 쓰였다. 김진경은 "허베이는 말이 통하지 않아서 언어가 통하는 옌볜을 선택하겠다"고 했다. 정부 관원들은 더 이상 그를 만류하지 않았다. 그들이 모를 리가 있겠는가. 알면서도 모르는 척 넘어가 준 것이다. 그때 허베이를 선택하지 못한 것이 미안하여 옌볜과기대를 세운 후 허베이의 '중국과학대학'을 옌볜과기대의 첫 자매학교로 맺었다.

그가 옌볜에 간다고 하자 헤이룽장성이나 랴오닝성 쪽에 거주하던 조선족들이 "옌볜에 가면 틀림없이 배신당하고 울면서 떠날 것"이라고 귀띔해 주었다. 옌볜 사람들은 조선족끼리 헐뜯는 악습이 있다는 것이었다. 그들에게 김진경은 이렇게 설명했다.

"그런 사람들이 있다면 더욱 그곳으로 가야 합니다. 생각이 바르지 못한 사람들에게 바른 생각을 갖도록 도와주는 것이 내가 할 일입니다. 시간이 걸리겠지만 언젠가는 반드시 변화할 것이고, 그렇게 만드는 것이 내가 이곳에 온 이유입니다."

이렇게 하여 그는 옌볜에서 일을 시작하게 되었다. 처음 그는 그곳의 모든 눈이 자신의 일거수일투족을 주시하고 있다는 사실을 알지 못했다. 자신의 언행이 본인이 생각하는 것 이상으로 와전되어 다른 사람들에게 전해지고 있다는 사실도 몰랐다. 문화적인 차이나 습관에서 오는 오해도 있었지만, 그보다 더 중요한 것은 종교에 대한 그들의 잘못된 인식 때문이었다. 이곳 사람들은 종교에 우호적이지 않았다. 그들은 '종교는 아편'이라는 마르크스 사상을 배웠고, 그렇게 믿고 있었다. 그들은 김진경이 중국에 기독교를 전파하러 왔다며 그를 경계했다. 중국 헌법에는 종교를 믿는 자유가 있다고 되어 있지만 사실 종교에 대한 활동이 극히 제한되어 있다.

사회주의 사회의 인식에는 신이란 존재하지 않는다. 이들은 유물주의를 신앙하며 유신주의를 부정한다. 이들은 "종교는 건전한 정신을 잠식하는 아편이다"라고 주장하며 종교를 사회주의 사상과 공산주의 사상의 원칙에 위배되는 위해물로 여긴다. 저명한 중국 학자 자일스 Herbert Allen Giles 교수는 "유교와 그의 경쟁자"라는 강좌에서 기독교 선교사들이 중국에서 성공하지 못한 가장 큰 장애는 기독교의 '원죄론'이라고 지적했다. "인간은 선하게 태어나며 인간이 악해지는 것은 악한 본을 받거나 부패한 세태의 영향을 받기 때문"이라고 주장한 공자의 사상과 "모든 인간은 죄를 갖고 태어난다"는 원죄론의 차이 때문에 중국인들은 기독교사상을 쉽게 받아들이지 않는다는 논리다.

어찌 되었든 중국이 기독교를 원치 않는다면 이 역시 중국의 문화일 뿐이다. 기독교 문화가 유럽의 문화이듯 유교 사상은 중국의 문화다. 자기 나라에서 자유로운 것이 꼭 다른 나라에서도 자유로워야 한다는 것은 아집일 수 있다. 김진경은 자기와 다른 타인에 대한 이해와 너그러움으로 종교적인 문제에도 잘 대처했다. 그는 타국에서 온 사람으로서 그들의 법과 습관, 정서를 존중하는 것이 도리라고 생각했다. 물론 기독교인으로서 신앙생활이 자유롭지 못해 불편한 경우가 한두 번이 아니었지만, 그것은 자기 개인 사정이라고 여겼다. 그는 자신의 신앙을 타인에게 강요하지 않았다.

사랑이 없으면 아무 유익이 없다

그럼에도 초창기에는 그와 대화하기를 꺼리는 사람들이 있었다. "남북을 통일하고 3국을 통일할 위험한 사람"이라고 정부 당국에 고발하여 그에게 어려움을 준 사람도 있었다. 같은 민족인 조선족에게 고발당해 타민족인 한족 사람들에게 조사를 받으면서 참으로 참담하고 씁쓸했다. 하지만 이 또한 이들의 사회적·역사적 환경과 깊이 연관되어 있는 것이라고 이해했다. 옌볜은 확실히 고발문화가 뿌리 깊었다. 이런 폐단의 진원이 조선족 이민의 삶과 무관하지 않음을 알고 나서 김진경은 더욱 마음이 아팠다.

이민 초기 조선족들은 부득이 북간도의 한족이나 만족滿族 토착 지주들의 땅을 빌려 농사를 지었다. 당시의 한족이나 만족 토착 지주들은 언어가 통하지 않는 이들을 중국말을 할 줄 아는 조선인 출신의 대리인이 맡아 관리하게 했다. 관리로 뽑힌 조선인들은 중국인 토착세력과 조선인 이민공동체라는 두 배에 양다리를 걸치고 살아갔는데, 이들의 이런 양면성은 오랜 세월 동안 옌볜 조선족 문화의 저변에 깔려 점차 '고발'문화로 형성되어 간 것이다.

김진경은 이곳 사람들에게 수없이 고발당했지만 고발한 사람들을 미워하지 않았다. 그는 이들을 '불쌍한 사람들'로 여겼다. 고발하는 사람들에게 자신이 할 수 있는 일이란 끊임없는 성실함으로 용서하는 일밖에 없었다. 용서란 자신에 대한 지배로부터 자신을 해방시키는 일이다. 그는 용서함으로써 미움이 아닌 사랑하는 마음으로 평화를 유지할 수 있었다. 수시로 벌어지는 고발에도 정부 당국은 결국 김진경을 축출하지 않았다. 김진경은 독실한 기독교인으로서 성경 구절을 입으로만 외우고 다니는 신앙인이 아니었다. 그는 "변함없는 신앙은 오히려 실천적 욕구에서 태어난다"고 믿는다. 그의 신앙은 자신을 희생하여 다른 사람에게 사랑을 실천하는 신앙이었다. 그는 자기와 신앙이 다른 사람들과 자연스럽게 교제했고, 이념이나 생각이 다른 사람에 대해서도 거부감이나 두려움을 느끼지 않았다. 사람을 만나서 사랑을 말하고, 사랑을 느끼게 하고, 사랑에 감동하도록 묵묵히 자신의 선을 행해 나갔을 뿐이다. 그의 말과 행동에서 나오는 따뜻함과 진정성 때문에라도 그는 어느 누구와도 동지이고 친구일 수 있었다.

"내가 내게 있는 모든 것으로 구제하고 또 내 몸을 불사르며 내어 줄지라도 사랑이 없으면 아무 유익이 없다"는 성경의 참된 의미를 그는 묵묵히 실천하는 사람이었다. 주기는 주되 던져 주는 것과 두 손으로 주는 것은 하늘과 땅 차이다. 그 차이는 강아지도 눈치 챈다. 똑같이 털을 쓸어 주지만 손의 힘으로 느껴지는 사랑을 강아지도 눈치 챈다. 진정성이 있는 것은 어떤 형식으로든 통하게 되어 있다. 누군가에게 거짓이 아니고 진실된 사랑을 전달한다면 그것을 싫어할 어떤 이념도 있을 수 없다. 중국 정부는 김진경을 신뢰했으며 드디어 그를 중국 명예시민자로 명명했다.

중국 정부는 그에게 특별히 관대하고 우호적이었다. 옌볜과기대는 외국인이 많은 국제대학이며 기독교인이 대부분이다. 이들은 처음에 학교 안에서 예배를 드렸는데 정부에서 이를 꺼림칙하게 여겼다. 중국 법률상 대학 안에서 예배를 갖는 것이 허용되지 않았기 때문이다. 김진경은 정부 요인들이 참석한 회의에서 "정부에서 학교 안에서 예배를 갖는 것을 허용하지 않으니 화장터를 수리하여 거기서 예배를 드리면 어떻겠느냐?"고 제안했다. 그 전에 옌볜과기대 울안에 화장터가 있었는데, 거기서 나오는 시체 태우는 연기가 교실까지 들어와 3년 동안 삼복더위에도 교실 문을 열지 못하는 형편이었다. 장구지책으로 김진경은 정부와 타협하여 화장터와 함께 주위의 땅을 매입하여 화장터를 다른 곳으로 옮겨 가게 했다. 그러다 보니 원래 사용하던 화장터는 오랫동안 흉가처럼 비어 있었다. 김진경이 화장터를 수리해 예배 장소로 사용하겠다고 했지만 누구도 그 말을 믿지 않았다. 아무리 다급하고 절실하기로 설마 시신을 태우던 화장터에 들어가서 예배를 하겠는가? 가당치도 않은 일이었다.

정부 요인은 김진경이 그저 농담을 하는 줄로 알고 "그렇게 하고 싶으면 그렇게 하시지오" 하고 대답했다. 하지만 김진경은 농담이 아니었다. 그는 기다렸다는 듯이 건축학부 교수에게 설계를 부탁하고 화장터를 개조하는 공사를 본격적으로 시작했다. 원래의 건물이 너무 낡아 수리가 아니라 별도로 새 채플을 짓는 형국이 되었다. 건물이 반쯤 올라가는데 주인민정부 종교국에서 느닷없이 이건 안 된다며 저지했다. "그렇게 하라고 허락해 놓고 지금 와서 왜 안 된다고 하느냐"라고 김진경이 다그치자 "김 총장이 농담하는 줄 알았지 정말 화장터를 고칠 줄은 몰랐다"고 했다. 정부의 저지로 공사는 잠시 중단되었지만, 3개월 뒤 '지나치게 확장하지 않고 규모를 줄이는 원칙'으로 정부와 합의를 했다. 그래서 우선 500석을 짓고 예배를 보도록 허락받은 뒤 다시 짓게 되었다. 이리하여 옌볜과 기대에는 외국인 교직원들이 예배를 볼 수 있는 채플이 버젓이 생겼다. 중국의 어느 대학에도 채플실이 따로 없다. 이것은 중국 정부가 그에게 준 최대의 선물이며 특권이다.

남이 할 수 없는 것을 하는 사람은 선각자요,
할 수 있는 일도 할 수 없다고 생각하는 사람은 어리석은 사람이다.

7. 어리석은 사람과 선각자의 차이

어리석음의 기준

어떤 사람들은 김진경을 어리석은 사람, 충동적인 사람, 돌발적인 행동을 잘하는 사람이라고 한다. 미국의 안정된 생활을 접고 수교도 되지 않은 사회주의 국가에 학교를 세우는 무모하고 헛된 짓을 한다는 것이다. 사람들은 그가 현실적이지 못하고 너무도 미래지향주의에 빠져 현실과 이상을 구분하지 못한다고 했다.

그렇지만 김진경과 어릴 적부터 친하게 지내 온 이중 전 숭실대 총장은 이렇게 말한다.

"실제로 그는 전혀 어리석지도 어수룩하지도 않습니다. 판단이 민첩하고 추진력도 대단합니다. 어릴 때부터 지켜본 그는 이상을 실천하는 사람이었습니다."

그는 어리석은 것이 아니라 다른 사람보다 앞서 생각하고 앞서 갈 뿐이다. 세상에는 두 부류의 사람이 있다. 생각하고 계획하고 꿈만 꾸는 사람이 있고, 생각하고 꿈꾸는 것을 행하는 사람이 있다. 생각하고 꿈꾸는 것만으로는 삶의 변화가 이루어지지 않으며 사회 발전을 지향할 수 없다. 그는 생각하고 꿈꾼 것을 실천하는 사람이다. 생각하는 것을 바로 실천하는 것이 그의 습관이다. 이런 습관이 다른 사람들에게는 무모한 충동으로 보일지 모르지만, 그런 그의 행동하는 습관이 사회 내면의 낯선 것을 일깨우고 잠재력과 가능성을 실현시켜 사회 변화를 이루어 내게 된 것이다.

선각자란 먼저 깨어 있는 사람을 말하며, 그 개인에게만 보이는 새로운 사실을 볼 수 있는 사람이 아니라 누구나 뻔히 보면서도 그 중요성을 깨닫지 못했던 기존의 사실을 깨달은 사람이다. 그것을 보지 못하고 깨닫지 못한 사람들은 그를 너무 앞서간다고 한다. 그리고 좀더 이성적이기를 바란다. 하지만 눈에 보이는 것을 보지 못하는 자야말로 어리석은 사람이다. "내가 하는 일이 나를 위해 하는 일이 아니기에 성공할 것이며, 어떤 고통이든 거기에 죄악이 들어 있지 않으면 반드시 이겨 낼 수 있다"고 믿고 있기에 그는 두려움이 없어 보인다.

1987년 10월 17일 김진경은 옌지시 문진섭文進燮 시장(나중에 옌볜주정부 주장으로 승급)의 초청으로 옌지호텔에서 오찬 모임을 갖게 되었다. 김진경은 그 자리에서 옌지에 기술학교를 세우는 일을 의논했다. 구체적으로 계획을 세우고 계약한 것은 아니지만 학교를 세워야 한다는 서로의 의지를 확인할 수 있었다. 그날 오후 이정문 주임(당시 옌볜주당위 선전부장)이 와서 성과 주에서도 학교를 세우는 것에 찬성하니 함께 학교를 만들어 보자는 강한 의지를 보여주어 서로에게 힘이 되었다. 사실 당시 옌볜자치주 전철수全哲洙 주장과 장덕강張德江 당위서기(전국인민대회 상무위원회 위원장) 등도 그의 일을 적극 지지하고 있었다. 일단 옌지시 정부와 뜻을 함께하는 데는 성공했다. 중국의 개혁개방의 바람을 타고 옌지시 정부 역시 뭔가 해야 한다며 목말라하던 때라 손이 제법 잘 맞는 듯했다. 그리고 옌볜자치주 정부와 길림성 정부 관계자들도 적극 지지했다. 개혁개방을 맞으면서 뭔가 개혁해야 한다는 그들의 의지는 컸다. 일단 시작은 분위기가 좋았다. 하지만 구체적인 절차를 밟으려니 시작부터 난관에 부딪쳤다.

"이걸 어떻게 하는 겁니까? 중국에는 아직 외국인 합작 학교법이 없어서 수속을 어떻게 해야 할지 잘 모르겠습니다. 해본 적이 없거든요."

업무 보는 사람들이 수속하러 간 사람들에게 되물었다. 미처 생각지 못했던 일이다. 중국은 그때까지 사립대학을 세워 본 경험이 없고 중외합작으로 학교를 세운 경험은 더더욱 없으며, 외국인이 중국에 학교를 세운 전례가 없었다. 중외합작 조례나 외국인이 중국에 와서 학교를 세울 수 있는 법적 근거가 갖추어지지 않다 보니 이에 관한 구체적 지침이나 어떤 지시도 없는 상황이었다. 김진경도, 지방 정부 책임자들도 모두 중국의 개혁개방을 지나치게 맹신하고 앞서간 것이라 생각하지 않을 수 없었다. 중국에서는 정책적으로 정해지지 않은 일을 진행하는 것이 거의 불가능한 일이었다.

그때는 한창 중국이 정치체제개혁을 시작할 때였다. 중앙과 지방과의 관계를 조정하여 지방의 자주권을 강화시키는 단계였다. 권력을 기층조직, 특히 기업에 이양해 줌으로써 그들이 자주권을 누려 적극성과 효율성을 제고하기 위한 것이다.

하지만 개혁개방을 통해 권력을 하부기관으로 이양한다고 하여 하부기관에서 중앙 정부의 정책을 마음대로 할 수는 없었다. 정책은 여전히 중앙 정부에서 세우고 하부 권력기관은 위의 권력기관의 뜻을 전달받고 집행하고 관철하는 틀에서 벗어나지 않았다. 그리하여 아무리 옌볜주 정부와 길림성 정부에서 동의하고 지지한다 해도 중앙 정부에서 안 되는 것은 지방 정부에서 어떻게 할 권리가 없었다.

그는 중국 국가 교육위원회에 탄원서를 올렸다.

존경하는 중국 국가교육위원회 유관 기관의 책임을 맡은 관원 각하.
본인 김진경은 미국 국적의 한국인입니다. 일찍이 여러 차례 귀국을 방문하였습니다. 그동안 귀국의 민중과 무릎을 마주하여 많은 이야기를 나누면서 서로 침이 마를 지경까지 이르며 그 잊지 못할 인상과 깊고 두터운 감정을 이미 다 갖추었습니다. 저는 근년 이래 귀국의 크나큰 변화와 물러설 수 없는 개혁의 형세가 앙양됨을 목도하고 속으로 기뻐하고 있습니다. 같은 아시아인으로서 또 평생 교육에 지칠 줄 모르는 학자가 되고자 그리고 산동성과학원의 특요 연구원이 됨에 미쳐 저는 귀국 현대화 사업에 작은 힘이나마 보태고자 합니다.

나라를 부강하게 하고 백성을 잘살게 하며 산업을 일으키고 오로지 광대한 민중의 문화 수준을 제고함에는 다른 길이 없습니다. 귀국의 현상을 비추어 볼 때 교육을 개선하고 진흥하는 것이 가장 급한 일입니다. 저는 거듭 생각한 끝에 귀국의 동북 지구에 기술학교를 세우고 전문기술 인재를 배양하여 귀국의 위대한 건설 사업에 이바지하고자 합니다. 제가 이 일을 생각함은 한때의 충동이 아니고 명예나 이득을 위함도 아닙니다. 제 선친이 일찍이 1940년대에 귀국의 목단강에서 (당시에는 일제에 점령당해 있었습니다) 농업학교를 설립하였습니다. 저는 귀국을 위하고 저희 수백만 조선족 동포들의 복지를 위하여 선친이 못다하신 일을 잇고자 합니다. 이 일이 이루어지면 저는 죽어도 유감이 없고 이 마음만으로 만족할 것입니다.

유유한 저의 이 마음은 맑은 물과 같습니다. 간절히 비오니 책임을 맡으신 여러 관원들께서 도와주시기를 바랍니다. 간곡한 이 마음을 헤아려 주십시오.

이 탄원서가 효력을 보았는지는 알 수 없지만 1988년 10월 김진경은 옌볜자치주 대외문화교류중심 대외교류처의 초청을 받게 되었다. 거기서 그는 정식으로 학교 설립 의향서를 올렸다. 대외문화교류중심에서는 김진경의 의향서를 검토한 후 그가 제출한 의향서에 대외교류처의 의견을 첨부하여 주당위원과 주 정부에 올렸다.

드디어 1989년 2월 4일, 당시 옌지시정부의 문진섭 시장과 미국 뉴요커주식회사 사장 김진경 사이에 옌볜조선족기술전문대학교의 합작에 관한 계약서를 쓰고 서명했다. 옌지시 정부가 갑甲, 김진경이 을乙로서 갑은 학교 부지를 제공하고 도로를 닦고 전기, 수도를 개설하는 등 13개 조목을 책임지기로 되어 있었다. 을은 학교 건축비와 학교 운영비 등 9가지 조목을 책임진다고 규정했다. 기타 사항으로 학교 이사회를 세우고 이사장과 부이사장을 구성하며 교학 언어는 한국어를 주언어로 하고 중국어와 영어를 병행한다고 했다. 김진경이 교장을 맡아 책임지고 학교를 운영하도록 했다.

이 설립 계약서를 얻는 데 무려 2년이 걸렸다. 그리고 1991년 2월 8일, 길림성 정부에서는 "옌지시 인민 정부와 미국 국적의 조선인 김진경 박사가 합작하여 직업기술학교를 꾸리는 것에 동의한다"는 비준허가서를 내려 보냈다. 이것으로 김진경은 일을 시작할 수 있는 명분을 얻게 되었다. 하지만 그의 최종 목적은 '기술학교'가 아니라 '본과대학'이었다. 대학 설립은 최종 중앙교육부에서 비준해야 하지만 기술학교는 지방 정부에서 비준할 권리가 있었기에 김진경은 기술학교부터 시작하고 점차 본과대학으로 바꿀 계획이었다.

그런데 길림성 인민 정부의 '옌볜조선족과학기술전과학교'의 비준서에는 "외국인과의 합작이기에 중앙교육부의 허가를 받아야 한다"는 단서가 있었다. 기술학교는 지방 정부에서 결정할 권리가 있다고 명시되어 있었지만 실질적으로 성 정부와 중앙 정부에 보고하여 허가를 받아야 한다는 것이다.

1991년 6월 1일 중앙교육위원회에서는 91년 239호 문건으로

"옌지시 정부와 미국 국적의 한국인 김진경 박사가 합작해서 학교를 설립하는 데 관한 보고서"에 동의한다고 허락을 했다. 그 내용은 다음과 같다.

1. 동의한다. 김진경 박사가 기증한 1,500만 달러의 자금을 잘 운영하고 교육 조건, 교육 방침을 잘 따라야 한다. 학교에서 일하는 외국인들은 중국의 규정을 준수해야 한다.
2. 입학 대상은 중학교 과정 졸업생으로 한다. 졸업 후 분배(취업)에 대해서는 (정부에서) 책임지지 않는다.
3. 학교 교학은 두 가지 언어 즉 한국어와 중국어로 하여야 한다.
4. 외국 교수 초빙은 을, 즉 김진경 박사 쪽에 위임된다.
5. 학교 이사회를 건립한다.
6. 이 학교에 대한 영도를 강화한다. (학교에 대한 관심과 이해, 지도 강화한다. 상부 기관에서 교육 주권을 보증해야 한다.)

이로써 기술학교 설립 문제는 전부 끝난 셈이다.

김진경은 다시 기술학교를 대학교로 고치는 계약서를 지방 정부와 체결하고, 그 계약서를 옌볜자치주 정부를 거쳐 길림성 정부에 올렸다. 그 이듬해인 1992년 9월 6일 길림성 인민 정부에서는 92년 206호 문건에 "옌볜조선족직업기술학교를 옌볜과학기술대학으로 비준한다"고 통보했다. 하지만 중앙 정부의 허가를 받아야 하기에 길림성 정부에서는 국가교육위원회에 다시 같은 문서를 올렸다. 하지만 국가교육위원회의 허가는 언제 내려올지 누구도 장담할 수 없었다.

후원자를 찾아서

옌볜과기대가 설립되기까지 김진경은 많은 이들의 도움이 절대 필요했다. 먼저 그는 '옌볜기술학교' 설립에 대한 지방 정부와의 계약서를 받고 곧바로 미국으로 갔다. 아예 미국을 떠나 중국에서 생활하면서 일을 시작해야 했기에 부인과 의논하고자 함이었다. 하지만 의논이 아니라 일방적인 통보였다.

"이제 이곳 살림을 정리하고 중국에 가서 일합시다. 그동안 내가 생각하고 계획해 온 삶을 살 수 있는 길이 열렸어요."

언젠가는 이런 날이 올 거라고 예상은 했지만, 정작 그런 통보를 받은 부인은 너무 갑작스럽고 당혹스러웠다. 그녀는 남편이 충동적인 데다가 귀가 얇아 남의 말을 잘 듣는다고 생각하고 있었기에 혹시 충동적인 결정을 한 것은 아닌지 은근히 걱정이 앞섰다.

부인 박옥희는 지극히 현실적인 사람이었다. 충동적이지 않고 쉽게 흥분하지도 않았다. 냉정할 정도로 차분하고 이성적이어서 현실적이지 않은 것에 절대 헛된 꿈을 갖지 않는 편이다. 그녀는 남편이 중국에 학교를 세우는 일은 현실적으로 불가능하다고 판단하고 있었다. 이유는 두 가지였다. 첫째, 학교를 세울 자금이 준비되어 있지 않았고 둘째, 사회주의 체제의 중국에서 자본주의 교육 방식인 사립대학은 실현불가능하다고 생각했다. 그녀는 남편이 워낙 여행을 좋아하는 터라 돌아다니다가 결국은 미국으로 돌아오리라고 믿고 기다리고 있었다. 남편이 구포에 땅을 샀다가 친구에게 사기당한 뒤 전 재산을 날리는 통에 그녀는 원하지 않은 미국행을 결정해야 했고, 그곳에서 신발 장사에 옷 장사, 가발 장사까지 엄청난 고생을 했다. 유복한 가정에서 태어나 고생이 뭔지 모르고 자란 그녀는, 여염집 아낙네들도 겪지 않는 온갖 고생을 경험했다. 그렇게 어려웠던 시간들을 보내고 이제야 사업을 일으키며 겨우 생활이 안정되었는데, 또 다른 풍파를 일으키려는 남편이 적이 불안하기만 했다. 그녀는 다시 생각해 보라며 남편을 말렸다. 하지만 남편의 고집을 꺾을 수 없었다. 김진경은 부인의 권유를 마다하고 미국을 떠나 한국으로 왔다. 중국에 학교를 세울 동지와 후원자를 찾기 위해서였다. 그의 첫 행보는 초라하기 그지없었다.

1988년, 그는 사무실이 없어서 여의도에 있는 누님 댁에서 일을 시작했다. 우선 한국과 미국에 있는 지인들에게 이 사실을 알리기 위해 '옌볜과학기술대학 설립 취지문'을 100부 복사하여 이 일에 동참할 개인과 사회단체를 선별하여 차례로 발송했다. 얼마 후 '고당 조만식 선생 기념관'의 박재창 장로의 도움으로 사무실을 얻게 되었다. 하지만 보조할 직원이 없는 상황이라 그가 출타하면 사무실은 늘 비어 있었다. 그는 아침 6시 30분에 일어나서는 하루 두세 곳을 번갈아 다니면서 옌볜과학기술대학 설립에 동참해 줄 것을 부탁하는 설명회와 연설을 했다. 잠자리에 드는 시간은 보통 12시를 넘겼다. 말 그대로 강행군이었다.

하지만 관심을 갖는 사람이 별로 없었다. 당시는 아직 한국과 중국이 수교를 맺지 않은 때라, 한국인들에게 중국은 한국전쟁에서 북한을 도운 공산국가로만 기억되어 있었다. 한국전쟁의 아픈 상처와 기억이 있는 이들 대부분은 80년대까지만 해도 '공산국가'라면 치를 떨었다. 이런 상황에서 김진경의 '옌볜과학기술대학 프로젝트'는 신빙성이 없다는 평가를 받았고, 심지어 그가 사기를 친다고 하거나 미친 사람이라며 노골적으로 반감을 드러내는 이들도 있었다.

하지만 김진경은 포기하지 않았다. 세상 어디든 의롭고 선한 일을 하는 데 많은 사람이 쉽사리 내 편이 되어 줄 것이라고 기대하지 않았다. 아직 순수하게 영적이지 않은 이 세상에서는 인간이 기울이는 모든 노력의 본질이 반쯤 어둠에 가려 있는 법이다. 다만 우리가 할 수 있는 것은 어둠이 빛에 의하여 완전히 걷힐 때까지 전력을 다하여 노력하는 일뿐이라고 믿으며, 그는 애써 참담해지려는 자신의 마음을 스스로 독려했다.

그는 아는 사람의 주선으로 사랑의교회 옥한흠 목사를 만나게 되었다. 옥 목사의 겸손함과 정성 어린 대접은 김진경에게 용기를 주었다. 그 후 옥한흠 목사의 주선으로 소망교회 곽선희 목사를 만나게 되었다.

김진경은 곽선희 목사를 만나러 가면서 자신이 세우려는 대학 건물을 손수 그려 가지고 갔다. 건축 설계 지식이 전무했기에 그의 그림은 설계도라기보다 미술 습작품에도 못 미쳤다. 곽선희 목사가 그림을 본 뒤 아쉬워했다.

"이것이 무슨 학교라고 그려 왔습니까? 좀 근사하게 그려 보세요. 시작부터 웅장하고 그럴 듯해야지 않겠어요!"

그 말을 들은 김진경은 귀가 번쩍 열렸다. 그 말은 거절이 아니라 더 크게 시작하라는 암묵적인 지지였기 때문이다. 쇠뿔도 단김에 빼라고 그는 전문 건축설계사를 찾아가 부탁했다. 설계도가 나오자 그는 그것을 들고 다시 곽 목사를 찾아갔다. 그제야 곽 목사가 흡족해하면서 말했다.

"적어도 이 정도는 되어야 대학교라 할 수 있지요."

무슨 일이나 한 사람으로부터 시작하기에 한 사람을 얻으면 천 사람을 얻고 천 사람을 얻으면 백만 사람을 얻게 된다는 것이 그의 믿음이었다. 육체의 눈이 아닌 마음의 눈이 열려 있어야 앞에 있는 한 사람을 보면서 그 뒤의 천 사람을 볼 수 있는 법이다. 그는 그것을 보았고 그래서 기뻤다. 반대로 그는 한 사람을 잃으면 천 사람을 잃는다는 것도 잘 알고 있었기에 만나는 한 사람 한 사람에게 정성을 다했다.

곽선희 목사가 김진경의 일에 동참하면서 옌볜과기대 프로젝트는 활기를 띠게 되었다. 곽 목사가 후원회를 만드는 게 좋겠다고 하여 후원회 첫 모임이 소망교회 부근에 있는 한 음식점에서 열렸다. 그곳에 참석한 7, 8명이 후원회를 결성했다. 학계, 종교계를 중심으로 한 첫 옌볜과기대 후원회가 구성된 것이다. 이어 학교 설립위원회가 조직되고 곽선희 목사를 설립이사장으로 추대했다. 설립위원회에서는 설립 취지문을 작성하여 더욱 넓은 범위의 사람들에게 발송했다.

당시 계몽사 부회장이던 김춘식 선생이 계몽문화센터빌딩 11층의 큰 사무실을 빌려 주었다. 사무실이 생기면서 추진사업이 더욱 순조롭게 진행되었다. 한쪽으로는 홍보를 하면서 자금 모금도 함께했다. 한편 대학 설립을 위한 구체적 계획을 세우기 위해 1990년에는 '운영위원회'를 결성했다. 이어 미국에서도 후원회가 결성되었다. 명칭은 '기술대학 미국사무국'이라 붙였다. 1991년에는 후원회의 기능을 활성화하기 위해 고문을 추대했다. 이한빈 전 부총리, 박영식 연세대 총장, 김희집 고려대 총장, 조요한 숭실대 총장, 박재창 고당기념회 상무, 최순영 대한생명 회장 등이 고문으로 추대되었다.

또 편의를 위해 홍콩에도 현지 사무실을 마련했다. 당시 중국에 입국하려면 홍콩에서 비자를 받아야 했으므로 홍콩을 경유해야 했기 때문이다. 이렇게 뜻이 있는 사람들로 이루어진 후원회는 옌벤과기대 건축에 쓰일 자금과 물자를 모으고 인력을 모집하는 일에 본격적으로 매진하게 되었다.

신앙 안에서 만난 동역자

곽선희 목사는 김진경을 만나 인연을 맺게 된 이유를 이렇게 말했다.

"그의 말을 들으니 허황하고 허황했지만 그 속에 정열이 있고 신앙적 통찰이 있다고 생각되어 그를 도우려고 마음을 먹었습니다."

중국 사회주의 국가에 학교를 세운다는 발상도 그렇고, 아직 준비되지 않은 여러 여건들이 안고 있는 어려움이 뻔히 보이는데도 된다고 우기는 김진경이 곽 목사의 눈에도 허황하고 허황해 보였지만, 그를 믿고 동참한 것은 김진경의 정열과 그의 신앙적 통찰을 보았기 때문이었다. 두 사람은 예전부터 잘 아는 사이도 아니었고 친분을 쌓을 만한 시간을 함께한 적도 없다. 하지만 '신앙적 통찰'이라는 특별한 눈이 있었기에 동역자로 맺어질 수 있었다.

곽 목사가 옌볜과기대의 후원자로 밀어주기 시작하면서 과기대 설립은 하루가 다르게 진척되었다. 한번은 소망교회 당회에서 어느 장로가 곽 목사에게 김진경을 후원하는 일에 이의를 제기했다. 후원을 재고하라는 요청이었다. 이에 곽 목사는 한마디로 일축했다.

"우리 생각대로 옳다 그르다 하지 말고, 하나님의 일로서 좋은지 나쁜지 결정합시다. 우리가 가진 돈은 우리 것이 아닙니다. 하나님 일에 적합하다 생각하면 믿으면 되지, 따져서 알 수 있겠습니까?"

사실 소망교회 자체로도 돈 쓸 일이 많았다. 그런데도 곽선희 목사는 단호하게 "우리가 돕기로 했으니 돈이 들어오는 대로 그곳에 지원하라"고 지시했다.

소망교회의 절대적인 지원으로 옌볜과기대의 첫 건물인 본관이 세워졌다. 아울러 사랑의교회 옥한흠 목사가 "우리도 돕겠다"며 옌볜과기대 기숙사를 지어 주었다. 이리하여 본관은 '소망의집', 기숙사는 '사랑의집'이라고 이름 붙였다.

곽선희 목사는 김 총장을 이렇게 보았다.

"김 박사의 캐릭터는 완전히 미친 사람입니다. 아무것도 없어도 그저 하고자 하는 일에 온 정열을 쏟아 붓지요. 정열적이고 헌신적이며 몸을 전혀 아끼지 않습니다. 오늘 죽어도 상관없다는 마음으로 '완전한 헌신'을 하는 굉장한 분입니다. 머리가 좋으면 사회성이 떨어지는 분들이 종종 있는데, 이분은 뭐랄까 사회적이고 사교적입니다. 리더십이 있습니다. 저는 사람의 이름을 잘 기억하지 못합니다. 그 사람이 그 사람 같아서 보았던 사람 얼굴도 잘 기억하지 못합니다. 그런데 김 박사는 북한에 가서나 중국에 가서나 그 많은 사람들의 이름을 줄줄 외웁니다. 제가 잘 몰라 보면 그때마다 '목사님, 이 사람이 그때 그 사람이 아니냐'고 합니다. 지도자로서 타고난 사람입니다. 지도력을 발휘하려면 많은 사람을 알고 기억하고 또 그 사람에게 적합한 일을 맡겨야 합니다. 김 박사는 많은 사람을 알고 관리하고 또한 자기 관리 능력이 뛰어난 사람입니다."

어려울 때마다 넘치지도 부족하지도 않게
늘 돈을 가져다주는 사람들이 있었다.
이것이 인간의 힘으로 가능한 걸까?

8. 그를 움직인 힘

명당자리

학교를 어디에 지을 것인가! 이 문제를 두고 김진경은 많은 고민을 했다. 옌지 정부에서 제일 처음 김진경에게 보여 준 땅은 옌지시 신풍소학교 부근이었다. 그곳으로 안내한 임학남 처장(당시 중학교 교장으로 근무하고 있었는데, 시 정부와 시교육위원회의 요구로 옌볜과기대 설립을 도울 사람으로 차출되어 학교 설립을 돕다가 나중에 대학으로 옮겨 처장을 맡게 되었다)은 이보다 이상적인 위치는 없다고 자부했다. 도심과 2킬로미터가량 떨어져 있고, 뒤로는 옌지강이 흐르는 데다 남쪽에는 장춘으로 통하는 도로와 철도를 끼고 있고 서쪽으로는 조양천과 이어져 있었다. 게다가 옌지공항이 4킬로미터밖에 안 떨어져 있었다. 교통이 발달하고 앞뒤가 확 트인 평지라 그야말로 최상의 위치였다. 옌지시 어디에서도 이보다 더 좋은 자리는 다시 찾기 어려울 것이다. 하지만 김진경은 일언지하에 거절했다.

"이 좋은 농토를 왜 훼손합니까?"

농토를 훼손하면 안 된다는 게 거절 이유였다. 안내하던 사람들이 모두 어리둥절해했다. 정부에서 좋은 땅을 내놓겠다는데 그냥 받으면 될 것을 조건이 너무 좋아서 싫다니, 이해할 수 없었다. 그들은 김진경이 풍수지리나 토정비결에 눈이 어두운 사람이라고 생각했다. 김진경은 옌볜대학 뒷산과 모아산 언덕배기 등 되도록이면 지형이 높은 쪽만 찾아다녔다.

"왜 좋은 평지 땅을 놔두고 산만 찾으십니까?"

임학남 처장이 보다 못해 물었다. 중국에서는 웬만하면 산 위에 건물을 짓지 않기 때문이었다. 김진경은 "학교는 시야가 넓어야 하고, 공기가 좋고 정숙한 곳이어야 한다"고 대답했다. 그런데 옌볜대학 뒤쪽 산도, 모아산 쪽도 결국 마음에 들지 않았다. 모아산 쪽에서 내려와 다시 옌지시내 동쪽으로 이동했다. 그러다 발견한 곳이 지금의 대우호텔이 들어선 자리였다. 지금은 건물이 세워져 제법 도시 모양을 갖추었지만 당시 이곳은 넓은 옥수수 밭이었다. 김진경은 이곳도 별로 마음에 들어 하지 않았다. 재개발이 되면 학교가 도시에 포위될 것이니 그것은 대학교로서 가장 악조건이라고 했다. 그러고는 갑자기 옌지 동쪽 산을 가리키며 격앙된 목소리로 말했다.

"저기로 가봅시다."

"거기는 안 됩니다."

동행한 사람들이 일제히 거기는 볼 필요도 없다며 손사래질을 쳤다.

"왜 안 된다는 겁니까?"

"거기는 공동묘지입니다."

"공동묘지가 어때서요. 사람이 죽어서 묻히는 곳이면 명당 자리가 아닙니까?"

김진경은 기어이 동쪽 산 쪽으로 가자고 우겼다. 할 수 없이 일행은 그곳으로 갔다.

도착한 곳은 공동묘지였다. 골짜기며 언덕이며 가는 곳마다 무덤이고, 쑥대와 잡풀들이 아무렇게나 자라서 대낮에도 귀신이 나올 것같이 으스스했다. 이곳은 공동묘지면서 화장터이기도 하고, 사형수를 죽이는 사형장이기도 했다. 그야말로 죽음의 성이었다. 제일 높은 곳에서 산 아래를 굽어보던 김 총장이 열기를 띠고 선언했다.

"바로 이곳입니다! 이곳에 학교를 세울 것입니다!"

그의 말이 떨어지자 주위에서는 어처구니없다는 듯 와— 하고 웃었다. 다들 그가 농담을 하는 줄로 안 것이다. 이 황폐한 해골 골짜기가 그의 마음에 들 거라고 누가 생각이나 했겠는가? 주위 사람들은 그에게 다시 생각해 보라고 권유했다.

그 소식을 들은 박동규朴東奎 옌지시 부시장은 이튿날 김진경에게 옌지 공업학교와 건축기술학교를 보여 주었다. 공동묘지에 학교를 짓겠다는 김진경의 말이 현실성이 없다고 본 모양이다. 두 학교를 다 돌아본 뒤 박 시장은 "이 두 학교를 맡아서 경영하면 어떠냐?"고 물었다. 정부 입장에서는 새 학교를 짓는 것보다 기존의 학교를 경영하는 것이 더 경제적이라고 생각했기 때문이다. 하지만 김진경은 거절하고 기어이 전날 보았던 그 공동묘지만 고집했다. 시 정부에서는 옌지 동쪽 공동묘지는 돌아본 곳 중에 최악이라며 다시 생각하라고 3개월의 시간을 주었다. 하지만 김진경은 이미 결정을 내렸다며 다른 선택은 없으니 옌지시 정부가 협조해 달라고 당부했다. 일이 이렇게 되자 옌지 정부로서는 끝까지 반대할 이유가 없었다. 가격이 비싼 노른자 땅을 마다하고 굳이 제일 싸고 필요 없는 땅을 달라니 이건 차라리 부담을 던 셈이었다. 그들은 내심 기쁘면서도 이러는 김진경을 세상물정을 모른다고 어처구니없어 했다.

김진경이 이곳을 택한 데는 여러 이유가 있었다. 그곳에 올라서서 내려다보면 옌지 시내가 한눈에 보이고, 왼쪽으로는 용정으로 가는 길이 뻗어 있고 오른쪽으로는 도문으로 향하는 길이 보였다. 대학교는 이렇게 시야가 넓게 트여야 학생들이 큰 꿈을 가지고 세상을 넓게 볼 수 있다는 것이 그의 생각이었다. 높은 언덕에 서는 순간 그는 대학교의 웅장한 캠퍼스를 보는 듯했고 이 시대를 짊어지고 갈 젊은이들의 생기 넘치는 함성을 듣는 듯했다.

그는 그 옛날 하나님께 "이 산지를 제게 주소서" 하던 여호수아처럼 두 손 모아 기도했다.

"하나님, 이 산을 저에게 주십시오. 30년 전 구포에 산을 주셨으나 저의 불충으로 잃어버렸습니다. 하지만 이번만은 제 모든 여생을 바치겠나이다. 드리겠나이다. 모든 힘과 정열을 쏟아 바치겠으니 희망 없는 이 땅에 희망을 주고, 꿈이 없는 이들에게 꿈을 주고, 소망이 없는 이들에게 영원한 생명을 가르치는 동산, 참제자를 훈련하는 도장이 되어 북쪽까지 복되게 하소서."

공동묘지의 신화는 이렇게 시작되었다.

1989년, 김 박사는 옌지 정부로부터 100만 제곱미터의 부지를 배당받았다. 공동묘지를 대학 부지로 지정받고 난 뒤 가장 먼저 묘역에서 무덤을 파내고 해골을 치우는 일부터 시작했다. 우선 중국 법에 따라 〈옌볜일보〉에 2주 안에 묘를 이장하라고 광고를 냈다. 광고 후 조선족 묘들은 잡음 없이 정리가 되었는데 회족(중국 내에 거주하며 이슬람교를 신봉하는 소수민족)의 묘 18기가 정리되지 않았다. 묘지 주인들이 이장할 장소가 없다며 버티면서 이장에 반발한 것이다. 김진경이 나서서 옌볜대학 서쪽에 묘를 옮길 터를 새로 조성하면서 반발은 잠재워졌다.

묘지가 옮겨졌지만 시체가 빠져나간 자리는 묘지가 있을 때보다 더 살벌했다. 김진경은 포클레인으로 묘 자리를 밀고 그곳에 잔디와 소나무를 심는 작업부터 시작했다. 옌볜에는 아직 잔디 문화가 보급되어 있지 않았던 터라 이 지방의 기온과 비슷한 스웨덴에서 잔디 씨를 가져와 뿌렸다. 스웨덴이 추운 지방이고 위도가 같아 이곳에 잘 적응하리라고 여겼기 때문이다. 그런데 이상하게도 스웨덴의 잔디는 심으면 심는 족족 죽어 버렸다. 그리하여 캐나다에 가서 잔디를 가져다 심었는데 그 역시 실패였다. 결국 소련 임업구林

業區에서 잔디 씨를 가져와 심었더니 비로소 잘 자랐다. 이로써 옌볜의 잔디 문화는 시체가 빠져나간 공동묘지에서 생성해 차츰 옌볜 전 지역으로 보급되었다. 그냥 놔두어도 자랄 것 같은 잔디 하나도 이렇게 힘들고 어려운 과정을 거쳐 탄생했음을 사람들은 알지 못할 것이다.

소나무 숲이 형성되는 과정에도 재미있는 일화들이 있다. 유니버설 트리Universal tree는 사시장철 백년이고 천년이고 늘 푸른 소나무다. 이 소나무를 캠퍼스에 옮겨 오기 위해 김진경은 일꾼들을 데리고 산을 오르내렸다. 당시 중국에서는 소나무를 사고팔지 않았기 때문에 시세가 따로 없었다. 향장(鄕長, 한국 면장에 해당됨)이 소나무 한 그루에 인민폐 10위안(한화 2천 원 정도)을 주고 가지고 가라고도 하고 밥 한 그릇에 주기도 했다. 그런데 나무 값보다 나무 옮기는 비용이 더 들었다. 나무 한 그루를 옮기는 데 작업비와 운반비가 인민폐 500위안씩 되어 100그루를 옮겨 오는 데는 5만 위안이 필요했다. 그러자 주위에서는 소나무에 왜 그리 집착하느냐, 소나무 옮기는 데 돈 낭비하지 말고 그 돈으로 집이나 더 짓자고 했다. 하지만 김진경은 꾸준히 잔디를 심고 소나무를 옮겨 심었다.

20년이 넘은 지금, 이 학교에는 소나무 숲이 조성되어 이 지역의 명물이 되었다. 그리하여 해마다 수십 쌍의 예비 부부들이 기념 사진을 찍으러 이곳에 찾아온다. 사올 때는 한 그루에 10위안이나 20위안씩 주었지만 지금은 한 그루에 2천 위안이 넘는다. "자식에게 물려주고 싶은 것이 있으면 나무를 심어라"라는 옛 조상들의 말이 얼마나 지혜로운지 실감하게 되는 대목이다.

1989년 10월 5일 오후 2시. 드디어 옌볜조선기술학교 기공식이 열렸다. 기공식에는 박동규 시장, 이정문 선생을 포함해 관계자 100여 명이 모였다. 하지만 그때는 시기적으로 추위가 오는 계절이어서 기공식은 상징적인 것이고 본격적인 공사는 이듬해 4월 땅이 녹아서야 시작할 수 있었다.

　학교 이름을 짓는 중에도 좀 복잡한 과정이 있었다. 처음에는 '고려기술대학'이라고 했는데 중국 정부에서 '고려'라는 단어가 한국적인 이미지가 강하다고 반대했다. 후에는 '동북아대학'으로 하려 했지만 동북아대학이 '옌볜대학'보다 더 큰 대학처럼 보인다고 옌볜대학에서 반대했다. 그리고 '도문강대학'도 거론되었는데, 촌스럽다는 의견이 다수여서 결국 '옌볜과학기술대학'이라고 이름 지었다.

아내에게 보내는 글

　김진경은 애처가로 정평이 나 있다. 지금도 아내를 '사랑하는 애인'이라고 부를 만큼 아내를 향한 애정이 각별하다. 하지만 중국에 학교를 세우는 일 때문에 중국에 상주하다 보니 아내와는 많은 시간을 떨어져 지내야 했다.

　1989년 9월 26일 그가 미국에 있는 아내에게 보낸 편지와 그해 10월 23일 결혼기념일에 쓴 일기를 보면, 그가 아내를 얼마나 극진히 생각하고 그리워하며 함께하기를 간절히 기다렸는지 알 수 있다.

　사랑하는 옥희에게

　요즘은 요일도 날짜도 모르면서 원시적인 생활을 하고 있다오. 오늘은 설계사 손 실장이 학교 건물을 설계하고 교수 사택과 학생 기숙사를 설계하고 있소. 어젯밤 옌볜 TV 뉴스에 학교 기공식 장면과 내가 소개되었다오. 여기 정식 기공식이 소개된 〈옌볜일보〉 기사를 편지와 함께 보내오.

100여 명의 인부가 학교 공사 현장에서 열심히 일하는 것을 보면서 나는 시간 가는 줄, 해가 지는 줄 모르고 살아가고 있소. 사회주의 나라라 수속할 일이 많소. 전기, 수도, 측량, 건설 관계, 설계, 건축자재 등. 벽돌로 학교를 지으려 했으나 좋은 벽돌 굽는 기술도 없어 돌집을 짓기로 했소. 예산도 배나 초과될 것 같다오. 돌(화강암)은 풍부하오. 건축 면적도 10,000제곱미터에서 15,000제곱미터로 늘어났고, 기술학교이니 학교 건물 자체도 이들에게 교육적 효과를 주기 위해 멋있게 깨끗이 잘 지어 보려 하오. 아마 학교 건물이 완공되면, 길림성에서는 제일 좋은 건물이 될 것이오.

개학은 91년 9월로 잡았소. 그러니 91년 9월에는 당신도 이곳으로 올 준비를 지금부터 해야 될 것 같소. 12월에 가서 'New Yorker'는 'Going cut business sale'(점포정리)을 하고 가발 상점과 신발 'Mayers Shoes'는 91년 봄까지 정리하도록 지금부터 계획을 세우고 임자를 찾아봅시다. 학교 부지 면적도 5만 평에서 30여 만 평으로 늘어나 지금 측량 중이오. 학교 건물 건립 후 종합대학으로 만들어 갈 작정이오. 학교 내에 의과대학과 종합병원도 짓기로 계획 중이오. 조그마하게 생각하고 출발했는데 하나님께서 넘치는 축복을 주어 내 비전을 넓혀 주시며 큰 역사를 이루어 주실 것 같소.

금년 우리 결혼 25주년 기념에는 당신을 꼭 구라파 구경을 시켜 주려

했는데 또 허탕이오. 미안하오. 또 내년으로 미루어 봅시다. 다음 주 10일 손신원 설계사는 한국으로 가고 내가 여기 혼자 남게 되오. 지금 예정으로는 10월 25일 한국으로 떠나 미국에는 11월 15일경 도착할 것 같소. 내가 도착하는 즉시 New Yorker를 정리합시다……
공사가 시작되어 내 마음은 온통 공사장에 있소. 그럼 당신, 건강 조심하고, 수고 많소.

당신을 사랑하는 남편으로부터

89년 10월 23일, 오늘은 우리의 결혼 25주년 기념일이다. 결혼 첫해부터 결혼 25주년에는 그대를 데리고 세계일주 여행을 하리라 벼르고 있었다. 금년이 시작될 때도, 아이들 앞에서도 내년 엄마 아빠의 결혼 25주년 기념일에는 구라파로 여행 가겠다고 선언했는데 부도가 나고 말았다. 그대에게 미안하다. 25년 살고 보니 참으로 하나님께서 착하고 좋은 아내를 나에게 주신 것 같아 감사하다. 그 많은 역경도 잘 이겨내 주고, 지금도 내 4개 사업체를 혼자서 잘 운영해 주고, 내가 마음 놓고 중국에서 학교 사업을 할 수 있게 뒷받침해 주고, 나를 마음 편하게 해주는 나의 그대, 아담이 말한 대로 참으로 나의 뼈 중의 뼈요, 살 중의 살이다. 세 아이를 키운 훌륭한 어머니이고 나 같은 떠돌이 남편을 얻어 한 번도 요동함 없이 가정을 행복하게 평화롭게 즐겁게 25년간 꾸려 나간 나의 아내, 미군들과 결혼한 한인 여자분들을 위하여 세운 교회의 언니로서 10여 년을 사모 역할을 하면서 희망을 잃은 많은 여인에게 상담 역, 보호자 역할을 하여 준 나의 동반자, 언제나 내 옆에서 나의 양심 역할을 해준 정직한 나의 그대, 여자로서도 나에게 부족함 없이 넘치고 넘치는 나의 영원한 애인이다.

금년은 나에게 특별한 해다. 호텔방에 들어갈 때마다, 여의도 집에서도 그대와 찍은 사진과 가족 사진을 책상머리에 두고 매일 보면서 이야기한다. 그리고 늘 호주머니에 아내와 아이들의 사진을 넣어 가지고 다니며 어느 곳이든, 어느 집이든 초대를 받아 갈 때마다 그대와 아이들의 사진을 내어 보이면서 자랑하는 아버지 바보이며 남편 바보이다.

내 그대에게 남편으로서 미안한 것이 너무 많다. 결혼 후 얼마나 많은 시간을 혼자 있게 했는지 나도 잘 안다. 그러나 만날 때면 언제나 불평 없이 따뜻이 사랑으로 품어 주는 그대의 사랑, 이 모든 것이 그저 고맙고 고마울 뿐이다. 더 말할 것 없이 하나님을 의지하는 그대의 신앙이 내가 마음 놓고 이 일을 할 수 있게 한다는 것을 나는 잘 안다. 내가 중국에서 일할 수 있게 된 것은 첫째는 하나님의 은혜요 그의 사용하심이고, 둘째는 그대의 힘과 도움이다. 그대가 있어 오늘의 내가 있을 수 있었다.

매일 아침저녁으로 하나님께 그대와 함께할 수 있는 시간을 빨리 주시기를 기도한다. 25년을 나를 위하여 살아온 나의 사랑하는 그대, 그대의 이름은 옥희, 옥희…….

'하나님, 그만 멈춰 주세요!'

1990년 봄, 부인 박옥희는 비로소 옌지에 첫걸음을 하게 되었다. 옌지에 온 첫날 박옥희는 "이런 곳에도 사람이 사는구나!" 하고 탄식했다. 길은 포장되지 않았고 건물도 모두 낡은 데다가 강은 생활 오수가 흘러들어 오염되었고 거리는 흙먼지와 매연으로 숨이 막혔다. 아파트들에서조차 아직 석탄을 때고 있어서 아침저녁으로 하늘이 뿌옇게 연기로 차 있어, 마스크를 쓰고 한두 시간만 거리를 걸어도 흰 마스크가 까맣게 되었다. 거리에는 꽃도 나무도 없었다. 그야말로 오래 방치해 둔듯 먼지만 쌓여 있는 듯했다.

박옥희는 엔지호텔 408호실에 임시로 묵었다. 호텔이라고 하지만 시설이 열악했다. 수돗물은 붉은 녹물이 나오고 카펫은 눅눅하고 곰팡이 냄새가 진동했다. 잘 때는 진드기 때문에 몸이 근질거렸다.

남편이 대학을 세운다는 북산가 꼭대기에 올라가 보고는 더욱 놀랐다. 길이나 집은커녕 나무 한 그루도 없이 찢어진 비닐만 망자의 혼을 부르듯 바람에 나부끼고 있었다. 공동묘지를 지나서 언덕을 내려가면 화장터가 있고 그곳에서 불과 몇백 미터 떨어진 곳에 사형장이 있었다. 이장하느라 파낸 구덩이에서는 뼈가 나뒹굴고 여자 시신에서 떨어져 나온 긴 머리카락이 엉클어져 있기도 했다. 그야말로 등골이 오싹해지는 듯했다. 그녀는 이렇게 척박하고 후진 곳은 처음이었다. 남편은 머리에 헬멧을 쓰고 공사 현장을 헤집고 다니고 있었다.

공사 현장은 가는 곳마다 진창이어서 걷기가 힘들었다. 한번 빠졌다 하면 신발은 진흙탕에 있고 발만 빠져나왔다. 매일 흙 범벅이 된 신발을 들고 와서 호텔방에서 씻으면서 '소꿉장난도 아니고 이게 대체 무슨 짓인가. 제발 여기서 멈추었으면!' 하고 빌었다. 중국에 학교 세우는 일에 대하여 탐탁지 않게 생각하던 중인데 직접 현장을 보고 나니 더욱 비관하게 되었다.

'이곳에 학교를 세운다 하더라도 누가 이런 곳에 와서 학생을 가르칠 것인가, 학생은 또 어디서 데려온단 말인가? 똑똑한 사람일수록 이런 곳에 오지 않을 것이다. 정말로 이쯤하고 그만둔다면 그나마 더 큰 손실을 막을 수 있을 텐데……. 제발, 이쯤에서 멈추게 해주세요!'

박옥희는 남편이 하는 일이 실현되게 해달라는 기도가 아니라 여기서 그만두게 해달라는 기도를 드렸다. 이런 마음을 남편 앞에 드러낼 수 없어 혼자 있을 때만 간절히 기도했다. 박옥희는 진심으로 자기의 기도가 통하리라고 믿었다.

그런데 미국으로 돌아갔다가 3개월 만에 다시 중국에 왔을 때, 박옥희는 그만 깜짝 놀라고 말았다. 멈추어 달라는 그녀의 기도에도 불구하고 공사는 거짓말같이 진행되어 5층까지 올라가 있었다.

"아! 이제 다 지었네!"

걱정인지 감동인지 모를 감탄이 자신도 모르게 쏟아져 나왔다. 하지만 그 감탄은 그리 오래가지 못했다. 건물 안을 돌아보면서 아직도 갈 길이 멀었음을 알아차렸다. 그녀는 한층 한층 올라갈 때마다 한 번씩 기도했다.

'하나님, 제발 여기서 그만 멈추게 해주세요! 지금도 늦지 않았습니다.'

다른 이유보다 이 프로젝트에 실패할 경우 남편이 받을 상처가 두려워서였다.

그녀는 멈추게 해달라는 기도를 하면서도 매일같이 공사장에 나가 일을 도왔다. 학교 건물이 다 지어지자 또 다른 걱정이 시작되었다.

'학생은 도대체 어디서 오며 누가 가르치지?'

그런데 어느 날 남편이 "학생을 가르칠 교수가 왔다"면서 신이 나서 말했다. 그녀는 말로는 "잘됐네"라고 했지만, '또 정신 나간 사람이 왔구나' 하는 생각과 함께 그 사람이 안됐다는 생각이 들었다. 아내의 마음도 모르고 김진경은 "당신, 언제 이리로 이사 올 거야?" 하며 다그쳤다. 하지만 그녀는 선뜻 대답을 하지 못했다. 솔직히 이곳에서 살 엄두가 나지 않았다.

얼마 후 그녀는 다시 미국으로 갔다. 두 사람은 부부인데도 얼굴을 볼 수 있는 시간이 1년에 3분의 1도 안 되었다. 헤어져 있는 시간이 함께 있는 시간보다 더 많았다.

그러던 어느 날 친하게 지내는 분에게서 이상한 전화가 걸려 왔다.

"집에 별일 없어요?"

"무슨 일요? 남편이 중국에 간 것 말고는 아무 일도 없는데요."

"내가 희한한 소문을 들어서 확인차 전화를 했어요."

"무슨 소문요?"

"김 총장이 부인과 이혼하고 집에서 쫓겨나 중국에서 떠돌아다닌다는 소문이 돌고 있습니다."

이런, 말도 안 되는 소리! 그녀는 황당했지만 놀라지 않았다. 그동안 남편이 들은 루머가 어디 한두 가지인가. 간첩이라느니 사기꾼이라느니, 이혼을 했다느니……. 별별 소리를 다 들어 면역력이 붙을 대로 붙어 이제는 어떤 말에도 충격이나 자극 같은 것은 없었다. 다만 남편을 너무 오래 중국에 혼자 있게 하여 이런 소문이 떠돈다는 생각에 미안하고 자책감이 들었다.

1994년. 드디어 박옥희는 미국 생활을 접기로 했다. 세간살이는 정리하면서 남에게 줄 것은 주고 필요한 것들만 중국으로 부쳤다. 그리고 뼈까지 중국에 묻는다는 각오로 중국을 향했다. 멀리서 걱정하느니 차라리 가까운 데서 자기 손으로 벽돌 한 장이라도 옮겨 놓는 것이 남편을 위하는 일이라고 생각했다. 짐을 싸서 중국에 온 뒤로는 '멈추게 해달라'는 기도를 다시는 드리지 않았다. 오히려 그동안 믿음이 깊지 못하여 미래를 보지 못했음을 자탄했다.

학교 건물이 다 올라가자 대기라도 하고 있던 양, 세계 각국에서 교수들이 학교로 몰려들었다. 나이가 지긋한 교수도 있지만 갓 태어난 아기를 안고 온 젊은 부부들도 있었다. 박옥희의 눈에 그들 모두는 하늘에서 내려온 천사들 같았다. 천사의 마음을 지니지 않았다면 한국이나 미국과 같은 좋은 환경을 버리고 이같이 어렵고 힘든 곳으로 어찌 자진하여 찾아오겠는가. 김진경이란 사람의 말만 믿고 아무 보장도 없는 이곳으로 찾아온 이들도 신기했지만, 세계적인 엘리트들을 끌어들일 수 있는 남편이 더욱 신기했다. 남편이 아닌 다른 누군가가 그를 움직이며 수시로 그와 약속을 하고 그에게 지혜를 주고 힘을 주고 있는 듯싶었다. 그렇지 않고야 어찌 이런 것이 인간의 힘으로 가능하겠는가.

공사 현장

옌볜과기대 설계는 한국의 ㈜삼우엔지니어링이 초안을 작성했다. 그러나 초안대로 실행하기에는 현실적으로 몇 가지 어려움이 있어 김진경의 요청으로 곽선희 이사장이 파견한 ㈜인그룹 건축의 손신원 교수(당시 설계실장)가 현재의 설계를 작성하게 되었다. 건물 위치 등도 조정이 필요했고, 무엇보다 기술학교로 시작했지만 "연세대나 이화여대 같은 대학으로 발전시키고 싶다"는 김진경 총장의 계획을 반영하여 시작할 때부터 기술 대학 이상의 규모로 설계했다.

본부동과 학사동은 총 면적이 9,000제곱미터이고, 본부동에는 대학 본부와 강당, 도서실을, 학사동에는 16평의 교실이 60개나 들어가게 했다. 두 건물을 동시에 짓기 시작했지만 1992년 개교까지 본부동은 완공되지 못하고 학사동이 먼저 완공되어 그곳에서 개교했다. 1993년 7월에 두 건물이 완전히 마무리되었다.

본부동과 학사동을 짓는 사이, 숙사동과 식당동도 착공했다. 숙사동은 3층으로 6,865제곱미터. 학생 기숙사는 4명 1실 64실로 256명을 수용할 수 있고, 식당은 400명이 동시에 식사할 수 있는 규모였다. 이 공사는 1990년 8월 10일 현지 임업林業 건축 공사와 계약을 맺고 착공했는데, 개교 때까지 차질 없이 학생을 받을 것으로 계획했으나 시간이 늦어져 첫해 학생들이 기숙사에 들어가지 못하는 어려움을 겪게 되었다. 제1교직원 기숙사도 같은 날 시작하여 1994년 9월에 완공했는데 가족용이 10실, 독신용이 24실로 되어 있다.

공사 과정의 어려움은 이루 다 말할 수 없다. 건축이 늦어진 것은 물론 현장 감독이 10여 차례나 바뀌었다.

1995년에는 본관과 학사동과 식당을 잇는 연결동과 제2교직원 기숙사, 부설학교인 국제학교와 예은유치원 등 5개 동이 한꺼번에 착공되었다. 대대적인 공사였다. 95년 하반기에 첫 삽을 떴지만 땅이 얼어 이듬해 봄부터 공사가 본격적으로 시작됐다. 당시 공사장의 어려움을 이종익 행정처 시설담당부 처장은 이렇게 말했다.

"공사는 동시다발로 이뤄졌지만 레미콘이 없어 시멘트와 모래를 사람이 일일이 비벼서 통에 담아 줄로 메워 위로 올리거나 모터에 달아 올렸습니다. 서로 손을 바꿔 가면서 밤새워 비볐지요. 그리고 건축 자재도 충분치 못해 늘 공급이 끊기곤 했습니다. 돈이 준비되지 않아 구입하지 못할 때도 있었지만 돈을 주고도 구하지 못하는 일도 많았습니다."

자재 공급도 그렇지만 물 공급도 문제였다. 지형이 높아 학교까지 물을 닿게 하려면 두 번 펌핑을 해야 했다. 수도관이 낡아 고장이라도 나면 수리하는 데만 4, 5일이 걸리고, 옥탑에 물탱크가 없어 일단 단수가 되면 물을 사용할 수 없었다. 그리하여 자체적으로 지하수를 개발해 펌프로 지하수를 퍼올려 썼다. 암석도 뚫는다는 굴착기를 한국에서 구입하여 사용했지만 한국과 토질이 같지 않아 진흙이 기계 속에 끼어 자주 고장을 일으켜 일이 지연되었다. 그때 지하수를 열 곳 정도 개발했다.

건축 공사를 시작하는데, 계약금만 준비되어 있을 뿐 그 외에는 전혀 현금이 없었다. 돈이 언제 어디서 나온다는 확실한 보장도 없었다. 후원회를 통해 돈이 들어오면 들어오는 족족 건축 공사에 투입했는데, 있으면 쓰고 없으면 기다리는 형국이었다. 구멍가게도 아니고 살림집을 짓는 것도 아닌데 어딘가 지나치게 허술했다. 주위에서는 "예산을 세우고 학교를 운영하도록 해야 한다"고 건의했다. 당연한 얘기였다. 대학을 세우면서 빈손으로 시작하는 사람이 세상에 또 있을까? 어떤 이들은 그를 아마추어라고 비난했다.

"구멍가게도 예산이 있다는데 너무 준비가 없는 것 아닙니까? 예산부터 세우시죠."

"아니, 누가 돈을 준다는 보장도 없는데 어떻게 예산을 세웁니까?"

김진경은 발끈했다. 다른 사람들은 준비되어야 일을 시작하지만 김진경은 된다는 확신이 있으면 무조건 일을 시작한다. 허망한 사람으로 보는 이들도 있지만, 그는 하나님이 원하시는 일이라면 그분께서 반드시 도와주신다는 믿음으로 일하는 사람이다.

본인이 생각해도 참 신기했다. 돈이 한 푼도 없다가도 필요할 때면 누가 와서 거금을 내놓고 갔다. 공사 시작부터 마무리될 때까지 쭉 그랬다. 공사비가 떨어지면 사람들은 김진경을 찾아가 자재 살 돈이 필요하다며 안타까움을 호소했다. 그때마다 김진경은 전혀 대수롭지 않게 말했다.

"기다리게. 돈이 곧 해결될 걸세."

어디서 돈을 준다는 보장은 없었지만 돈을 쟁여 둔 사람처럼 태평스럽게 말했다. 손안에 땡전 한 푼 없어 내일은 어떻게 하나, 공사를 중지해야 하나 하고 있으면, 거짓말같이 정말 필요한 만큼의 돈이 생겼다. 끊길 듯싶다가도 이어지고, 이제는 정말 끝이다 싶으면 또 어디선가 큰돈이 나왔다. 그렇게 남지도 부족하지도 않게 딱 쓸 만큼 20년 동안 자금이 유지되었다.

    이런 사실을 모르는 일부 사람들은 "지금쯤 그 대학 벌써 망했을걸" 하다가도, 막상 현장에 와보고는 감탄한다. 그럴 때마다 김진경은 "옳은 일이라면 그분이 다 주십니다"라고 고백한다. 이것이 그의 믿음이고 힘이었다.

중국은 나의 두 번째 고향이다.

이곳에는 아버지의 숨결이 살아 있다.

9. 중국을 향한 마음

오랜 기다림

1991년 6월 1일. 국가교육위원회에서 옌볜기술학교 설립을 비준했다. 인민대회당 북청 3층, 마오쩌둥 주석과 저우언라이 총리가 자주 식사했다는 방에서 김진경 총장이 길림성 장악기 부성장과 이덕수 부장과 함께 축하연을 열고 이 오랜 숙원이 실현되는 역사적 순간을 자축했다. 보통 기술학교는 비준 권리가 주 정부에 있지만, '옌볜기술학교'는 중한中韓 합작이라고는 하지만 외국인이 주체로 세우는 학교였음으로 정부에서 비준하는 일이 쉽지 않았다. 기술학교 설립 인가가 나는 데 무려 4년, 쌍방 협약서 체결에 2년이 걸렸으니 비준까지는 6년이 걸린 셈이다. 그동안 많은 사람들이 먼저 동의를 받고 일을 시작했어야 한다고 비난했지만, 그랬더라면 과연 6년이란 세월을 기다려 냈을 사람이 있겠는가.

6년 동안, 옌볜과기대 설립을 위해 김진경이 옌지에 다녀간 횟수가 100번이 넘었다. 그가 길에서 쓴 돈은 박옥희의 말대로 빌딩을 짓고도 남을 것이다. 당시만 해도 중국의 교통수단은 지금에 비할 수 없이 열악했다. 아직 옌지 비행장이 개통되지 않아 기차를 타고 다니는 수밖에 없었는데, 기차도 요즘처럼 급행이 아니고 완행이어서 베이징에서 옌지까지 오는 데만 무려 56시간이 걸렸다. 후에 비행장이 건설된 뒤로는 좀 나아졌지만 기후가 변화무쌍하여 폭우나 폭설이 내릴 때는 공항에서 13시간씩 기다리기도 했다. 인간의 의지와 인내로는 도저히 감당할 수 없는 일이었다. 그 지루한 시간을 기다려 내며 김진경은 자신의 소회를 이렇게 풀어놓았다.

"가장 어려웠던 것은 욕심을 극복하는 것도, 인간에 대한 체념이나 좋은 평판을 단념하는 것도 아니었습니다. 그것은 오히려 쉬웠습니다. 어려운 것은 인내였습니다. 인간이 가장 극복하기 어려운 힘이 바로 인내에 대한 시련인 것 같습니다. 무엇이든지 기다리지 않으면 안 되었습니다. 정말 오래 기다렸습니다. 참기 어려운 긴 시간이었습니다."

그 6년이란 시간은 매일 매 시간 선택하고 결정을 내려야 하는 순간들이었다. 현실이 불투명한 상황에서 미래를 보고 선택하고 결정한다는 것은 그야말로 시련이었다. 그 시간들은 자기 안의 자아와 내적인 자유, 즉 영적인 자유를 주장하느냐, 아니면 내적인 자유를 거부하고 자아의 존엄성을 포기하고 굴복하느냐 하는 끊임없는 싸움이었다.

하지만 김진경은 "고난과 역경과 싸우는 긴 여정이 될지라도, 길에 오르는 사람만이 자신의 잠재력을 확인할 수 있다"는 것을 믿었다. 자신의 선택이 혹여 실패로 이어지더라도 자신의 선택을 믿기로 했다. 자신의 욕심을 차리려 해서가 아니라 오로지 바른 길에서 어려운 사람들을 돕기 위한 일이었기에, 그 과정의 어떤 시련도 가치가 있고 자신의 전부를 걸어 볼 만한 일이라고 믿었다.

그 믿음대로 그는 기다림의 고통과 시련을 참고 견디어 마침내 외적인 성취뿐만 아니라 내적 성취와 영혼의 자유를 얻게 되었다.

천안문사건에 대한 입장

1989년 봄, 세계를 주목시킨 천안문사건이 일어났다. 천안문 광장에서 민주화를 위한 시위가 일어나자, 미국 정부는 미국 시민들의 안전을 위해 중국 내에 있는 미국인은 하루 빨리 철수할 것을 권유했다. 그러나 김진경은 철수하지 않고 천안문 광장이 보이는 베이징호텔로 자리를 옮겨 천안문사건 전반을 지켜보았다. 65일간의 학생 시위는 6월 4일 중국 정부에 의해 진압되었다. 국제 여론은 하나같이 중국 정부가 인권 탄압을 했다고 맹비난을 했다. 중국 정부의 입장을 변호하는 목소리는 어디에도 없었다. 미국의 미국의 〈Voice of America〉(VOA)는 중국 정부의 탄압으로 3천 명의 학생들이 죽었다고 보도하기도 했다. 천안문사건으로 중국은 무지막지

한 인권 탄압 국가로 세계적인 지탄을 받았다. 중국은 국제적인 여론의 사면초가에 빠지게 되었다. 그는 서방세계가 중국을 너무나도 이해하지 못하는 것이 안타까웠다. 그가 본 천안문사건은 서방국가와 외신들이 말하는 것과 다른 점이 분명 있었다.

흥분한 젊은이들이 군인을 잡아 육교 위에서 던지고 불을 질렀다. 그 장면을 목도하면서 '아, 이들을 잠재울 지도력 있는 지도자가 정녕 없는 것인가' 하며 김진경은 탄식했다. 이 사태를 중국은 어떻게 수습할 것인지, 미국 국적의 한국인은 손에 땀을 쥐며 지켜보았다. 드디어 중국 정부의 진압이 시작되었다. 그리고 외신들의 비난이 쏟아지기 시작했다. 미국인으로서, 천안문사건 목격자로서 그는 책임의식을 느껴 "미국 시민이 본 천안문사건"이라는 제목으로 글을 썼다. 이 글은 미국의 〈US News Journal〉에 실렸다.

중국 정부는 65일간 참고 인내했다. 미국 정부라면 백악관 앞에서 청년들이 65일간 불법집회를 벌이는데도 데모 군중을 해산시키지 않겠는가? 미국의 백악관 앞길에서 교통위반만 해도 잡아가는 미국이 볼 때 군인을 죽이고 군용차를 불 지르며 기물을 파손하는데 총을 쏘지 않겠는가? 중국 인민군은 불가피하게 진압에 나섰고 유혈사태에는 시위대의 책임도 크다. 시위대가 군대를 공격하는데 어느 나라 군대가 발포하지 않겠는가? 나는 시위 군중이 군인 한 명을 육교에서 떨어뜨린 뒤 그 위에 휘발유를 뿌려 죽이는 끔찍한 광경을 목도했다. 3천 명이 죽었다는 보도는 과장된 것이다.

이 글을 발표한 후 그는 이어서 중국의 인권 문제와 최혜국 특혜 부여를 연계시키는 미국의 정책에 이의를 제기하는 글을 서방 언론에 잇따라 발표했다.

중국은 역사상 처음으로 12억 인구의 먹는 문제를 해결했다. 이것은 결코 작은 성과가 아니다. 천안문사건이 성공했으면 중국은 내전으로 돌입했을 것이다. 13억 인구가 다시 피비린내에 휩싸여야 한다는 얘기인가? 중국에는 현재 문맹자가 4억이 넘는다. 미국이 말하는 원론적인 민주주의를 적용하기에는 많은 한계가 있다. 중국은 중국식 사회주의로 가는 길 외에는 대안이 없다. 미국이 중국의 인권 문제를 최혜국 대우 MFN와 연계시켜서는 안 된다.

그렇다고 김진경이 군부대가 동원되고 탱크가 진입되는 현실을 결코 바람직하다거나 현명한 대응으로 보는 것은 아니었다. 자유민주주의를 지향해 온 김진경은 시위자들이 체포되는 것을 누구보다도 가슴 아파했다. 그러나 그는 사건 배후에 있는 역사의 의미와 세계사의 흐름을 파악하려 했다. 특히 그는 중국 현대사의 굴절과 고통을 잘 알기 때문에 그 사건으로 말미암아 다시 중국의 개혁개방이 후퇴하거나 중단되어서는 안 된다고 못박았다.

1972년 물꼬가 트인 중국-미국 간 교류는 '죽음의 장막' 속에 깊숙이 숨어 있던 공산국가 중국을 세계사의 전면으로 끌어냈다. 문화혁명이 끝나고 덩샤오핑의 개혁개방 정책이 추진되고 있었으나 중국 공산당 내부에는 좌우파의 갈등이 심했다. 사회주의의 근간인 계획경제를 시장경제로 대체할 수 없다는 극단의 좌파와, 경제개방보다 정치적 개혁을 우선해야 한다는 극단적 우파 세력의 중간에 덩샤오핑이 조정자 역할을 했다. 후야오방胡耀邦의 후퇴는 이러한 좌경노선과 우경노선 간 갈등의 소산이었다. 극좌파를 달래고 그들의 협조를 얻어 개혁개방을 가속화하기 위해 후야오방의 후퇴는 덩샤오핑으로서는 불가피한 선택이었다. 후야오방을 추모하기 위한 옥외 집회가 집단시위로 확대된 것이 천안문사건의 시발이었다. 진압 방법을 놓고 좌우파 사이에 의견이 대립했고, 자오쯔양趙紫陽은 정치개혁을 우선시하는 입장에서 학생들의 시위에 동정적인 태도를 보일 수밖에 없었다. 선택은 덩샤오핑과 원로집단의 몫이 되었다. 당시 중국의 모순은, 개혁개방을 가속화하기 위해서는 덩샤오핑에게 힘을 실어 주어야 했고, 힘을 실어 주기 위해서는 같은 개혁파, 그중에서도 극우를 지향하는 세력에게 칼날을 들이대야 하는 것이었다.

김진경은 당시 중국 정부의 진압 방법에는 찬성할 수 없었지만, 그 진압 방법으로 말미암아 중국이 외국의 과잉 압력을 받아 모처럼의 개방정책의 동력을 상실할까 우려했다. 중국의 개혁개방 후퇴는 중국은 물론 세계 발전에도 전혀 유익하지 않다고 그는 생각했다. 당연히 덩샤오핑이 주도하는 대외개방 정책을 좀더 심도 있게 정착하고 발전시키기 위해 중국의 지도자들은 천안문사건을 해결하는 데 많은 고민을 하고 판단했으리라 그는 믿었다. 한마디로 김진경은 중국 정부의 시위사태 해결 방법을 원안대로 지지한 것이 아니라, 하루 빨리 해결되어 개혁개방 정책이 탄력을 받아 진행되기를 바랐던 것이다.

그는 천안문사건에 대해 외국인으로서는 가장 객관적이고 이성적인 판단을 한 사람이라고 할 수 있다. 중국은 인민들이 국가권력을 관리하고 그것을 제도와 법률의 형식으로 체계화, 규범화, 정형화하여 안정과 권위를 획득함으로써 정치 발전을 가능하게 하는 것을 민주법제화라고 한다. 중국의 민주주의는 중국의 실정에 가장 적합한 민주주의일 수 있다. 김진경은 중국의 고찰을 통하여 이 점을 절감했다.

천안문사건으로 국제적인 여론의 사면초가에 있던 중국으로서는 김진경이 고마울 수밖에 없었다. 그는 중국에 대한 외국의 비난을 막는 데 일조했다. 사람들은 자신의 잣대로만 세상을 재려고 한다. 보이는 것이 전부가 아니며, 보이지 않지만 더욱 중요하고 소중한 가치들이 분명 있는데도 그것을 외면하고 자기 것만 옳다고 우기고 싶어 한다. 서양문화와 동양문화가 다르듯 미국과 중국은 서로 다르다. 거대 인구의 중국에서는 서구적인 체제가 오히려 '맞지 않는 신발'에 불과할 수도 있다. 나라마다 먹는 음식이 다르듯 그 나라 그 민족의 체질에 맞는 주의가 있고 체제가 있고 정책이 있다. 옳고 그름이 아니라 서로 다를 뿐이다. 다르다는 것 자체가 문화다. 치즈를 싫어하는 사람에게 치즈를 먹으라고 하고 김치를 싫어하는 사람에게 김치를 먹으라고 강요하는 것은 무지의 소치다. 외국에 와서 일하는 사람으로서 우선 지켜야 할 일은 그 나라가 선택한 모든 것을 존중하는 것이다. 이런 면에서 김진경은 중국 사람들에게 중국을 이해해 주는 가장 가까운 외국인 벗이었다.

진정한 인권이란 무엇인가?

　인권이란 인간이 인간답게 존재하기 위한 정치·경제·사회·문화적 권리 및 지위와 자격을 말한다. 한마디로 인간으로서 당연히 갖는 기본적인 권리다. 사람들은 인권이 지켜지기를 원한다. 인권이 유린되고 침해되는 것을 좋아할 사람은 세상 어느 나라에도 없을 것이다. 천안문사건이 일어난 뒤, 서방 여러 나라들에서 중국의 인권 문제를 비방하고 나섰다. "중국은 세상 최초로 어린 학생들을 탱크로 뭉갠 나라"라고 비난했으며 "결국 중국은 그럴 수밖에 없는 무식한 나라"라고 비하했다. 중국은 유구한 문화와 역사가 있음에도 세계 역사 속에서 낙후된 민족으로 인식되어 있다. 영어사전에는 아직도 중국인을 '칭크'(chink, 중국 돼지라는 뜻)라고 설명하고 있다. 즉 더럽고 미개한 민족이라는 뜻이다. 천안문사건 이후 미국이 중국을 향해 "결국 중국은 그럴 수밖에 없는 나라"라고 한 견해도 역사적으로 중국을 부정적으로 보는 그런 경향이 저변에 깔려 있다고 보아야 할 것이다.

　하지만 김진경은 견해가 달랐다. 그는 인권이란 정치적 사상이 아니며 인류 생존의 목표도 아니고 다만 인간의 존엄을 수호하는 데 필요한 수단이라고 주장한다. 인권은 일정하게 사회·환경적인 지배를 받게 된다. 그렇다고 그가 인권의 자연적인 권리를 부정하는 것은 아니다. 예컨대 어떠한 상황이나 조건에서 모두 똑같은 인권을 주장할 수 없는 것이다. 물론 넓은 의미에서의 인권이란 어떠한 조건이나 환경에서도 같은 의미를 지녀야 할 것이다. 하지만 경제가 낙후하고 기본적인 생활환경이 열악한 상태에서 인간의 존엄성을 수호하기란 쉬운 일이 아니다. 더 좋은 환경을 마련하기 위하여, 그리고 인간의 존엄을 수호하기 위하여 중국은 부득불 천안문 사건을 막는 유일한 방법을 택했다.

이 논리가 모순된다고 볼 수도 있다. 하지만 이것은 중국의 더 성숙한 인권을 보장하기 위해 필요한 희생이었다는 것이다. 희생이 없는 인권은 지켜지기 어렵다. 서방국가들에서는 중국 정부의 단호한 선택을 보며 인권을 박탈했다고 말하지만, 당시 무정부주의 사태가 더 넓은 지역에서 만연하고 그런 상태가 더 오래 지속되었다면 중국의 오늘을 어떻게 장담할 수 있겠는가. 더욱 큰 인권의 피해와 박해도 속출했을 것이다. 중국은 5천 년 역사에서 처음으로 굶어 죽는 사람이 없으며 천민과 귀족이란 신분이 없게 되었다. 인간의 최상의 인권은 하루 세끼 밥을 먹을 수 있는 권리다. 밥도 못 먹는 사람에게는 인권은 의미가 없다.

진정한 인권은 자유이면서 그에 따른 책임과 의무가 따른다. 중국은 천안문사건에서 조금 강경한 방법일지라도 더욱 큰 희생과 더욱 큰 사회적 혼란과 피해를 막기 위해 어쩔 수 없는 선택을 했다. 설득과 해석의 과정을 거쳤지만 더 이상 지체할 수 없는 위기일발의 시간에 어쩔 수 없이 취한 조치였다. 그것은 더욱 큰 사회적 혼란을 막고 국가의 안정을 지키기 위한 정부의 책임 있는 조치였다. 그 조치가 틀리지 않았음을 입증하듯이 중국은 지금 성공적으로 사회주의 시장경제로 돌아가고 있지 않은가. 그리고 중국의 개혁개방은 중국의 경제 발전과 정치 안정에 유리할 뿐만 아니라 국제사회의 경제 번영과 정치 안정에도 공헌하고 있다. 시장경제 체제를 도입한 이래 중국은 급속도로 산업화되고, 사회변혁 또한 빠르게 이루어지고 있다. 이렇게 급격한 변화의 시기에 중국 정부는 무엇보다 절대적인 사회적 안정이 필요했다.

물론 절대적인 사회적 안정이란 있을 수 없다. 하지만 13억 거대 인구를 가진 중국 정부로선 무엇보다 중대한 문제가 바로 상대적인 안정이었을 것이다. 작은 혼란이라도 일단 일기 시작하면 걷잡을 수 없이 번져, 중국이란 큰 나라의 체제 유지에 치명적일 수도 있다. 이런 점을 제일 잘 알고 있는 것은 중국의 당국자들일 것이고, 그들이 가장 민감하게 여기는 것 역시 사회적·정치적 안정이었을 것이다.

위에서 설명한 것이 바로 천안문사건에 대한 김진경의 태도이자 미국 정부에 대한 일관된 태도였다. 클린턴 행정부 집권 당시 그가 클린턴 대통령에게 편지를 쓴 사연도 바로 중국의 이런 실상을 모르고 자기 식으로만 해석하여 중국을 비난하는 미국의 행적이 마음에 들지 않았기 때문이다. 미국 국민인 그의 편지는 자국 대통령에게 자성 내지 숙의할 수 있는 계기가 되었을 수도 있겠다. 김진경의 편지를 받은 클린턴 대통령은 1994년 6월 김진경에게 회신을 보내 대중국 인권연계정책을 재고할 뜻을 밝혀 왔다. 아래는 클린턴 대통령의 편지 가운데 일부다.

친애하는 제임스

중국의 최혜국 지위에 관하여 당신의 관심사를 함께 나눈 데 대해 사의를 표합니다. 지난해 저는 중국의 인권 향상을 위하여 최혜국 대우에 관한 문제와 관련하여 행정명령을 내렸습니다. 비록 중국이 우리가 희망했던 결과를 내지 못했지만 우리의 정책은 일정한 진전을 이끌어 왔습니다. 내가 믿는 바에 의하면 비록 이런 쟁점이 그 자체의 효율성에서 한계에 이르게 되었지만, 지금이 바로 우리에게 중국과 더 넓은 면에서 새로운 접근을 할 수 있는 시간이라고 생각합니다.

중국은 우리가 조선반도의 안정과 핵무기 확산을 방지하는 데 들이는 노력들 가운데서 아주 중요한 작용을 합니다. 세계의 급속한 경제성장과 더불어 중국은 미국의 많은 사람들로 하여금 많은 일자리를 얻고 그 일자리를 유지하는 데 도움이 될 수 있는 많은 무역 기회들을 제공합니다. 저는 제가 이미 선택했던 방침이 우리에게 인권을 포함하여 성공의 가장 좋은 기회를 주었다고 확신합니다. 저는 이 결정이 우리에게 더 많은 무역과 더 많은 국제 협력과 인권 문제들에 관해 더 많은 건설적인 대화를 유도하게 되리라고 자신합니다. 인권은 계속 우리 정책의 초석이 되겠지만 우리는 우리의 목표를 실현하기 위하여 다른 도구들도 사용해야 합니다. 이 방침을 따르면서 우리는 중국이 책임을 다할 수 있도록 힘을 내는 것을 볼 수 있기를 바랍니다. 경제 성장뿐만 아니라 인권이 보장되고 정치적으로도 성숙할 수 있게 말입니다. 저는 이 일에 관한 당신의 정보에 감사드립니다.

1994년 6월 23일

빌 클린턴 재배再拜

김진경은 미국인으로서 중국의 입장을 이해하고 중국의 입장을 대변하여 강력한 성명을 통해 미국 정부로 하여금 중국 문제에 더 신중하고 조심스러운 관심을 갖도록 했다. 미국인이 미국의 대통령에게 중국을 변호하는 글을 올려 미국 대통령으로부터 중국 인권 연계정책을 재고할 뜻을 밝히는 글을 받아 낸 것은 중국 현대 역사에서 처음 있는 일이다.

옌볜과학기술대학 개교

옌볜과학기술대학 개교식이 있었다. 착공한 지 3년 만이다. 아직 옌볜과기대는 정부로부터 정식 인가를 받지 않았지만 김진경은 산업기술학교를 옌볜과기대의 부속학교로 명명했다. 대학 인가를 받지는 못했지만 언젠가는 꼭 받으리라 굳게 믿고 있었기 때문이다.

개교식에는 신입생 224명이 참석했다. 산업훈련원에 90명, 기아기술훈련원에 65명, 건설훈련원에 69명이었다. 그 외 학부형과 친지들, 그리고 옌볜의 각계 유지들과 주 정부와 시 정부의 주요 책임자들, 그리고 한국·미국·캐나다 등지의 후원자들과 각계각층의 인사들이 참석하여 진심으로 축하해 주었다.

행사는 국기 게양과 함께 장엄한 중국 국가國歌 주악奏樂으로 시작했다. 박동규 옌지시장이 개막사를 하고, 윤상운 교수가 학교 설립 경과보고를 했다. 그리고 가의석 교수의 학사보고, 김진경 총장의 개교사, 한영렬 성省교육위원회 부주임과 엄중국 주 정부 부주장의 축사로 이어졌다. 개교식에서 옌지시 정부 박동규 시장이 김진경 박사와 그의 부인 박옥희 여사에게 '옌지시 명예시민증서'를 발급했다. 이는 옌지시 정부에서 외국인에게 처음으로 발급한 명예시민증이었다. 외국인의 중국 출입국이 자유롭지 못한 상황에서 명예시민증은 그야말로 특혜가 아닐 수 없었다. 옌지 정부에서 그에게 할 수 있는 최고의 대우였다.

특기할 만한 사실은 또 있었다. 이날 행사에는 길림성 공산당위원회 부서기이며 옌벤자치주 공산당서기인 장덕강이 참석했다. 중국의 관례로 보면 공산당서기가 이런 자리에 나오는 것은 이례적인 일이었다. 외국인이 세운 사립학교인 데다 그가 독실한 기독교인이라는 것 때문에 여러 언론사들에서 이 학교에 대한 기사를 쓸 때면 적지 않게 주당위州黨委의 눈치를 보아 왔다. 〈옌벤일보〉는 당보이기에 더욱 그랬다. 기사를 잘못 썼다가는 기자 생활을 접어야 할 수도 있었기 때문이다. 하지만 장덕강 주당위 서기가 참석함으로써 이 학교에 대한 불신을 잠재울 수 있었다. 장덕강은 한족으로서 조선 김일성종합대학 유학생이며 조선족에게 가장 존경받는 한족 간부였다.

김진경은 개교사에서 "진리, 사랑, 평화"를 교훈으로 제시했다. '세계는 이념 대결과 전쟁 시대의 막을 내리고 인류 공동의 번영을 위한 공존과 평화와 협력 시대로 개방되고 있다. 세계는 1국가, 1체제, 1민족의 이익을 위한 이기적 투쟁을 포기하고 인류 공동의 번영을 위하여 전 세계를 단위로 하는 세계화의 길로 나아가면서 새로운 국제질서의 재편성과 더불어 적극적인 경제활동을 위해 상호 국경을 개방하고 가까운 이웃 나라 간에 보다 밀접한 경제협력의 블록화block 즉 지역화가 빠르게 추진되고 있다. 이런 세계적인, 시대적인 역사 앞에서 절대 변화를 두려워하지도 머뭇거리지도 말고 무한한 가능성을 찾아가자'고 그는 호소했다. 과학기술로 이룩한 물질적·정신적인 성과를 이웃 사람, 이웃 나라, 이웃 민족에게 조건과

대가를 따지지 않고 나눌 수 있는 사랑을 통해 인간으로서 존재하는 보람을 구현하자고 강조했다. 그의 사상은 중국에 만연되어 있던 투쟁성을 부추기는 과격한 형태의 개념에 부드러움을 심어 주었고, 닫힌 관념론에서 벗어나 더욱 가치 있고 실질적인 미래를 지향하도록 인도해 주었다.

역사적인 순간

1993년 9월 9일. 이날은 4년제 대학의 개교식과 함께 149명의 대학 본과생 입학식을 가진 뜻깊은 날이다. '옌볜과학기술대학교'란 이름을 정식으로 제정하는 날이기도 했다. 아직 중앙교육부의 정식 비준이 내려오지 않았지만 먼저 대학을 개교했다. 대단한 배짱이었다. 중국에 본적이 있는 사람이라면 이런 일은 상상도 못했을 것이다. 누가 감히 정부 허락을 받지도 않고 대학을 개교시킬 생각을 하겠는가.

개교식은 본관동 4층 강당에서 이루어졌다. 이날 개교식에서 괄목할 만한 사건은 옌볜자치주 전철수 주장과 옌지시 박동규 시장이 손님으로서가 아니라 옌볜과기대 주체자 입장에서 참석했다는 사실이다. 개교식 초청장에는 곽선희 이사장과 김진경 총장, 그리고 전철수 주장과 박동규 시장이 초청자로 명시되어 있었다. 지방 정부가 초청자의 입장에 선 것은 옌볜과기대가 정부의 지지와 인정을 받는 지역 대학임을 증명해 줌과 동시에, 각종 사회적 편견과 오해에서 벗어날 수 있도록 큰 힘을 실어 주었다. 아울러 초청장에는 '중국에 거주하는 200만 우리 민족을 위한 고등교육 기관'

이라고 명시되어 있었는데, 이는 옌볜과기대가 민족 대학임을 여실히 증명해 주었다.

개교식에서는 옌지시 박동규 시장이 설립 경과 보고를 하고, 학사 보고는 최상하 교학처장이 했다. 다음 김진경의 식사式辭에 이어 곽선희 이사장의 격려사가 있었다. 김 총장의 식사와 곽선희 이사장의 격려사는 행사장에 참석한 사람들을 감동시켰다. 솔직히 과기대 행사장에 참석한 중국측 손님들 가운데는 두 부류가 있었다. 김진경 총장의 연설이 혹여 기독교 사상을 전파하는 건 아닌지 감시하는 이들과, 그가 기독교 사상을 전파하여 욕 볼까 봐 걱정하는 이들이었다. 한쪽은 김진경 총장을 흠집 내고 싶은 사람들이고 한쪽은 그를 걱정하는 사람들이었다.

하지만 걱정은 무의미했다. 흠잡을 데 없는 연설이었다. 그는 '인간의 참정신'을 말했고 '봉사정신'과 헌신정신'을 강조했다. 그리고 교육을 통하여 인류의 영원한 정신인 진리와 사랑과 평화를 실현하자고 했다. 김진경은 "새로운 세기를 맞아 세계 각국은 서로 주도적인 역할을 위한 경쟁을 하는데, 이 경쟁의 승패는 군사력도 정치 이념도 아닌 인민의 복지를 담보하는 경제력에 있으며, 이 경제력은 과학기술의 창조적인 성취와 그 발전 성과에 달려 있다"고 강조했다. 그리고 "세계 역사가 태평양을 중심으로 발전되어 가는 대전환점에서 인류의 평화와 번영을 위해 특히 아시아의 중심인 중국의 청년들의 책임 있는 역할이 절실히 요구되며" "학생들은 개개인에게 부여된 무한한 창조력을 개발하고 함양하여 경쟁을 통한 상호 협력으로 개인과 인민을 위한 진정한 평화와 안전을 실현해 가는 책임을 다해야 한다"고 지적했다.

개혁개방을 통하여 가치관의 변화와 인성의 상실, 극단적인 물질주의의 팽배, 무책임한 향락주의와 이기주의 만연 등 갑작스러운 변화에 고민하고 갈등하던 사람들에게 그의 연설은 상당한 교육적 가치와 사회적 가치가 있어 감동적이고도 신선했다. 그 지역 사람들은 모두 새로 듣는 말이었다. 이들에게 인생의 새로운 가치와 지표를 갖게 하기에 충분한 내용이었다.

김진경이 만약 자신의 전 재산을 과기대에 기부하지 않았다면, 그가 수십 년 동안 보여 준 대공무사大公無私한 희생정신과 무조건 섬기는 무한한 사랑이 없었다면, 사람들은 그의 연설을 들으면서 그리 감동하지 않았을 것이다. 연설을 위한 연설은 화려할수록 역겨운 법이다. 말은 정신을 앞세웠을 때, 정신은 실천을 앞세웠을 때만이 비로소 대중의 깊은 감동과 공감을 이끌어 낼 수 있는 것이다.

곽선희 이사장의 격려사도 감동적이었다. 그는 연설에서 옌벤과기대의 정체성에 대해 뚜렷이 천명했다. 그리고 이 학교가 하는 일에 대하여, 또 해야 하는 일에 대하여 확실하게 선을 그었다. 과기대는 시작부터 정체성 논란이 많던 학교다. 기독교 학교가 아닌가 하는 시선에서 늘 자유롭지 못했다. 그는 격려사에서 "물질을 얻는 것은 쉬운 일이고 기술을 얻는 것은 어려운 일이다. 그리고 파괴된 인간성을 회복하는 것은 더욱 어려운 일이다"라고 했다. "책임질 줄 아는 인간, 성실한 인간, 그리고 부지런한 인간, 인간 본연의 존재 의의와 바른 가치관을 지닌 참인간을 회복한다는 것은 가장 어려운 과제다"라고 하여 참석자들의 전폭적인 공감을 얻었다.

곽선희 이사장은 이 학교 교육 목적에 대하여 "본 대학은 과학기술을 가르칠 것입니다. 그러나 그 과학기술을 사용하는 인간을 가르치는 것을 우선할 것입니다. 산업에 필요한 일꾼을 만들 것입니다. 그러나 이 사회에 필요한 인간을 만드는 것을 우선할 것입니다. 훌륭한 기술자가 되기 전에 훌륭한 인격을 갖춘 인간이 먼저 되어야 하고, 돈을 많이 벌어서 잘사는 인간이 되기 전에 돈 쓰는 가치를 바로 아는 인간, 사회를 위해 봉사하는 사명의식이 있는 인간을 만들고자 하는 것입니다"라고 했다. 뚜렷한 목적이 있는 교육, 가치관이 분명한 교육, 새 역사를 창조하는 사명의식이 있는 교육을 하고자 하며, 상실한 도덕성을 회복하고 인간의 아름다움과 화해와 사랑에 기초한 진정한 행복을 즐길 줄 아는 인간을 양성하고자 한다며, "받는 것보다 주는 것이 행복하다"는 진리를 배우게 하고 봉사자의 절대적인 기쁨을 아는 인간으로 양육하고자 하며, 이로써 새로운 세대에 도전하는 창조적인 인간의 교육장으로서 큰 사명을 실천하는 학교를 만들 것이라고 했다.

옌볜과기대는 중국 최초의 사립대학이자 최초의 해외투자 유치 대학이다. 이것은 중국 교육 역사상 새로운 기록이며 중국 개혁개방의 결실이라고 보아야 할 것이다. 이런 이유로 옌볜방송국은 물론 중국의 13억 인구가 모두 시청하는 중앙 방송인 'CCTV'(China Central Television)에서는 옌볜과기대의 개교를 30분간 특집으로 방영했다. 그 외 옌볜일보, 지린신문, 헤이룽장성신문에서 앞다투어 기사를 다루었다. 한국에서도 주요 일간신문은 물론 KBS 등에서도 옌볜과기대 개교의 역사적 의미를 부각하여 보도했다.

1986년 중국 사회과학원의 요청을 받아 강의하는 모습.

1989년 10월 4일 옌볜과기대 부지를 둘러보며. (왼쪽은 손신원 당시 설계실장)

옌볜과기대 정초定礎 의식에서 첫 삽을 뜨고 기쁨에 겨워하는 김진경.
(손을 든 네 명 가운데 오른쪽에서 두 번째)

1990년 4월 19일 옌볜과기대 착공식을 마치고 함께한 옌지시 박동규 시장, 국가민족사무위원회 이덕수 주임, 김진경, 옌볜조선족자치주 문진섭 주장. (오른쪽부터)

1990년 10월 베이징에서 양상쿤 부주석의 아들 양소명(오른쪽에서 두 번째)을 만나 환담을 나누며.

1991년 옌볜조선족자치주 전철수 주장(맨 오른쪽)과 옌지시 박동규 시장과.

옌볜과기대 건립 공사 현장.

옌볜과기대의 오늘날 모습.

옌볜과기대 개교 및 입학식 모습. (1992년 9월 16일)

1994년 옌볜조선족자치주 장덕강 당위서기. (현 전국인민대표대회 위원장)

THE WHITE HOUSE
WASHINGTON

June 23, 1994

James C. K. Kim, Ph.D.
President
Yanbian University of Science and Technology
Boishon Street, Yanji City
Jilin Province, 133300
Peoples Republic of China

Dear James:

Thank you for sharing your concerns regarding Most Favored Nation trading status for China.

Last year, I issued an executive order linking MFN for China with progress in human rights. Although China failed to produce the results we desired, our policy did lead to some progress. It is my belief, however, that this linkage has reached the limits of its effectiveness and that it is time for us to take a new approach that places our relationship with China in a broader context.

China plays a key role in our efforts to maintain stability on the Korean Peninsula and to prevent the proliferation of nuclear weapons. As the world's fastest growing economy, China offers trade opportunities that help create and maintain American jobs. I believe the course I have chosen gives us the best chance of success on all fronts, including human rights. I am confident that this decision will lead to more trade, more international cooperation, and a more productive dialogue on human rights issues. Human rights will continue to be a cornerstone of our policy, but we shall use other tools to achieve our goals. Following this course, we hope that we will see China evolve as a responsible power, growing not only economically, but also maturing politically so that human rights will be ensured.

I appreciate your input on this matter.

Sincerely,

Bill Clinton

빌 클린턴 전 미국 대통령이 김진경 총장에게 보내 온 편지. (1994년 6월 23일)

옌볜과기대에 세워진 조각공원.
대학에서 일하다 순직하는 교직원들의 이름을 새기고 골회骨灰를 이곳에 뿌려 추모하고 있다.

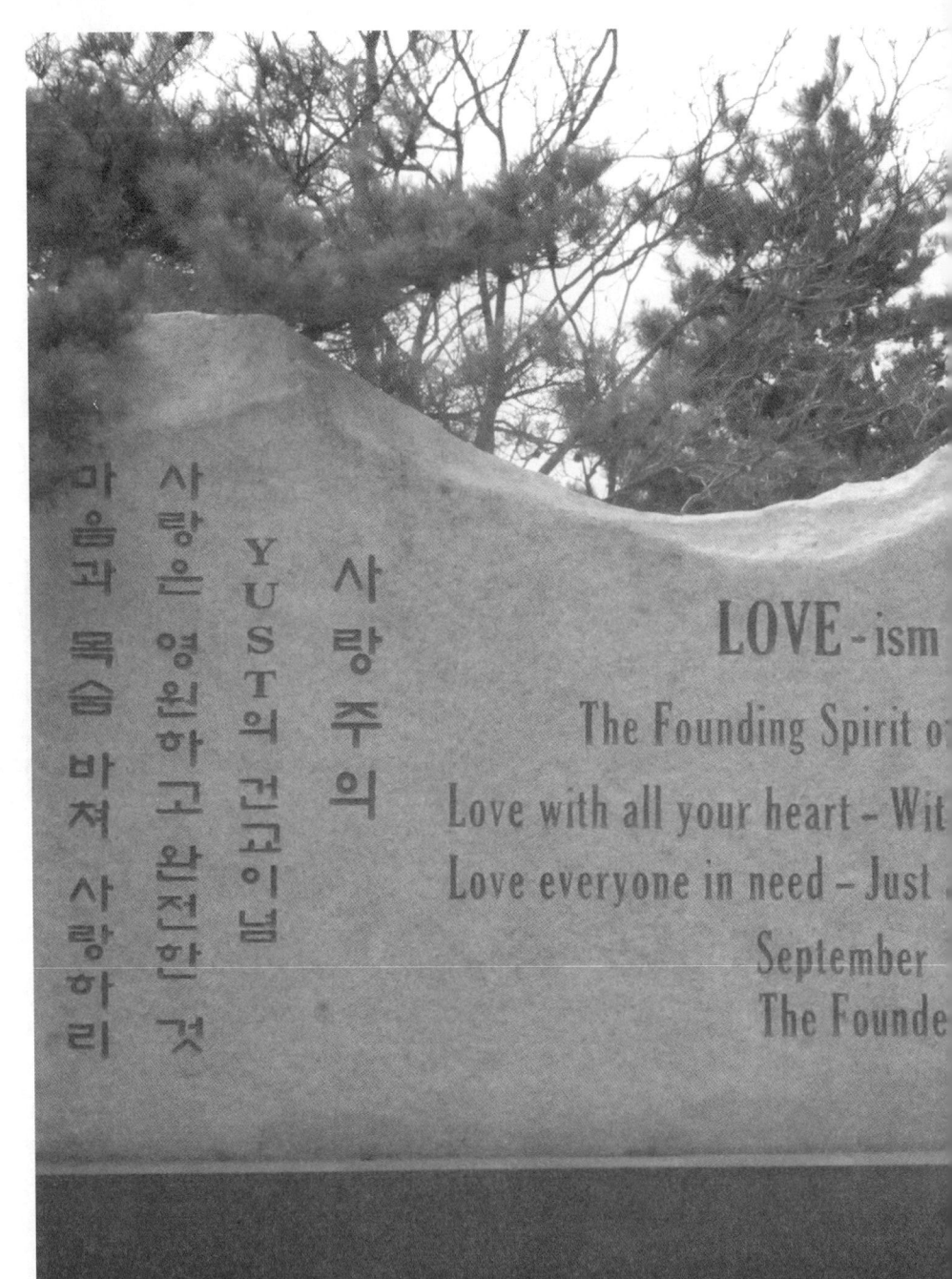

3부

세계적인 국제대학,
연변과기대의 기적

누가 기적을 이루는가.

그것은 오직 사랑을 실천하는 사람들이다.

10. 기적을 낳는 것은 오직 사랑뿐

특별한 섭외 방법

바람직한 교육이 이루어지려면 먼저 우수한 스승이 있어야 한다. 우수한 스승이란 인격적으로 존경받을 만하며 학문적인 자질도 갖추어야 한다. 김진경은 인격적인 자질과 학문적인 자질을 다 갖춘 교수를 모시기 위해 동분서주했다. 가급적 박사학위 소지자를 우선했으나 부득이한 경우 석사학위자도 모셨다. 그런데 이 두 가지 자질 외에 더 갖추어야 할 것이 있었다. 바로 '봉사'와 '섬기는 사랑'을 실천하고자 하는 사람이어야 했다. 새로 세우는 대학이라 조건이 열악한 데다가 봉급도 제대로 지급하지 못할 것이기에 섬기고자 하는 마음 없이 누리려고만 하는 사람은 이곳에 오래 머물려 하지 않을 것이기 때문이었다.

김진경은 외국의 석학들을 섭외하는 일로 미국, 한국, 일본과 유럽 등 전 세계를 누비고 다녔다. 그는 1년에 100번 이상 비행기를 탄다. 2010년에는 121번이나 탔다. 전 세계 어디든지 후원자가 있음직한 곳은 모두 찾아다니며 직접 학교를 홍보하고 경제적 지원을 약속받고 유능한 교수들과 우수한 인력을 스카우트했다. 교육이란 시설과 환경도 중요하지만, 소프트웨어로서의 인적 자원의 공급과 교육 프로그램 개발이 절대적으로 중요하기 때문이다.

2011년 5월 27일부터 6월 16일까지 19일간의 일정을 자세히 살펴보면 그가 얼마나 빠듯한 일정을 소화하고 다니는지 알 수 있다.

5월 27일. 김진경은 서울을 출발하여 영국 런던에 도착했다. 사흘 뒤인 5월 30일 런던에서 독일 슈투트가르트로 갔다가 6월 2일 파리로 간 뒤 이틀 후 다시 벨기에 브뤼셀에 도착했다. 그리고 브리스틀에 있는 모교를 방문하여 학생들에게 특강을 했다. 6월 6일 덴마크 코펜하겐에 도착하여 옌볜과기대와 평양과학기술대학(이하 평양과기대) 졸업생들이 세계 경영학 대학원에 유학하는 문제를 협의했다. 9일에 다시 파리를 거쳐 서울에 왔다가 다음 날 베이징에 가서 하룻밤을 자고 평양에 갔다. 평양과기대에서 밀린 일을 처리하고 이틀 만에 다시 옌지에 갔다.

그에게는 주말 휴식이나 국경일 휴가도 없다. 그리고 설 명절 같은 것도 별 의미가 없다. 일상의 3분의 2를 비행기에서, 기차에서, 그리고 외지에서 보낸다. 52시간 동안 기차를 탄 적도 있다. '발이 효자'라는 말처럼, 그가 집무실에 가만히 앉아만 있었다면 그 많은 후원금을 누가 보내 주며 우수한 교수들을 어떻게 섭외할 수 있었 겠는가. 그는 말 그대로 길에서 섭외하는 대가다. 김진경과 만나는 사람은 누구든 과기대의 후원자가 된다. 이것이 현실적으로 가능한 일인가? 의문을 갖는 것은 당연하다. 하지만 사실이다. 그가 길에서 하는 외교에 성공할 수 있었던 가장 중요한 비결은 사람을 감동시킬 줄 알았기 때문이다.

언젠가 미국에서 한국으로 가는 비행기에서 그의 옆자리에 앉게 된 사람이 있었다. 그는 미국에서 박사학위를 받고 한국의 모 대학으로 발령을 받아 가던 중이었다. 그런데 이 기회를 놓칠 김진경이 아니었다. 김진경은 그 젊은이에게 초면이란 사실도 잊은 채 옌볜과기대의 설립 과정에 얽힌 감동 스토리를 오랜 친구에게 이야기하듯 흥미진진하게 들려주었다. 옌볜과기대의 꿈과 전망에 대해서도 솔직 담백하게 털어놓았다. 그러자 김진경의 이야기를 듣던 그가 "그럼 제가 모든 것을 포기하고 선생님 대학에 가겠습니다" 하고 말했다. 그리고 약속대로 이 학교의 교수로 오게 되었다.

한번은 김진경이 학교 일로 전 중국국가 주석의 아들을 만나려고 베이징에 갔다가 같은 자리에서 한국인 이승률 회장(후에 부총장이 되었다)을 만나게 되었다. 이 회장은 중국에 골프장을 세울 요량으로 그곳에 왔다가 김진경의 이야기를 듣고서 "저는 돈 때문에 중국에 왔는데 총장님은 교육 때문에 중국에 왔군요. 정말 감동했습니다" 하고 말했다. 그리고 자진하여 옌볜과기대의 후원자가 되었으며, 현재 옌볜과기대 대외 부총장으로 활동하고 있다.

그렇다고 모든 섭외가 한 번에 이루어진 것은 아니다. 미국의 어느 단체가 김진경의 전설적인 옌볜과기대 설립 이야기를 듣고 감동하여 미화 1만 달러를 가지고 이 학교를 방문한 적이 있다. 당시는 초창기라 현장은 어수선했다. 채 건설되지 않은 현장에서 헬멧을 쓰고 인부들과 잔디도 심고 나무도 심으며 라면을 먹고 있는 김진경을 보고 그들은 가지고 온 1만 달러를 도로 가지고 미국으로 돌아갔다. 이곳에 대한 투자는 무익하고 부질없는 짓이라고 생각했던 것이다.

그리고 15년이 지난 어느 날, 후원금을 가지고 돌아갔던 그 단체의 대표가 어렵게 다시 옌볜과기대를 방문하게 되었다. 발전된 과기대의 모습을 보고 그는 "이것은 기적입니다! 정말 기적입니다!" 하며 연신 감탄을 금치 못했다. 초창기에 이곳에서 본 것은 '희망이 아니라 실망'이었다는 사실을 솔직하게 털어놓으며 "당시 오늘의 기적을 내다보지 못한 것이 심히 부끄럽다"라고 고백했다. 그러면서 15년 전에 가지고 갔던 미화 1만 달러에 자신의 호주머니를 턴 1만 달러를 합쳐 2만 달러를 희사했다.

학교를 짓는 기금 때문에 밥맛도 잃어 가며 고민하면서도 가끔씩은 거절할 수밖에 없는 돈도 있었다. 한번은 어느 기업인의 초청으로 신라호텔에서 저녁식사를 하게 되었다. 자금 유치 때문에 만들어진 자리였다. 식사 중에 그 기업의 회장이 "일본 교포 중 돈 많은 분이 옌볜과기대 재단 이사장 자리를 주면 2백만 달러를 내어

놓겠다고 했다"며 한번 심의해 보라고 했다. 김진경 총장은 정중히 거절했다. 아무리 경제 사정이 어렵더라도 이 돈은 받을 수 없었다. 옌볜과기대를 세우는 목적과 취지는 학교를 세워 장사하려는 것이 아니었기 때문이다. 돈 많은 사람에게 맡겨 학교를 세워 장사할 거였다면 이 학교는 아예 시작도 하지 않았을 것이다.

친구여, 오라

1998년 2월 어느 날, 과기대 한국어과에 근무하고 있던 이중 교수는 김진경에게서 느닷없이 이런 전화를 받았다.

"니, 바쁜 거 없나? 니가 부총장 할래?"

직설적이고 저돌적인 것이 김진경의 화법인 것은 아는 사람은 다 알지만, 부총장이란 무거운 직무에 대한 제의치고는 너무 가벼운 느낌이 드는 것이 사실이다. 하지만 두 사람은 굳이 격식을 갖추거나 폼을 잡지 않아도 무방할 정도로 충분히 서로의 마음을 주고받는 사이다. 두 사람은 마산고등학교 동기 동창생으로, 1954년에 나란히 숭실대학에 입학했다. 김진경은 철학과, 이중은 영어학과였다. 두 사람은 마포동에 있는 김진경의 누님 댁에서 하숙을 했으며, 부근 유치원 지하실을 빌려 야학을 함께하기도 했다. 그리고 학교 신문을 만들자고 제안하고 의기투합하여 〈숭실대시보〉를 복간했다. 당시 이중은 편집국장을, 김진경은 주간을 맡았다. 그러던 중 학생과장에 관한 기사를 냈다가 배포 보류 조치를 당하고 이중은 무기정학 처분을 받았다. 이 사건 이후 김진경은 주간은 물론 편집국장까지 겸하게 되었다.

졸업 후 김진경은 보성여고 독일어 선생으로 취직하고, 이중은 학원사 공채시험에 합격해 직원으로 일했다. 그러던 중 김진경은 유럽으로 유학을 갔고, 미국에 정착한 뒤로는 1년에 한 번씩 이중이 미국으로 찾아와 만나곤 했다. 1989년 김진경이 중국 산동 성 사회과학원의 초청을 받아 그곳에서 근무할 때, 그는 제일 첫 사람으로 옛 친구 이중을 초청하여 함께 중국의 명산 태산에 오르기도 했다. 김진경은 그때부터 이중과 함께 중국에서 일하게 될 것을 치밀히 계산하고 있었을 것이고, 이중도 그것을 예상했을지 모른다.

누구는 말하지 않고 눈빛만 보아도 서로의 뜻을 나눌 수 있다고 하지만, 이 두 사람은 눈을 감고 있어도 서로 마음을 읽을 수 있는 죽마고우竹馬故友다. 그러니 부총장으로 모시는 형식이 직설적인 것이 오히려 더 어울리는 일이었는지 모른다.

"그래, 내가 맡아도 좋다. 하지만 언제라도 바꾸고 싶으면 그렇게 해라."

이중 교수 역시 흔쾌히 제의를 수락했다. 하지만 친구라는 인연 때문에 주저함이나 망설임이 있을 것을 염려하여 "마음에 들지 않을 때는 언제든지 서슴지 말고 잘라도 좋다"라는 다짐을 받은 것이다.

그 후 이중은 3년간 옌벤과기대 부총장으로 재임했고, 2002년 3월 모교인 숭실대학 총장으로 재임하다가 2005년 숭실대학 퇴임 이후 2006년부터 상하이사범대학 천화학원 명예원장으로 활동했다.

그러던 어느 하루, 이중은 또 한 번 김진경의 전화를 받았다.

"니, 뭐하고 있노? 이리로 와라."

이리하여 이중 총장은 또다시 옌볜과기대로 와서 상임고문으로 발령을 받았다. 1998년 8월 김진경이 평양에서 연금되었을 때 총장대리로 일하기도 했다.

의미 있는 일에 함께합시다

1996년 북한 나진선봉지구 개발을 놓고 벌어진 자유경제무역지대 투자 세미나가 나진에서 열렸다. 외국인들의 입국이 순탄치 않아 미국인들과 중국인들만 참석했다. 그날 김진경은 미국에서 온 서순덕 교수를 만났다. 그는 서 교수에게 "미국으로 돌아가기 전에 옌볜과기대에 한번 들렀다 가십시오"라고 권유했다. 서 교수는 김진경의 권유를 받아들여 옌볜과기대에 들렀다. 당시는 건립 초기여서 본관과 제1기숙사와 제2기숙사만 지어져 있을 뿐 다른 시설은 없었다. 학교를 돌아본 뒤 김진경은 서 교수에게 말을 건넸다.

"미국에서 돈 많이 벌고 잘산다는 것이 무슨 의미가 있겠어요. 당신이 건축 전공 아닙니까. 우리 학교가 건설 초기라 집 짓는 데 할 일이 많으니 와서 좀 도와주십시오."

귀국길에 가벼운 마음으로 과기대에 들렀다가, 소중하고 귀하지만 아주 무거운 부탁을 받은 것이다. 서 교수는 그때까지 미국을 떠나서 산다는 생각을 단 한 번도 해본 적이 없었다. 하지만 김진경의 제의를 받고 나서 마음에 걸렸다. '이게 하나님의 부르심인가?' 하지만 미국을 떠나 중국에 온다는 것은 쉽게 엄두가 나지 않았다.

그리고 2년이 흘렀다. 그동안 김진경 총장의 부탁을 머릿속에서 지울 수 없었다. 그것은 거부할 수 없는 막강한 힘으로 오랜 시간 그를 지배했다. 결국 그는 2년 동안의 고심 끝에 미국을 떠나 중국으로 가기로 했다는 편지를 보내왔다. 그리고 1998년 2월, 옌지에 도착하여 정식으로 옌벤과기대 건축과 교수로 임명되었다. 당시 나진과 선봉은 김일성 주석이 나진선봉지구를 경제자유무역특구로 선포한 후여서 상대적으로 자유로운 듯 보였다. 김진경은 나진·선봉에 과학기술대학을 짓기 위해 북한 정부로부터 100만 제곱미터의 땅을 허가받아 평양건설건재대학의 도움으로 설계도면을 완성하고 공사를 시작하고 있었다. 김진경은 이곳에 과학기술대학과 더불어 지역 주민들의 식량난 해결을 위해 국수공장을, 어린이 교육을 위해서는 어린이학교를 함께 짓기로 하고 일을 추진하고 있었다. 서 교수는 중국에 도착하여 2개월 만인 그해 4월 나진과학기술대학 건설본부장으로 임명되어 교직원을 데리고 나진에 가서 일하게 되었다.

　서순덕 교수는 평양건재대학 교수들과 자주 만나 마스터플랜을 만들고 각종 회의와 건축 일로 한 달에 거의 20일은 나진에 상주하면서 '돌격대'라는 현지 공사장 인부들과 함께 생활했다. 그는 나진을 오가며 공사장 현장을 감독하고 직원들과 함께 그곳 어려운 사람들을 적극 도왔다. 현장에서 인부들에게 약품과 식품을 나누어 주기도 하고, 양식을 구해 주기도 하고, 감자나 배추, 무 같은 채소들도 구해 주었다. 미국이나 한국에서 오는 물품이 있으면 인민위원회에 맡겨 주민들이 나누어 먹게 했다. 직접 주민들에게 나누어 주고 싶었지만 북한 정부에서 허락하지 않아 인민위원회에 맡졌다. 그리고 부모의 보호를 받지 못하고 떠돌아다니는, 소위 '꽃제비'라고 불리는 아이들에게 밥을 주고 옷과 신발도 주며 보살폈다.

건설 공사를 하면서 실제적으로 나진어린이집에서 봉사활동을 많이 했다. 한국에서 기증받은 386컴퓨터나 286컴퓨터를 전해 주기도 했다. 한국에서는 이미 낡은 기종이지만 북한에서는 무척 귀했다. 때론 학교 전산실 직원들을 파견하여 직접 컴퓨터를 가르치게 하기도 했다. 당시 남한 사람들은 북한에 들어갈 수 없고 캐나다나 미국, 호주 국적인 사람들만 들어갈 수 있었는데, 서 교수는 미국 국적이어서 그나마 수월하게 나진을 들락거릴 수 있었다. 당시 옌볜과기대에 지원하는 후원금이 북한의 어려운 사람들과 어린이들을 돕는 데 많이 쓰였다.

웃지도 울지도 못할 재미있는 일화도 있다. 나진에 5층짜리 어린이집을 세울 때의 일이다. 전기를 끌어오려면 전봇대에 단자를 달아야 하는데, 단자 모양이 십자가 모양이라며 북한 측에서 다짜고짜 달지 못하게 했다. 그들은 무릇 십자로 된 것은 거부했다. '십자는 곧 기독교'라고 생각하는 듯했다. 해야 할 일은 많고 시간은 급했지만 기어이 안 된다고 하는 바람에 할 수 없이 중국에 사람을 보내어 십자 모양이 아닌 다른 모양의 단자로 바꾸어 달았다. 이로써 '단자 사건'은 일단락되었다. 하지만 그 후에도 그와 유사한 사건들이 자주 일어났다.

현장에서는 건축 자재가 자주 없어졌다. 특히 벽돌이 그랬다. 한눈이라도 팔면 감쪽같이 없어졌다. 비가 와서 운동장이 질다고 학생들에게 벽돌을 가져오라고 학교에서 시키는 모양이었다. 그 바람에 공사 현장에 쌓아 둔 벽돌이 많이도 없어졌다. 견디다 못해 조선족 인부에게 임금을 주어 가면서 현장 감독을 시켰다. 어느 날 조선족 감독이 벽돌을 훔쳐 가던 여학생을 붙잡았다. 그냥 훔친 벽돌을 놓고 가면 그만인 것을, 여학생이 울고불고 난리를 피우는 바람에 난감한 상황이 벌어졌다. 그런 일이 있은 뒤에는 차라리 자진해서 주는 것이 낫겠다 싶어 차로 모래를 실어 학교 운동장에 펴 주었다. 이렇게 지어진 어린이집에는 현재 530명의 어린이가 생활하고 있다.

 1990년, 김진경의 초청으로 지구촌교회 이동원 목사와 홍정길 목사 등 16명과 함께 이상훈 교수가 옌벤과기대를 방문했다. 당시는 본관동 기초 공사가 한창일 때였다. 이상훈 교수는 김진경과 같은 숭실대학을 나왔다. 이 교수는 경제학과이고 김진경은 철학과였지만 교양과목을 함께 들으면서 서로 잘 알고 지냈다. 김진경은 그에게 "회계학을 전공했으니 학교 재정 처리가 제대로 관리되는 것인지 한번 봐달라"고 부탁했다. 이상훈 교수가 보니 학교 건축 재정관리가 너무 허술했다. 돈이 들어오고 나가는 것을 가계 출납부처럼 겨우 손으로 기록해 놓은 정도가 전부였다. 재정 관리를 위한 시스템이 전혀 작동하지 못한 것은 물론, 아예 기본 조건조차 갖추어 있지 않았다. 김진경은 그런 실정을 다 알고 있었다. 장구지책이 필요했지만 그것을 맡아 할 만한 전문 인력을 찾지 못하여 임시로 중국 쪽 사람에게 위임하고 있던 터였다. 늘 재정 관리 때문에 걱정하고 있었는데 회계학 전문인 이상훈 교수를 만나니 기회를 놓칠세라 부탁한 것이다.

이상훈 교수는 재정 장부를 한번 봐주는 것을 시작으로 옌볜과기대를 마음속에 담게 되었고, 2000년 8월 아내와 옌볜과기대로 와서 회계학을 가르치게 되었다. 그리고 2001년 9월부터 2005년 8월까지 부총장을 맡아 일했다.

인재를 모시기 위해서라면

1998년 8월 김진경은 초청을 받아 부산 동아대학 학생들에게 특별강연을 했다. 강연이 있기 전 동아대 부총장 조병태 교수와 식사를 하는데, 조 부총장이 인사말로 "참 좋은 일을 하십니다. 저도 정년 이후에는 과기대로 가면 할 일이 있겠습니까?" 하고 물었다. 김진경은 대뜸 "오시오! 환영합니다"라고 대답했다. 분명히 농담에 가까운 인사말이었을 뿐이다. 김진경 총장이 그것을 몰랐을 리 없었다.

식사 후 특강이 시작되었다. 그런데 그 공식적인 자리에서 김진경 총장이 느닷없이 "조병태 부총장도 정년 후엔 우리 대학에 오기로 약속했다"고 발표해 버렸다. 그 말에 만나는 사람마다 조 부총장에게 물었다. "정말 가기로 했느냐"고. 일이 이렇게 되었는데, 지나가는 말이었다고 할 수도 없고, 괜히 실없는 사람이란 소리를 들을 수도 없고 하여 조병태 부총장은 임기를 마치고 그해 9월 6일 옌볜과기대에 오게 되었다.

조 부총장은 동아대 도서관에 본인의 책을 기증하기로 했는데, 옌볜과기대에 그 책들이 더 필요할 것 같아 옌볜과기대에 두 트럭 분량의 자료를 기증했다. 그는 옌볜과기대에서 두 과목에 140명의 학생을 가르쳤는데, 저녁마다 7, 8명씩 조를 짜서 밥을 해먹이면서 이야기를 나눠 보았다. 그러면서 이곳 학생들의 발표력이 부족하다는 것을 알게 되었다.

중국 학생들은 주입식 교육에 습관이 들어 창의적인 발표에 익숙하지 않다. 발표력이 없다 보니 토론이 진행되지 않았다. 조병태 교수는 상경商經학술연구 같은 서클을 만들어 학생들의 발표력을 도와주었다. 발표력을 도와주는 것은 창의적인 사고를 계발하는 일이기도 했다. 그리고 학생들의 학점은 교수가 주는 것이 아니라 학생 스스로 찾아가는 것임을 강조하며, 학생이 스스로 성적을 평가하고 교수가 평가하는 것과 합쳐 최종 평가하도록 했다.

조병태 교수가 옌볜과기대에 온 지 3년쯤 되었을 때, 학교 측에서 최고경영자 과정을 만들자는 제안이 있어 망설이고 있는데, 김 총장이 먼저 그에게 최고경영자 과정 초대 원장으로 발령을 냈다. 조 교수를 더 잡아 두기 위해 선수를 친 것이다. 그리하여 조 교수는 과기대를 그만두지 못했다. 그는 한국에 가서 LG 부사장을 지낸 강길원 교수를 모셔와 같이 일했다. 김영삼 대통령의 비서실장을 지낸 김경원 실장과 한승주 박사, 한국마케팅협회장을 지낸 황창국 교수, 그리고 동국대 이순영 교수의 도움으로 옌볜과기대 최고경영자 과정의 기틀을 탄탄하게 마련할 수 있었다. 후에 젊은 교수에게 자리를 넘겨주려 했지만 김 총장이 "한국에 돌아가려고 그러지요?" 하며 반대하여 한국에 돌아가지 않는다는 약속을 하고 나서야 자리를 넘겨줄 수 있었다. 이러다 보니 3년만 일하고 가려 했던 처음 계획과 달리 장장 12년 만에 귀국하게 되었다.

귀국 후 2010년 3월 12일 조병태 교수는 김진경 총장에게 이런 편지를 보내 왔다.

> 총장님의 그늘에서 10년 넘는 시간 동안 보람되고 축복된 가운데 인간으로서 성숙된 삶을 살아왔던 것을 진심으로 감사드리며, 그 시간은 저의 인생에서 가장 아름답고 행복한 삶의 기록으로 남을 것입니다. 새 학기가 시작되는 그곳을 생각하니 가슴이 설레고 아쉬움이 큽니다. 그곳에서 교육이 무엇이며 교육자는 어떠한 철학과 어떠한 사명감을 가지고 어떤 태도로 교육에 임해야 하는지를 깨닫고 실천에 옮겨 마지막 인생을 좋은 선생으로 기억되고 싶었습니다…….

평소 김진경은 오는 사람 막지 않고 가는 사람 잡지 않지만, 필요한 사람은 꼭 잡는다. 소영섭 교수는 1996년 전북대학교 재직 당시 안식년을 틈타 1년간 옌벤과기대에서 일한 적이 있다. 한국으로 돌아가기 위해 그는 김 총장께 인사드리러 갔다. 그 자리에서 김 총장은 이런 말로 그의 발목을 잡았다.

"전북대는 당신을 대신해서 메워 줄 사람이 있지만, 우리 학교는 당신이 떠나면 그 자리를 메워 줄 사람이 없습니다."

그 말에 소영섭 교수는 가슴이 뭉클했다. 자신을 믿어 주는 김 총장의 마음도 고마웠지만, 자신을 절실히 필요로 하는 곳이 있는 것에 더없이 감동했다. 그리하여 서슴지 않고 "총장님, 제가 다시 옵니다" 하는 약속을 하고 떠났다가 1999년 다시 옌벤으로 돌아왔다. 그는 8년간 전북대에서 교수생활을 했고 옌벤과기대에서 10년간 일하고 있지만, 한국에서보다 옌볜에서의 생활이 더 보람있다고 했다. 그가 연구년 때 미국에 갔다가 옌지로 돌아오기 위해 표를 예약하러 갔을 때, 아내가 "당신, 옌지로 돌아가는 게 그렇게 좋아? 얼굴에 다 씌어 있어"라고 할 정도였다. 소 교수는 말하기를, 이곳 교직원들의 사랑은 아주 특별한데 한국에서도 옌볜과기대처럼 교수가 학생들에게 사랑을 베푼다면 최고의 교수가 될 것이라고 했다.

미국에서 만난 부부

김진경은 아내와 함께 미국 로스앤젤레스에서 박덕호 교수를 만났다. 그를 섭외하기 위해서였다. 박 교수는 한국에서 고등학교까지 다닌 뒤 미국으로 건너가 대학을 마치고 당시 미 국방성 AFRO 제트엔진회사에서 근무하고 있었다. 김진경과 박옥희가 밝고 유쾌하게 들려주는 과기대에 대한 비전 이야기를 듣던 박 교수는 사뭇 흥분했다.

"언제면 됩니까?"

그는 당장이라도 떠날 기세였다. 하지만 부인 박한나 교수는 반대였다. 그는 "편안히 잘 지내는 내 남편의 마음을 흔든다"며 마음속으로 김진경을 곱지 않게 생각했다.

김진경 총장 내외와 헤어진 뒤 집으로 돌아오는 길에도 박한나 교수는 시종 마음이 무거웠다. 그런데 남편은 김진경 총장을 만났던 감동으로 여전히 들떠 있었다. 그런 남편을 보면서 박 교수는 '이래서 부부가 이혼하는가 보다' 하는 막다른 생각까지 하게 되었다. 하지만 갓 마흔이 넘은 남편은 "하나님께 좋은 시절을 드리자"

며 그녀를 설득했다. '중국에 갔다가 지치면 돌아오겠지' 하는 마음으로 박한나 교수는 남편 혼자만 보내기로 했다. 그런데 남편이 중국으로 떠나고 1년이 지나니 그녀도 남편이 있는 중국에 가고 싶다는 생각을 하게 되었다. 그리하여 초등학교를 갓 졸업한 열한 살짜리와 네 살 반 된 두 딸아이를 데리고 베이징공항에 내렸고, 베이징에서 기차를 타고 장춘으로 와서 다시 옌지로 왔다.

그때가 1993년 10월이었다. 옌지역에서의 첫인상은 건물이고 거리고 사람이고 전체적으로 어둡다는 느낌이었다. 연기와 먼지로 하늘은 희뿌옇고 매연으로 목이 따가웠다. 열악한 환경에 울컥했지만 내친걸음이니 어쩔 수 없었다. 그들은 '6·1유치원' 부근의 한 아파트에 세 들었다. 석탄을 때는 집이라 사람이나 옷이나 바람벽이나 금방 그을려 꺼멓게 되었다. 물 사정도 안 좋았다. 수돗물이 빨갛고 그나마도 자주 끊겼다. 적게는 3일, 많게는 일주일씩 물이 나오지 않기도 했다. 아이들 목욕은커녕 화장실도 쓸 수 없을 정도였다.

광천수를 판다는 딸랑거리는 소리가 나면 물통을 들고 부리나케 달려 나가 물을 사다가는 수건에 적시어 한쪽으로는 남편 얼굴을, 다른 한쪽으로는 아이들 얼굴을 닦아 주었다. 물이 귀해 그녀는 아예 세수도 하지 않고 지내기가 일쑤였다. 처음에는 수돗물이 뻘건 쇳물이라고 짜증을 냈지만 막상 물이 안 나오자 그런 쇳물도 그리웠다. 한번은 일주일간 나오지 않던 수도꼭지에서 물 흐르는 소리가 나서 달려가 보니, 아이가 먼저 보고 고함을 치며 좋아했다.

"엄마, 물이 초콜릿색이야!"

비록 초콜릿색이지만 눈물 나게 고맙고 감사했다. 그 물로 아이들을 목욕시켰고 비로소 설거지를 하고 청소를 할 수 있었다. 그때는 그렇게 생각했다. 누런 물이건 뻘건 물이건 아무튼 물만 나와도 중국에서 살겠다고. 그 정도로 물 사정이 절박했다.

박한나 교수는 그렇게 17년을 옌지에서 살았다. 미국에서 지내는 큰아이가 가끔씩 전화로 묻는다. "엄마, 중국 물 깨끗해졌어?" 좋아졌다고 대답하면서 박 교수는 그 어려웠던 때를 생각하곤 한다. 지금은 그때 겪은 충격들이 오히려 큰 힘이 되고 작은 것에도 고마움을 느끼게 되었다고 한다. 결국 힘든 시간들이 약이 되고 자산이 된 셈이다.

한번은 박한나 교수가 박옥희 여사에게 물었다.

"총장 사모로서 힘들지 않으세요?"

"그러게요. 나도 어쩌다가 이 일을 하게 되었는지 알 수 없어요. 그분이 도와주어서 하게 됐나 봐요."

이처럼 늘 소탈하게 사람을 대하며 낮고 겸손한 자세로 김 총장의 그림자로 묵묵히 내조하는 그 모습은 교직원들의 마음을 움직이는 힘이었다.

"사모님과 함께하는 총장님이 그렇게 행복해 보이고 더 든든해 보일 수 없어요. 그런 모습은 제게도 도전이 되지요. 어쩌면 저렇게 내조를 잘하실까 싶고, 저도 남편을 잘 내조해야지 하는 생각을 자연스레 하게 된답니다."

박 선생, 나 기억해?

김진경이 미국 시카고에서 열린 코스타에서 강연을 한 적이 있다. 그때 박영자 교수는 미국 오클라호마에서 살았다. '코스타'라는 해외 유학생을 위한 모임에 다녀온 사람이 "김진경이란 분이 코스타에서 강연을 했는데, 미국 국적의 한국인으로서 중국 옌볜에 대학을 세워 총장을 하고 있다"고 전해 주었다. 그 말을 듣고 박영자 교수는 40년 전 보성여고에서 같이 일했던 그 김진경임을 금세 알게 되었다. 박 교수는 "은퇴 후 옌볜과기대에서 일하고 싶다"는 편지를 보냈다. 남편 이종완 교수는 이미 은퇴했고 박 교수도 은퇴를 준비하면서 앞으로 무엇을 할지 고민하던 터였다. 열 장의 신청 서류를 후원회에 보내고 기다리고 있는데 "어떻게 옌볜과기대를 알게 됐는가?"라는 질문이 학교 측에서 왔다. 옛날 보성여고에서 교편을 잡고 있을 때 김진경과 같이 교사로 일했다는 회신을 주었는데, 열흘 뒤 느닷없이 김진경 총장에게서 전화가 왔다.

"박 선생, 나 기억해?"

40년 세월이 지났지만 명랑하고 열정적이고 거침없는 성격은 여전했다. 김진경은 무조건 오라고 했고 박 교수는 무조건 가겠다고 했다. 그리고 1997년 11월, 여생을 보낼 옌볜과기대를 방문했고 그 이듬해 8월 남편과 과기대 교수로 정식 부임했다.

김 총장과 박 교수의 인연은 특별하다. 박 교수는 서울사대 가정과를 졸업하고 사립학교인 보성여고에서 가사를 가르쳤고, 김진경은 독일어를 가르쳤다. 김진경이 1년 후 영국으로 유학을 가고 박 교수도 남편을 따라 미국으로 이민을 갔다. 30년 후 서울에서 김진경은 평통자문위원 플로리다 대표로, 박 교수는 오클라호마 대표로 만난 적이 있다. 그리고 20년 후 특별한 인연이 다시 시작된 것이다.

박 교수는 김진경 총장이 예나 지금이나 똑같다고 기억한다. 명랑하고 진취적이고 사유가 민첩하고 거침이 없으며, 서열을 따지지 않고 누구와도 친화적이어서 인간적이라고 했다.

박 교수는 옌볜과기대에 온 뒤 간호대에서 식이요법을 가르치고 남편 이종완 교수는 영문과에서 초급 영어회화를 가르쳤다.

일할 기회가 넘치는 대학

미국인 폴타 교수는 1994년 옌볜대학으로 올 계획이었다. 그런데 옌볜대학과 합의가 되지 않아 일정이 무산되었다. 그는 중국에 오는 일을 포기할 수 없어 옌볜과기대 김진경 총장에게 전화했다. 김진경은 "아무 걱정도 하지 말고 오세요. 오면 됩니다"라고 했다. 이리하여 스물아홉 살의 젊은 교수는 1994년 9월 아내와 함께 어린 두 아들을 데리고 옌볜으로 왔다. 본과 설립 1년 뒤였다. 그는 영어과에서 회화를 가르쳤다.

폴타 교수는 선교사 가정에서 태어났다. 그의 아버지는 1953년 한국전쟁이 끝나 갈 무렵, 남장로교 파송 선교사로 광주에서 훈련을 받고 전주로 가서 정착했다. 그 때문에 폴타 교수는 전주에서 태어나 한국에서 자랐다. 그는 자신이 받은 은혜를 다른 사람을 위하는 일로 갚기 위해 북한과 러시아, 중국 조선족을 생각하다가 북한과 이어 있는 옌볜 지역에서 일하는 것이 가장 합당할 것 같아 옌지를 택했다.

폴타 교수는 옌볜과기대에 대해 "오라, 오면 된다!'고 한 대학이었습니다"라고 말했다. 아이디어가 있고 프로젝트가 있지만 실행할 수 없을 때, 이 대학에 오면 된다. 옌볜과기대는 일하고 싶은 사람에게 얼마든지 일할 수 있는 기회를 주는 대학이다.

폴타 교수는 김진경 총장에 대해 이렇게 말했다.

"토끼인형에 배터리를 넣으면 넘어지지 않고 어디든지 가는 광고가 있었습니다. 총장님은 비록 연세가 있으시지만 젊은이 못지않게 활발하게 다니세요. 17세 소년같이 사십니다. 옌볜과기대에서의 제 삶을 비추어 보면, 내 삶 자체를 맡겨 놓고 일해도 될 만큼 신뢰할 수 있습니다. 그는 학생들과도 사이가 좋아서 졸업생들에게 좋은 기억을 만들어 줍니다. 그는 누구든 사랑하여 존경스럽습니다. 사이가 좋지 않은 사람의 자녀도 학생으로 받아 주는, 그릇이 큰 어른입니다."

미국인 노마 교수는 1997년 서울에서 지인의 소개로 김진경 총장을 만나게 되었는데, "옌볜과기대로 오시오" 하는 그 한마디에 무조건 온 경우다. 노마 교수는 한국을 위해 일하는 남편을 따라 한국에서 오랫동안 일했다. 그는 옌볜과기대에 오게 된 동기를 이렇게 말했다.

"저는 봉사하기 위해 이 학교에 왔습니다. 사랑하는 마음으로 일하기에 마음이 평화롭습니다. 제가 하는 일은 너무 소중하고 귀합니다. 저를 한국에서 일하게 하신 것도 이곳에서 일하도록 하시기 위해 준비토록 한 것이라 생각해요."

정태규 재료기계자동화학부 교수는 1999년 10월 서울후원회에서 처음 김진경을 만나게 되었다. 과기대 지원 서류를 제출하러 갔던 길이었다. 김진경은 역시나 "아무 염려도 하지 말고 무조건 오세요"라고 했다. 이리하여 정 교수는 6개월의 훈련을 받고 2000년 2월 두 살짜리 아들, 아내, 그리고 8개월 된 뱃속 아이와 함께 과기대로 왔다. 이곳에 와서 4년을 아무 탈 없이 잘 지냈는데, 2004년 5월 텐진에서 열린 'God of bless'라는 모임에 갔다가 몸의 이상 징후를 느꼈다. 옌지에 돌아와 검진한 결과, 췌장에 이상이 발견되었다. 며칠 후 "아버지가 임종하실 것 같다"는 연락을 받고 한국으로 가 아버지의 임종을 지켜보고 열흘 뒤 다시 검진을 받았다. 정밀검사가 필요하다는 진단이었다. 하지만 그는 곧장 옌지로 돌아왔다. 학기를 마무리하기 위해서였다. 봄 학기를 마치고 7월에 다시 한국에 가 정밀검사를 받았는데 췌장에서 종양이 발견되었다. 그는 양성이기를 바랬고 다시 과기대로 돌아갈 수 있기를 기도했다.

그해 8월 18일, 그는 현대아산병원에서 수술을 받았다. 담당의사는 아픈 정 교수를 보고 "정 교수님이 부럽습니다. 저도 공부하면서 의료 사역을 원했지만 아직 실천하지 못하네요"라며 위로의 말을 해주었다. 김 총장은 학교 일이 바쁜 와중에도 한국에 올 때마다 병원에 들러 그를 위로해 주었다. 2005년 3월 말 그는 퇴원하여 강원도에 들어가 한 달가량 치료를 받았는데, 그동안에도 김 총장은 한국에 오면 어김없이 전화를 주었다.

"잘 지내십니까? 먹는 게 괜찮습니까? 항상 정 교수를 위해 기도하고 있으니 아무 걱정 하지 말고 병 치료를 잘하세요."

김 총장은 늘 같은 말을 했지만 정 교수는 매번 처음 듣는 말처럼 큰 힘이 되고 위로가 되었다. 김 총장에게서 돌아가신 아버지를 보는 듯해 마음이 따뜻해지고 의지가 되었다. 그는 2005년부터 2008년까지 세 차례 수술을 하고 항암 방사선치료를 받은 뒤 2009년 9월 가을 학기에 과기대에 돌아와 풀타임 강의를 하고 있다.

섬길 수 있는 대학

그동안 이 학교에서 배출한 졸업생은 2017년까지 무려 27,000명에 이른다. 그중 많은 학생이 한국, 미국, 독일, 뉴질랜드, 캐나다, 일본 등지에 가서 공부하고 있다. 이미 석사학위를 마친 학생은 물론 박사학위를 받은 학생도 있다.

마춘화 교수는 옌벤과기대 전과專科를 1994년에 졸업한 후 1996년 미국 리버티 대학에서 영문학을 전공하고 1998년에는 미시건 주립대학에서 사회언어학을 전공하여 언어학 석·박사를 취득했다. 2004년 미국 유학을 마치고 옌벤과기대 교수가 되어 영어를 가르치고 있다.

중국 동북 지방의 가난한 시골에서 태어난 마 교수가 미국에서 석·박사를 마치고 돌아온 사례는 옌벤과기대의 우수한 교육 시스템의 의미와 가치를 반증해 준다. 마 교수는 자신이 미국에서 유학 생활을 할 수 있었던 것은 오로지 옌벤과기대에 왔기 때문이라고 했다. 그렇지 않았다면 가난한 시골에서 어찌 미국 유학을 꿈꿀 수 있었겠는가. 김 총장은 마 교수가 유학을 떠날 때 비행기 표를 손수 마련해 주었다. 리버티 대학과 과기대는 자매결연을 맺고 있어서 학비는 전액 면제였다. 김 총장은 학생들의 유학 생활을 위해 세계 150개 대학과 자매결연을 맺었다.

마춘화 교수는 학교에 있을 때보다 외국 유학을 하면서 김 총장에 대한 고마움을 더 느끼게 되었다고 한다. 김진경 총장은 출장이라도 오면 그 바쁜 스케줄 중에도 잊지 않고 꼭 안부를 물었다. 어떻게 지내는지, 경제적인 어려움은 없는지, 8년 동안 꾸준히 관심을 쏟아 주었다. 그리고 1년에 한두 번씩 예고도 없이 나타나서는 어려움을 해결해 주었다. 그 고마움을 잊지 못해 마 교수는 공부를 마치고 고민 없이 옌볜과기대로 돌아올 수 있었다. 그녀는 "섬길 수 있는 곳이 있다는 게 이렇게 고마울 수가 없으며, 이는 평생의 기쁨이 될 것이다"라고 말했다.

우즈베키스탄에서 온 김갈리나는 2005년 옌볜과기대에 입학하여 2009년 졸업해 옌볜과기대 부설 YIA국제학교에서 유치원 아이들에게 영어를 가르치고 있다. 보수도 많지 않은데 왜 여기서 일하느냐는 질문에 "돈보다 더 중요한 가치가 있잖아요. 봉사하는 것 말이에요. 봉사하는 일이 즐거워요"라고 했다. 김갈리나가 처음 과기대에 올 때 우즈베키스탄에서 모두 11명이 함께 입학했는데, 졸업 후 일부는 본국으로 돌아가고 일부는 한국과 미국, 러시아로 갔다고 한다.

김갈리나는 김진경 총장에 대해 이렇게 말했다.

"처음에 깜짝 놀랐어요. 총장님 하면 감히 가까이할 수 없는 존재인 줄 알았는데, 아버지처럼 늘 식당에서 함께 밥을 먹을 수도 있고 사진도 찍을 수 있고, 꼭 부모님 같았어요."

그녀는 이곳에서 김 총장과 교수들의 사랑을 많이 받아 가며 공부한 것이 고맙고, 그래서 다른 사람을 위해 일하고 싶다고 했다.

정년퇴직이 없는 대학

이 대학의 교수진은 진정한 삶의 가치를 실천하고자 하는 사람들의 집합체다. 기쁜 마음으로 무거운 짐을 지려는 사람들, 필요한 사람들에게 필요한 것을 주고 그들의 마음을 헤아려 함께 나누며 살고 싶어 하는 사람들이다. 이 학교는 시작부터 완벽한 사람들의 학교가 아니라 약한 사람들의 사회, 그 약한 사회를 어루만지고 마음에 품어 바른 생활을 영위하게 하려는 선한 의지를 가진 사람들의 사회였다. 이들은 미국과 한국의 대학에서 박사학위를 받은 최고의 엘리트들이다. 그렇다면 이들이 한 달에 받는 임금은 얼마일까?

지역사회에서는 외국인 대학이라 월급이 다른 대학보다 높을 것이라고 생각하지만, 실은 그렇지 않다. 중국 현지 기준으로 중간 정도의 기본 생활을 유지할 수 있는 수준의 적은 급여다. 사실상 이들은 자원봉사자인 셈이다. 대학의 1년 운영비로 850만 달러가 지불되는 것에 비해 교수들의 임금이 차지하는 비중은 너무도 미미하다. 이들이 받는 돈은 기본 생활비이지 일한 대가는 아니다. 그들은 무조건 섬기는 사람들이다. 그들은 스스로 "학생을 자기 자식처럼 돌보며 학생의 벗이 되고자" 한다.

교수들이 학생을 섬기는 벗이 되려는 것은 교수의 권위를 상실하는 것이 아닐까? 그렇지 않다. 교수가 학생의 벗이 됨으로써 학생들의 존경을 받는 절대적인 권위를 세우게 되는 것이다. 학생의 머리 위에 올라앉는 권위는 눈앞에 있을 때만 지켜지지만, 학생의 벗이 되는 권위는 보이지 않을 때도 지켜지는 영원한 힘이다.

이런 교수들의 가르침을 받았기에 이 학교 학생들은 졸업 후 사회에 나가서도 다른 대학의 학생들과는 다르다는 칭찬을 받는다. 뭐가 다른가? 우선 사람이 다르다. 착하고 선하고 반듯하다. 이 학교의 교육 이념은 바로 상식을 존중하는 인간 교육, 이웃을 배려하고 다른 사람에게 피해를 주지 않으려고 마음 쓰는 데 있다.

김진경 총장이 긍지로 여기는 것 중 하나는, 옌볜과기대는 중국에서 외국인이 가장 많은 곳이라는 점이다. 10여 개 나라에서 온 260여 명의 교직원에 가족까지 500명이 함께하고 있다.

이 학교는 다른 대학과 달리 정년퇴직에 대한 불안이 없다. 누구든 일하고 싶다면 나이와 관계없이 계속 학교에 남아 일할 수 있다. 봉사하는 데 나이가 무슨 상관이 있겠는가. 그래서 이 학교 교수들 사이에는 이런 유행어가 있다.

"과기대의 정년퇴직은 천당에 가는 날이다."

학교 정원에는 조각공원이 있는데, 학교에서 일하다 순직하면 화장 후 이곳에 재를 뿌려 추모한다. 2017년까지 순직한 교직원 열다섯 명이 이곳에 묻혔다. 교수진 모두 뼈까지 묻을 마음으로 이곳에서 일한다.

"내가 중국의 좋은 시민이 된다면 그것으로 나는 족합니다."

김진경 총장의 말에 이어 박옥희 여사도 이렇게 말한다.

"나도 죽으면 미국이나 한국으로 가지 않고 이곳에 묻힐 겁니다. 그래야 죽은 다음에라도 옌볜 아줌마들을 만나죠."

민속박물관

    1994년 박옥희 여사는 미국 생활을 정리하고 중국에 왔지만 정작 할 만한 일이 없었다. 전공을 살려 가르쳐 보려 했지만 학교에는 미술과가 없었다. 그렇다고 취미 생활이나 하면서 지낼 수도 없고 고민이 이만저만이 아니었다. 마땅히 할 일도 없는데 이곳에 온 것이 잘 한 일인지 솔직히 회의가 들기도 했다.

    그러던 어느 날, 김 총장이 사무실에서 집으로 전화를 해왔다.

    "내가 당신에게 직업을 줄게."

    "무슨 직업인데요?"

    다짜고짜 직업을 준다고 하여 박옥희 여사는 기대 반 걱정 반이었다. 아무리 생각해도 자신이 할 수 있는 일이란 게 무엇인지 짐작이 가질 않았다.

    "옌볜에는 한창 아파트 바람이 불고 있소."

    이쯤해서 김 총장의 목소리에는 벌써 신바람이 나 있었다.

    "아파트로 이사하면서 옛 물건들을 버리고 아파트에 맞는 새 가구들을 들여놓는 게 대세라는군. 그들이 버리는 옛 물건 중에는 제법 값어치가 있는 민속적인 생활용품들이 있을 듯싶은데, 이참에 당신이 그것들을 모으면 어떻겠소?"

    박옥희는 남편이 민속박물관을 생각하고 이런 일을 제안한다는 속내를 대번에 알아맞혔다. 그녀는 자신이 할 수 있는 일을 찾았다는 것에 기뻤고, 그 일이 대학에 소중하게 쓰일 것이기에 감사했다.

    김 총장은 학교 재정이 어려우니 민속품 구입 경비는 일단 생활비에서 충당하라고 했다. 그녀는 학교 내 중국 측 직원들에게 물어 가면서 마치 넝마를 줍는 장사치마냥 옌볜 이곳저곳을 누비고 다녔다. 옛적 할아버지들이 쓰시던 가래, 지게, 후리채, 호미, 곰방대, 화로에 할머니들이 쓰시던 함지, 궤짝, 항아리, 다리미, 병풍, 경대, 쌀 함박, 솥, 떡메, 맷돌, 베틀, 식기, 놋숟가락, 주걱까지 옛날 것은 죄다 모아들였다.

어떤 집은 자기 집에 뭐가 있는지도 모르고 있었다. 쓰지 않는 물건이라 오랫동안 창고에 방치하고 있었기 때문이다. 처음에는 없다고 하면 그냥 왔는데 나중에는 직접 남의 창고에 들어가서 먼지 속에 켜켜이 쌓아 둔 물건들을 직접 끌어냈다. 농가의 창고란 원래 잡동사니로 가득하게 마련인데, 진귀품을 찾느라 겹겹이 쌓인 물건을 모조리 옮겨 놓기도 했다. 먼지를 쓰고 있을 때는 잡동사니였지만 먼지를 털고 걸레로 닦아 놓고 보면 모두 진귀한 것이었다. 새로운 물건을 골라 낼 때마다 그녀는 마치 보석을 발견한 듯 기쁘고 뿌듯했다. 시골 아낙네처럼 온몸에 먼지를 들쓰고 있어도 마냥 즐겁고 신이 났다.

그렇게 다니면서 옌볜의 시골 인심도 느낄 수 있었다. 물건 값으로 얼마를 주면 좋으냐고 물으면 시골 사람들은 딱 부러지게 값을 말하지 않았다. "그냥 주고 싶은 대로 주시오. 버리려고 했던 거니까" 하거나 "좋은 데 쓴다니깐 그까짓 거 그냥 가져가시오"라고 했다. 시골 인심 덕에 적은 돈을 들이고도 많은 민속품을 구할 수 있었다. 돈을 많이 줄 수 없어 미안한 마음이 들기도 했지만, 대학 민속박물관에 전시하여 젊은이들에게 민족의 역사와 전통을 꼭 배우도록 하겠다고 다짐하며 스스로 마음을 달랬다.

옛 기와를 구입하기 위해서는 무리를 하기도 했다. 아직도 옛날 기와를 그대로 얹고 사는 한옥을 찾아다니면서 원래의 기와를 내리고 현대 기와를 구입하여 새로 얹어 주기도 했다.

이렇게 발품 팔아 모여진 작품이 수천 점에 달했다. 옌볜대학 박물관 설립식 때는 일부 기증도 했다.

우리 문화를 살리는 길

많은 민속품이 모이면서 박옥희 여사는 민속박물관 설립을 준비했다. 대학 박물관이라니, 생각만 해도 그럴듯하여 가슴이 벅찼다. 하지만 박물관을 개관하려면 우선 장소와 비용이 필요했다. 김 총장은 당장은 학교 재정이 어려우니 개관은 조금 기다리라고 했다.

박옥희 여사는 박물관을 경제적으로 세우는 방법은 없을까 고민했다. 박물관이라는 곳이 사실 자주 들르는 곳은 아니다. 논문을 쓰거나 연구를 위해서가 아니면 한번 둘러보고 나면 다시 찾지 않는다. 그렇다면 거금을 들여 민속박물관을 개관한다 해도 언젠가 사람의 발길이 끊긴 채 골칫덩어리가 되고 말 수도 있었다. 사람들의 발길이 끊기면 박물관이 무슨 의미가 있겠는가. 그것은 학교 이미지만 고려한 명색뿐인 박물관에 불과할 것이다. 최대한 사람들과 많이 접촉할 수 있는 살아 있는 박물관을 만들어야 했다. 이런저런 고심 끝에 드디어 좋은 아이디어가 떠올랐다. 학생들이나 교직원들이 함께 숨 쉬고 함께 느낄 수 있는 최상의 박물관을 고안해 냈다. 바로 교직원들이 매일 다니는 학교 복도에 민속품을 진열해 놓는 형태였다. 그렇게 되면 장소를 따로 제공하지 않아도 되고 관리 인원을 배치할 필요도 없었다. 돈 들이지 않고 교육 효과를 거둘 수 있는 최상의 방법이었다.

그녀의 예상은 빗나가지 않았다. 이 학교 학생이라면 졸업하기 전까지 매일매일, 보지 않으려 해도 보게 되었다. 그러다 보니 민속품에 대해 굳이 외우는 노력을 하지 않아도 외워지고 자기 신체의 일부처럼 익숙해진다. 외부 인사들도 일부러 민속박물관을 찾는 번거로움 없이 학교 복도에서 쉽게 관람할 수 있어 기대만점이었다.

이렇게 함으로써 좋은 점은 또 있다. 학생들의 참여의식을 불러일으키는 것이다. 복도에 진열한 민속품을 보고 난 학생들이 "우리 할머니 집에도 저런 게 있는데" 하더니 방학이 지나면 몇 개씩 가져다주었다. 이처럼 학생들의 자발적인 참여의식과 공동체의식을 키우는 데도 한몫했다. 역사와 민속을 사랑하고 가르치는 숨은 노력에 학교의 대외적 이미지도 좋아졌다. 외국에서 온 일부 관광객들은 민속품을 보려고 일부러 학교를 관광코스에 넣기도 했다. 학교의 긴 복도를 걸어도 길게 진열한 민속품을 보는 재미로 지루함이 없다.

그렇다고 복도에 민속박물관을 만드는 작업이 순조롭기만 했던 것은 아니다. 민속품을 전시했지만 설명해 주는 사람이 없어 각 민속품에 이름과 사용법 및 기원 등을 자세히 기록하지 않으면 안 되었다. 이미 알고 있는 것도 있지만 처음 보는 물건도 많아서 박옥희 여사는 한국 박물관을 찾아다니며 물건 이름과 사용처를 낱낱이 적어 왔다. 이 일을 10년 동안이나 하다 보니 이제는 전문가가 다 되었다.

한번은 한국에서 온 기와 전문가가 이 학교에 진열된 옛 기와를 보고서 암키와와 수키와를 바꿔 설명했다. 기와의 암수는 구분하기 어려워 민간에서는 암수를 거꾸로 알고 있는 사람이 많다. 하지만 민간인의 잘못된 지식은 그렇다 치더라도 전문가마저 잘못 알고 있는 것에 그녀는 책임의식을 느꼈다. 그리하여 전문가의 잘못된 설명을 바로잡아 주었다. 그가 놀라운 시선으로 되물었다.

"어떻게 이런 것까지 다 알고 계십니까?"

"한 가지에 오랫동안 매달리게 되니 이런 것도 자연히 알게 되더군요."

"가히 전문가 뺨 치겠습니다."

그렇다. 한 가지 일을 오래 하면 전문가가 되는 법이다. 이것이 바로 그녀가 민속박물관을 만들어 가면서 터득한 진리다. 그녀는 민속에 대해 연구하거나 논문을 쓰는 사람들이 찾아오면 문화적 해석과 역사적 해석을 해주어 주위로부터 민속에 조예가 깊고 박식한 전문가로 불리게 되었다.

박옥희 여사는 대학에서 미술을 전공했지만 결혼하고 나서 한 번도 그림을 그린 적이 없다. 그래서 '그림은 체질에 맞지 않는가 보다'라고 생각하곤 했다. 전공을 하고도 그림 그리는 일이 한 번도 없었으니 그럴 법도 하다. 하지만 민속박물관 일을 하면서 자신의 몸속에서 오랫동안 잠자고 있던 미술 감각을 다시 찾게 되었다. 진열한 민속품에 이름이나 제목만 달랑 달아 놓는 것보다, 그 쓰임새와 그것에 깃든 우리 민족의 삶과 애환을 담아 닥종이 인형으로 이야기를 만들겠다는 기막힌 아이디어를 고안해 냈다.

　박옥희 여사는 본격적으로 닥종이 인형을 만들기 시작했다. 닥종이는 질기고 부드럽고 윤기가 흐르며 통풍이 좋을 뿐 아니라 보온성도 뛰어나고 질기다. 우리 민족의 숨결이 배어 있는 고유의 닥종이를 이용하여 박옥희 여사는 뛰어난 미적 감각과 센스로 우리의 민속과 정서를 살려 냈다. 사물놀이, 윷놀이, 연 띄우기, 장기, 씨름, 그네, 널뛰기와 같은 민속놀이 장면과 환갑, 결혼, 생일, 제사, 명절 등을 담은 다양한 이야기를 만들어 냈으며 메주, 콩나물, 인절미 등도 닥종이로 만들어 음식 문화도 표현해 냈다.

　그녀가 만든 종이 인형은 정교하고 섬세하여 우리의 옛 표정을 그대로 살려 냈다. 까만 질그릇 속에서 빼곡히 자란 콩나물 모형을 보고 있자면, 식구들이 달게 자는 새벽에 홀로 일어나 콩나물에 물을 주며 자식 공부를 시키던 고향의 어머니 생각이 나 콧마루가 시큰해진다.

미운 사람을 용서하는 것이야말로
우리가 추구하는 덕목 중에 가장 큰 가치다.

11. 좋아서 사랑하는 것으로는 부족하다

용서

큰일을 하다 보니 수많은 일들이 따랐다. 한번은 한국의 한 기업가가 과기대를 방문한 뒤 학교를 지원하겠다고 큰소리를 쳤다. 그리고 자신이 머물 방까지 학교에 정해 놓고 갔다. 그런데 귀국한 후 지원하지 못하겠다고 말을 바꾸었다. 일방적으로 약속을 파기하는 것이 면목이 서지 않았던지 "김진경 총장이 나진선봉지구에서 사기를 친다고 하더라. 그래서 지원 못 하겠다"며 없는 말을 지어내고 다녔다.

이런 일도 있었다. 김진경 총장이 북한에 억류되었을 때인데, 중국에서 자선사업을 한다는 어떤 사람이 "김 총장이 북한에 하던 투자를 이제부터 내가 하게 되었다"고 하면서 돌아다녔다. 후원 회비를 손에 넣고 싶었던 모양이다. 은퇴한 교수 중에도 자신의 은퇴 변명을 위해 김 총장을 비난한 적이 있다. 하지만 김 총장은 이런 사람들에 대해 침묵으로 일관했다. 박옥희 여사가 더는 참을 수 없어 "그 사람들, 참 고약하다"며 불만을 터뜨리자 김 총장은 그러지 말라며 말렸다.

"그 사람보다 더 나쁜 사람도 끌어안으려고 우리가 여기 오지 않았소?"

"당신이란 사람은 도대체 밸도 없어요?"

"우리가 참아야지 어쩌겠소."

"한두 번이어야 말이지, 얼마나 더 참고 용서해야 하는 겁니까?"

"용서하는 것 역시 사랑이오. 좋아서 사랑하는 것은 누구나 할 수 있소. 미운 사람을 용서하는 것이야말로 우리가 추구하는 덕목 중에 가장 큰 가치요."

그는 아내에게 베드로가 예수님을 찾아갔던 이야기를 들려주었다.

"베드로가 예수님께 찾아가서 '주님, 제 형제가 저에게 죄를 지으면 제가 몇 번이나 용서해 주어야 합니까. 일곱 번 해야 합니까'라고 묻자 예수님이 말씀하셨죠. '내가 너에게 말한다. 일곱 번이 아니라 일흔 번씩 일곱 번까지라도 용서해야 한다.' 이것은 무한히 용서해야 한다는 말이에요. 이런 끝없는 용서는 죄를 지은 자에 대한 면죄부도 아니고 죄를 묵인하는 것도 아닙니다. 결국 용서받은 사람이 다시 용서하면서 살기를 바라는 것이지요."

"저는 믿음이 약한가 봐요. 아직도 미운 사람이 눈에 보이니 말예요."

"나도 사람인데 왜 미운 사람이 보이지 않겠소. 그저 밉다고 생각하는 사람에게는 더 사랑을 보여 주어야 한다고 생각하고 노력할 뿐이오."

그는 성격이 불같은 사람이다. 성격도 급하고 귀도 얇아 남의 말을 잘 듣는 편이다. 하지만 자신을 비난하고 험담하고 모욕하는 사람들을 찾아다니며 따지거나 싸우지 않는다.

"의도적으로 달려드는 사람은 싸움으로도 이길 수 없습니다. 오로지 더 많은 사랑을 베푸는 것만이 그들의 공격을 막을 수 있는 가장 좋은 방법입니다."

이것이 그의 일관된 철학이다. '원수도 사랑하라'는 것은 기독교의 중심 사상이며 가치이다. 실제로 적을 사랑하는 일은 인간을 두려워하는 마음을 버렸을 때만 가능하다. 그는 사람을 미워하지 않는다. 옌볜과기대를 세운 지 20년이지만 그가 다른 사람을 고발한 적이 없으며 그가 버린 사람도 없다. 학교 재산에 손을 댄 사람이 있었지만 그를 불러 타일렀지 쫓아내지 않았다. 다만 스스로 부끄럽게 생각해 나가겠다고 하면 말리지 않았다.

다른 사람의 비난이나 모욕을 참기란 쉬운 일이 아니다. 대적하여 싸우는 일보다 더 어려운 것이 참는 것이다. 인간의 한계를 넘어선 깊은 인내와 성찰 그리고 너그러움이 있는 위인이라야 참는 것이 가능하다. 김진경 총장은 이 일에 대해 자신만의 독특한 견해가 있다. "선이나 악은 절대 독자적으로 생기지 않는 법"이라고 그는 말한다. 그것은 반드시 주체와 대상 사이에 서로 주고받는 '수수작용授受作用'이 전개되어야 생기는 법이다. 누군가 비난하는 사람과 상대하거나 맞대응해서 설왕설래하게 되면 이익을 보는 쪽은 천박한 쪽이 되고 손해를 보는 쪽은 당연히 그 반대쪽이다. 마음이 언짢아도 모른 체 내버려두면 흔들려고 하는 쪽이 힘이 소멸되어 제풀에 물러앉게 된다. 상대해 주면 악의 공간이 탄력을 얻어 더 힘을 발휘하게 될 것이고, 거기에 말려들기 시작하면 결국 할 일도 못하고 시간만 낭비한 채 쓸데없는 일에 인생을 지치게 하고 말 것이다. 결국 그는 거짓으로 남을 헐뜯고 다니는 사람들에게 대처하는 가장 좋은 방법은 침묵이라고 했다.

내 것이란 없다

"우리 집 돈은 누가 모으나요?"

어느 날 느닷없이 박옥희 여사가 김진경 총장에게 물었다.

"평생 남에게 월급 주는 사람인데 따로 내 돈 모을 일이 뭐 있겠소?"

남편의 말에 박옥희 여사는 괜한 질문을 했음을 알고 어이없이 웃었다. 자기 집 돈을 모을 요량이었다면 그 호화로웠던 미국 생활을 접고 굳이 중국까지 왔겠는가.

미국에 있는 김진경 총장의 집을 여러 번 방문한 적이 있는 이중 부총장은 김 총장의 미국 생활을 이렇게 말했다.

"1980년대 초 김 총장의 집을 몇 차례 방문한 적이 있습니다. 펜사콜라 시 해변 백사장은 너무나 탐스러웠고, 옥외 수영장이 있는 그의 살림집도 부러웠습니다. 미국 생활을 스스로 걷어치워야 할 만한 특별한 동기나 조건을 당시의 그로부터 하나도 발견할 수 없었습니다. 'New Yorker'도 한창 번성하고 있었고, 주일이면 150년의 역사를 자랑하는 맥클린 장로교회의 장로로서 교회를 섬겼습니다. 특히 주일 오후에는 미국인 교회를 빌려서 한국인이 모여 예배 드리도록 하는 데 열심이었습니다. 부인 박옥희 여사는 음료와 요깃거리를 준비해 갖고 와서 예배 후 티타임에 참석자 모두가 나눠 먹게 했습니다. 그의 일상은 안정되어 있었고 성공한 한국계 미국 이민자의 전형적인 모습이었습니다."

김진경은 이렇게 안정적이고 평화로웠던 생활을 접고 그림 같은 살림집은 물론, 상승세를 타고 있던 기업체까지 처분해 옌벤과 기대에 바친 사람이다. 그는 "나와 내 처에게는 통장이 없습니다"라고 했다.

무엇이나 있으면 다른 사람들에게 주기를 좋아하고 자기 것이라고 차곡차곡 모아 두는 일을 잘 못하다 보니, 자기 개인 돈도 학교 회계 직원에게 맡겨 관리했다. 그러다가 혹시 돈이 필요한 사람이 있으면 그냥 줘버리기도 한다. 빌려 주고 돌려받는다는 개념이 아니다. 그냥 준다. "내 것이란 없다"는 그의 말처럼 그에게는 소유의 개념이 없다. 돈이 생기면 학교를 위해 쓰고 교직원들에게 월급

주고 어려운 학생들에게 장학금 주고, 아픈 학생들을 치료하고 밥 주고 고기 사주고 나면 따로 남는 돈이 없다.

"내 것을 만들려고 하면 불안하고 만족이 없습니다. 남을 위해 쓴다면, 많이 있으면 많이 쓰고 적게 있으면 적게 쓰면 됩니다. 그래서 마음이 늘 평화롭습니다. 내 것을 만든다는 생각만 버리면 됩니다. 일생을 마친 다음에 남는 것은 우리가 자기 수중에 모은 돈이 아니라 우리가 남에게 준 것이지요. 참 재미있는 일입니다. 한평생 악착스레 모은 돈이나 재산 따위는 그 누구의 마음에도 남지 않는데, 남에게 베푼 것은 오래오래 남습니다. 모든 것을 내어놓고 사니 모든 것이 내 것 같습니다."

학교에는 총장 공관이 따로 없다. 그가 살고 있는 집은 제일 오래된 제1숙소 2층 맨 마지막 방. 달랑 두 칸짜리 작은 집이다. 중국은 아직 중앙난방 시스템이라서 공동 보일러로 물을 끓여 쇠파이프로 열을 공급한다. 난방 시간이 정해져 있고, 열도 여러 방이 동시에 공급받는 게 아니라 쇠파이프가 연결된 순서에 따라 차례로 공급받게 되어 있다. 그의 방은 제일 마지막 방이어서 온수가 한 바퀴 돌고 다시 돌아가는 곳이라 학교 숙사宿舍 가운데 가장 추운 방이다. 겨울에는 추워서 집 안에서도 옷을 두껍게 껴입고 담요를 무릎에 덮고 지낸다. 따뜻한 방으로 옮기라는 권유에도 불구하고 25년을 행복하게 살고 있다.

다 주고 가면 허전하지 않겠냐는 질문에 그는 대답했다.

"죽을 때 학교를 메고 가겠나?"

"자식들도 있는데 그리도 욕심이 없으십니까?"

"재산을 남겨서 자식을 주려 했다면 여기 오지도 않았겠네."
"자식들도 같은 생각일까요? 혹시 서운해하지 않을까요?"
"작가 동무!"

그는 장난기가 발동하면 중국 사람들 식으로 '동무'란 말을 자주 쓴다.

"돌려받기 위해 사랑하는 것은 사랑이 아니오. 그냥 다 주고 뒤돌아보지 않는 것이야말로 사랑이라 할 수 있지. 우리 아이들은 이것을 당연하게 생각하고 있다오."

두 가지를 묻지 마시오

김 총장에게는 두 가지 불문율이 있다. 나이와 고향을 묻지 말라는 것이다. 평소 그가 이 두 질문에 대답하는 일은 거의 없다. "총장님, 올해 연세가 어떻게 되십니까?"라고 물으면 대답 대신 "나한테 나이를 묻지 마세요"라고 딱 자른다. 사람에게는 여섯 가지 나이가 있다고 그는 말한다. 생물학적인 나이, 육체적 나이, 감성적 나이, 지적 나이, 문화적 나이, 영적 나이다. 생물학적인 나이는 그의 관심 밖이다. 다만 영적 나이, 지적 나이, 감성적 나이는 누구보다 젊다고 자부한다.

2009년 처음으로 서울에 있는 고려대학병원에서 종합검진을 한 뒤 잠깐 입원한 것 말고는 병원 신세를 진 적이 없는 그다. 수십 년을 한결같이 새벽 5시 전에 일어나 하루 할 일을 메모하고 기도하고 6시가 되면 조깅을 한다. 학교 주위를 한 바퀴 돌면서 어디 문이 잘 안 닫히는지, 어디를 손봐야 할지 일일이 메모한 뒤, 출근 후

관계 부처 사람을 통해 수리하고 고치고 보완하도록 한다.

특별히 힘든 일이 있을 때는 "내일은 못 일어날 것 같다"며 잠자리에 들지만, 언제 그랬느냐는 듯 아침 일찍 일어나 태엽 감은 인형처럼 움직인다.

그의 하루 일과를 적어 보면 이렇다.

2009년 10월 30일 새벽 6시 30분. 김 총장은 학교 내 조각공원에서 조깅을 하고 있었다. 새벽 광명을 향해 서서 팔을 좌우로 100번 흔들고, 다시 산 아래 시내 쪽을 향해 똑같은 동작으로 팔을 좌우로 100번 흔든다. 그다음 YUST 기념조각(옌볜과기대에서 봉사하다 세상을 떠나면 이곳에 골회를 뿌리고 이름을 새겨 두는 비석. YUST는 'Yanbian University of Science & Technology'의 약자) 주위를 돌면서 제단에 새겨진 시편 23편을 영어로 외운다. 다음 조각공원에서 건축예술학부 건물 앞을 지나 제5기숙사 공사 현장 쪽으로 달리기를 한다. 공사장에서 인부와 잠깐 인사하고 스티로폼을 점검하고 설명을 듣는다.

그런 다음 다시 건축예술학부에서 본관 정문 쪽으로 뛰어간다. 뛰어가는 도중 새벽 운동을 하던 학생 네 명을 만나서 대화를 한다. 인사는 언제나 그가 먼저 한다. "굿모닝!" 이어 만난 고려인 유학생에게는 "학생은 공부하는 게 먼저다"라고 말해 준다. 교내 길거리에서 쓰레기 줍는 한족 아저씨한테도 "니 하오!" 하고 중국말로 아침인사와 더불어 수고하신다는 말을 남기고 지나간다. 끝으로 식당에 들러 영양사와 오늘 하루 식단을 세세히 점검한다. 그러고 나서 아침식사를 한다. 식사를 마치고 직무실에 출근한 후 양대언 처장을 불러 "이중 부총장의 사무실 수리를 잘해 달라"고 부탁하고 홍영대 부총장을 불러 또 다른 지시를 한다. 이렇게 그의 하루는 시작된다.

그가 아프지 않고 젊고 건강한 몸을 유지할 수 있는 것은 그의 마음속에 이처럼 많은 세상을 품고 있기 때문이다. 그는 건강한 몸은 육체적 운동에도 달렸지만 정신 건강이 우선이라고 말한다. 정신이 젊으니 몸도 젊다는 얘기다.

비행기에 오르면 10분간 눈을 감고 휴식하고는 바로 노트에 그날 있었던 일을 적고 다음 할 일을 체크한다. 비행기에서 내리면 집에 들르지 않고 곧장 집무실에 들러 업무를 주관한다. 단 한 번도 "내가 늙어서 힘이 없다거나 쉬어야 한다"는 생각을 한 적이 없다. 그의 휴식 방법은 일하는 것이고, 일하면서 그는 충전을 한다. 걸음은 늘 씩씩하고 힘에 넘치고 목소리도 열정이 넘친다. 어디서든 사람을 만나면 그가 교수든 학생이든 식당 아주머니든 늘 먼저 손을 들어 인사하고 기쁨을 주고 열정을 전한다. 그리하여 사람들은 그를 '영원한 청년', '영원한 소년'이라고 말한다.

그가 두 번째로 거부하는 물음이 바로 "고향이 어딥니까?"이다. 고향은 '태어나서 자란 곳' 또는 '조상 때부터 대대로 살아온 곳'을 말한다. 또 '귀성歸省할 곳'이라는 뜻으로 시골 혹은 향리로 풀이하기도 한다. 하지만 그는 자기 고향을 태어난 곳에 한정 짓지 않는다. 그는 한국에서 태어났지만 외국에서 산 시간이 더 많다. 한국, 스위스, 영국 그리고 미국, 중국, 북한에서의 그의 행적을 보면, 어느 나라 사람이라고 말하기가 무색하다. 한 달 사이 미국을 두 번 왔다 갔다 하거나 한국과 평양을 각각 두 번씩 왔다갔다 할 때가 많다.

그를 찾으려고 대학에 전화하면 어제까지 중국에 있었는데, 어느새 한국이나 미국이나 평양에 갔다고 한다. 그러니 그의 고향이 대체 어디인지 물어보는 것은 무의미하다. 그렇지만 사람들이 생각하는 것처럼 그가 한 곳에 정착한 삶을 살지 않아서, 세계 각국을 돌아다녀서 고향을 한 곳에 한정하기 싫어하는 것은 아니다. 가장 중요한 이유는 다른 데 있다. 그가 마음에 담고 있는 고향은 늘 도와주어야 하고 자기 도움을 바라는 사람들이 살고 있는 곳이다. 그러기에 그는 "내 고향이 어디냐고 묻지 마세요. 저를 필요로 하는 곳은 그게 어디든 모두 내 고향입니다"라고 한다.

그에게 고향이란 정착의 개념이 아니라 이동의 개념이다. 즉 역사를 조망할 수 있는 전망대와 같은 개념이다. 그러니 그게 어디든 무슨 상관이겠는가.

"이 세상은 하나의 다리일 뿐이다. 이 세상을 그냥 건너가라. 이곳에 당신의 집을 지으려 하지 말라"는 구절을 김 총장은 좋아한다. 이는 미국의 종교연구가 휴스턴 스미스가 한 말이다. 그리하여 김 총장의 마음에는 정착해야 하는 집도 고향도 없다. 그의 앞에는 늘 새롭게 지나가야 하는 하나의 다리가 있을 뿐이다. 그는 어디에도 자신의 집을 짓지 않는다. 그래야 언제든 쉽게 또 다른 곳으로 떠나갈 수 있기 때문이다.

만약 학교가 학생들에 대한 정직 교육에 실패한다면
학교를 운영하는 의미가 없으며 이런 학교는 문을 닫아야 한다.
지식을 가르치는 것만큼 중요한 것이
바로 정직을 삶의 가치로 가르치는 일이다.

12. 우리는 양심에 투자한다

인간 교육

김진경 총장은 옌볜과기대를 중국의 '글로벌 대학Global University'으로 만들고 싶어 한다. 그는 충분히 비전이 있다면서 그 비전의 근거로 '성실성' 교육을 꼽았다.

하버드 대학 설립자 존 하버드는 학교를 세우고 개교 전에 병으로 죽었다. 이 대학은 그의 이름을 기리기 위해 학교명을 '하버드 대학'이라고 붙였다. 설립 초기 하버드 대학은 목사를 키우는 신학대학이었다. 하버드의 꿈을 담아 작은 규모로 시작한 대학이, 오늘

세계를 움직이고 있다. 이리 된 것의 핵심 포인트로 김진경 총장은 하버드 대학의 인간 교육을 꼽았다. 옥스퍼드 대학, 케임브리지 대학도 모두 인간 교육의 근간이 되는 신학 교육부터 시작하여 오늘날 명문대학이 되었다. 학교란 물론 지식 교육을 해야 하지만 그보다 더 중요한 것이 인간 교육이다.

그렇다면 인간 교육이란 무엇인가? 바르고 성실하며 정직하게 사는 것을 가르치는 교육이다. 그것은 거창한 것이 아니다. 가장 기본적이고 가장 소박하고 상식적인 인간 조건의 실천이다. 그렇다면 그것이 무엇인가. 그것은 우리가 늘 말하는 가장 작고 시시하고 귀찮아 보이는 것이다. 우리가 흔히 다 안다고 여기면서도 홀시하는 그런 기본적인 것에 혼을 담아 반복하는 것이야말로 바르게 살아가는 인간의 근본적인 교육이라 하겠다.

이 말을 듣고 어떤 사람들은 웃을지도 모르겠다. 대학에서 무슨 유치원 교육을 시키느냐며. 그런데 김 총장은 그 반대였다. 그 작은 것에서 인간 조건이나 인간 정신, 그리고 인간성이 키워진다는 것을 믿었기 때문이다. 김 총장은 이 기본적인 정신을 강조할 때마다 '독일 정신'을 예로 든다.

1807년 독일은 프랑스 나폴레옹 군과의 싸움에서 패전했다. 지도자들은 자포자기하고 국민은 낙담하고 국토는 분할되고 엄청난 전쟁 배상금이 지워졌다. 나라가 위기에 처해 있을 때 철학자 피히테가 전 국민을 향해 "독일 국민에게 고함"이라는 제목으로 연설을 했다.

"독일이 왜 패망했는가? 우리 군대는 약하고 프랑스 군대는 강해서인가? 아니다. 독일이 패망한 것은 전쟁에서가 아니라 독일인의 이기심과 도덕적 타락 때문이다. 이제 독일이 재건할 길은 무엇인가? 국민 교육을 통한 민족혼의 재건이다."

이에 감명을 받은 독일인들은 초등학교 교육에서부터 다시 시작했다. 어린이로부터 새로운 도덕의 기풍을 다시 일으키는 교육이었다. 거창한 내용이 아니었다. 애국애족하자거나 희생봉사하자는 것도 아니었다. 가장 소박하고 상식적인 시민 정신의 실천이었다. 예를 들면, 비가 올 것 같아 우산을 들고 나왔는데 비가 오지 않으면 우산을 어떻게 들어야 하는가? 겨드랑이에 끼지 말고 길게 세워서 들고 걸어야 한다는 상식을 가르쳤다. 겨드랑이에 가로질러 끼고 다니면 혹시 다른 사람을 찌를 수도 있으니 다른 사람을 배려해야 한다는 것이다. '다른 사람에게 피해를 주지 말자는 상식'을 가르치는 것이 독일 혼을 깨우는 교육이다. 얼마나 간단하고 쉬우며 또 시시해 보이는 것인가? 하지만 그것이 독일을 살렸다. 그로부터 70년 후 독일과 프랑스 사이에 다시 전쟁이 일어났다. 이번에는 70년 전과 달리 독일의 완승으로 끝났다. 전쟁을 승리로 이끈 몰트케 장군이 귀국하여 국민이 대대적으로 환영하자 그는 이렇게 말했다.

"독일의 승리는 나와 군인들의 공이 아닙니다. 초등학교 선생님들의 공입니다. 이 모든 영광을 그들에게 돌립니다."

이같이 가장 기본적이고 상식적이고 합리적인 것을 국혼으로 교육받은 결과, 독일 민족이 세계적으로 가장 합리적인 사고를 하는 민족이라는 말을 듣고 있지 않은가. 이것은 아이들이 무엇을 보고 자라며 무엇을 생각하고 있는지, 어떤 교육을 받고 있는지에 국가의 장래가 달려 있음을 보여 주는 증거다. 가치관이 파괴되고 이기심과 물질주의로 병들어 가는 현실을 살아가는 젊은이들에게 합리적이고 상식을 존중하는 인간이 되게 하며, 이웃을 배려하며 사랑하고 다른 사람들에게 피해를 주지 않으려고 마음 쓰는 기본을 가르치는 것은 인간 조건의 가장 기초적인 교육이라고 김 총장은 주장한다.

이런 철학 아래서 김진경 총장은 옌볜과기대 학생들이 가장 먼저 지켜야 할 여덟 가지를 제안했다.

1. 상대방을 이해해야 한다.
2. 내가 희생해야 한다.
3. 상대방을 존중해야 한다.
4. 화해해야 한다.
5. 용서해야 한다.
6. "I am sorry!" 사과를 먼저 해야 한다.
7. 감사해야 한다.
8. 조건 없이 사랑을 베풀어야 한다.

학생들은 "별것도 아니네" 하며 대수로워하지 않았다. 이런 것을 시시하게 대학에서 배워야 하는지 오히려 의아해했다. 사소한 습관이 운명을 지배한다는 것을 깨닫지 못하고 있었다.

이들을 어떻게 변화시킬 것인가? 김 총장이 찾은 해법은 거창하지 않았다. 복잡하지도 어렵지도 않았다. 총장이 몸소 실천하고 교수들이 학생들의 롤 모델이 되는 것, 말하자면 총장과 교수들이 특권을 버리고 학생들이 보고 배우고 자신을 비춰 볼 수 있는 '거울'이 되는 것이었다. 그들의 '거울식 교육'은 교내 식당에서 줄 서는 것부터 시작되었다.

중국 사람들은 줄 서기에 익숙하지 않다. 버스 탈 때든 극장이나 다른 공공장소에서든 줄 서는 모습을 찾아보기 힘들다. 아직 질서에 대한 개념에 익숙하지 않아서일 것이다. 처음엔 과기대 학생들도 마찬가지였다. 줄 서기 싫어하고 눈치 보면서 슬그머니 새치기하는 일이 늘 있었다. 그런데 총장과 교수들이 조용히 줄을 서서 자기 차례를 기다리니 학생들이 새치기를 하거나 밀고 당기기를 하겠는가. 어느새 학생들은 스스로 알아서 줄을 서게 되었다.

작은 도움에도 감사할 줄 알고 작은 실수에도 미안해할 줄 아는 것은 인간이 기본적으로 갖추어야 할 인격 중의 하나다. 김 총장과 교수들은 그 본질적인 의미를 가르치기 위해 "감사합니다", "죄송합니다"를 입에 달고 살았다. 떨어진 볼펜을 주워 주면 꼭 "감사합니다"를 했고, 줄 서다 옷이 스쳐도 "죄송합니다"라고 했다. 그런 것을 통해 학생들은 사람이 사람들 속에서 살면서 정말 미안한 일이 많고 감사한 일도 많다는 것을 알게 되었다. 이런 식으로 반 년 정도 지내니 학생들이 달라졌다. 가슴으로 이해하든, 단순한 답습이나 모방이든 상관없다. 학생들이 변하려고 노력한다는 것이 중요하다. 의식적으로 노력하다 보니 차츰 습관이 되었고 습관이 되다 보니 체질화되어 갔다.

리강화와 리덕권

흑룡강성 영안시에 리강화란 남학생이 있었다. 그는 생후 7개월 때 열병을 앓은 뒤로 소아마비가 왔다. 두 다리를 전혀 쓸 수 없어 혼자서는 화장실 출입도 못했다. 장애가 있었지만 공부하는 것을 특히 좋아해 집에서 혼자 열심히 공부를 하다가 부모를 졸라 열 살에 초등학교에 입학했는데, 초등학교 6년 과정을 2년 사이에 다 마쳤다. 중학교에 들어가서도 성적이 계속 상위권에 들었고 1991년 대학입시에서 507점이라는 높은 점수를 따냈다(그해는 440점이면 대학에 들어갈 수 있었다). 하지만 그는 어느 대학에도 들어갈 수 없었다. 중국 대학교는 신체 조건이 불합격이면 입학이 어렵다.

그는 정말 죽고 싶을 만큼 절망했다. '이런 처지로 살아서 뭘 한단 말인가?' 그는 자신의 신세를 한탄하여 한숨만 짓고, 이런 아들을 지켜보는 부모들 역시 죽고 싶은 심정이기는 아들 못지않았다. 자식을 이토록 고통에 빠지게 한 것이 부모의 잘못인 것 같아 부모들은 죄인 같은 심정으로 숨도 크게 쉬지 못하고 매일 눈물로 시간을 보내고 있었다. 차라리 공부를 시키지 않았더라면 실망이 이처럼 크지 않았을 거라며 공부시킨 것을 후회하기도 했다.

그러던 중 리강화는 신문에서 옌볜과기대 소식을 읽게 되었다. 동북3성에 거주하는 2백만 조선족을 구심점으로 동북아시아 경제 협력의 최고 인재를 배출한다는 이 대학에 그는 한 가닥 희망을 걸고 마지막 승부수를 던졌다. 그는 밤늦게까지 고심하며 자신의 간절한 마음을 담아 김 총장에게 긴 편지를 썼다. 대학 공부를 하고 싶어 죽을 것 같은 그 절실한 마음과 함께, 장애 때문에 대학에서 소외된 그 참담함을 피를 토하는 심정으로 썼다. 옌볜과기대마저 자신을 받아 주지 않는다면 살길이 없어 죽을 수밖에 없다며 섬뜩하게 '자살'이란 말까지 편지에 올렸다. 얼마나 절실하고 처절한 부탁인가.

이 편지를 받은 김 총장은 "우리 학교는 자네와 같이 어려운 학생을 위하여 최선을 다할 것"이라는 내용과 함께 장학금까지 준다는 회신을 손수 써서 리강화에게 보냈다. 회신을 보내고 나서도 시름이 놓이지 않자 헤이룽장성으로 입학 면접을 보러 가게 된 당시 공대 학장직을 맡고 있던 박덕호 교수에게 그 학생을 꼭 데리고 오라고 특별히 부탁했다.

한편 김진경 총장의 편지가 제대로 전달되지 않아 답장을 받지 못한 리강화 학생과 가족은 이제 끝이구나 하고 암담해하고 있었다. 이를 안타깝게 여긴 리강화의 학교 후배들이 "리강화 형을 입학시켜 주십시오"라는 내용을 담아 전교생이 연서로 김진경 총장에게 또다시 탄원서를 보냈다. 리강화가 아직 회답 편지를 받지 못했다는 사연을 알게 된 김 총장은 박덕호 교수를 현지로 보내 그 학생을 만나 보도록 했다.

박덕호 교수가 리강화 학생을 만난 것은 리강화가 다녔던 중학교 3층 교실이었다. 그 자리에는 리강화의 아버지도 미리 와 있었다. 그런데 리강화를 본 박 교수는 그만 기가 막혀 할 말을 잃었다. 대학을 갈망하는 학생이라면 아무리 못해도 목발을 짚고 다닐 정도는 되겠거니 했는데 목발을 짚을 처지도 못 되었다. 두 쪽 다리를 전혀 쓸 수 없어 같은 반 친구 리덕권이란 학생의 등에 업혀 3층까지 올라왔다고 했다. '저런 다리로 중학교는 어떻게 다녔을까?' 알고 보니 중학교를 다니는 동안 리덕권이란 친구가 매일같이 리강화를 업고 다녔다고 했다. 이런 상황이라면 과기대에 온다고 해도 차후에 어려움이 많을 것이었다. 하루 이틀도 아니고 누가 4년 동안 그를 업고 다닌단 말인가.

박 교수는 그야말로 고민스러웠다. 학교에선 이미 그의 입학을 허락해 놓은 상태여서 뒤집을 수도 없고, 데리고 가면 학장으로서 모른 척할 수도 없는지라 고민이 이만저만이 아니었다.

리강화 학생은 입학이 안 되면 죽는다고 하고 부모는 생명 하나 살려 주는 셈치고 받아 달라고 선처를 부탁했다. 후배들 또한 제발 입학시켜 달라고 애원하고 있었다. 이러지도 저러지도 못하고 있는데, 갑자기 이런 생각이 들었다.

'리덕권, 이 친구라면 가능하지 않을까?'

그리하여 어렵게 말을 꺼냈다.

"나는 자네를 데리고 가고 싶네. 총장님도 허락하셨고. 그런데 보다시피 자네에겐 도와줄 사람이 필요해. 우리 대학으로선 그런 사람을 구할 수 없네. 덕권 학생, 자네가 지금까지 그랬던 것처럼 강화 학생을 도와주면 어떻겠나?"

박 교수는 본인이 말을 하고도 스스로 염치없고 뻔뻔스러워 소스라쳤다. 얼굴이 화끈거렸다.

'어찌 사람이 이렇게 뻔뻔스러울 수가 있단 말인가!'

이것은 봉사를 빗댄 또 다른 희생을 강요하는 것이었다. 리강화한테는 기회를 얻는 일이 되지만 리덕권에게는 기회를 잃어버리는 일이니 말이다. 자신이 할 수 없는 일을 남에게서 바라는 것이 염치없고 미안해서 박 교수는 고개를 숙였다. 그리고 이것은 절대 될 수 없는 일이며 리덕권 학생은 거절할 것이며 또 거절해야 맞는 다고 생각했다.

이윽히 무거운 침묵이 흘렀다. 안타까우면서도 어색한 시간이었다. 리강화의 입장으로 보면 중학 시절 내내 신세를 졌던 친구에게 또다시 자기 수발을 들어달라고 할 수 없는 노릇이었다. 누구보다 리덕권 학생은 무슨 죄가 있어 이런 당치도 않은 희생과 선택을 강요받아야 하는지······. 숨 막히는 침묵이 한참 흐르고 나서 드디어 리덕권 학생이 무거운 침묵을 깼다.

"제가 같이 가겠습니다."

순간 주위는 조용하고 숙연해졌다. 언어마저 아무런 구실을 할 수 없는 듯했다. 무슨 말이 필요했겠는가. 박 교수는 미안한 생각이 들어 마음이 무거웠다. 철없는 아이한테 어른들이 모의하여 불이익을 주는 듯싶어 부끄럽기도 했다. 이미 좋은 대학에 합격이 된 학생에게 아직 국가급 대학 인가도 받지 못하고 성 정부의 인가만 받은 대학으로 끌어들이다니······. 박 교수는 리덕권에게 옌볜과기대는 졸업한 후에도 국가가 인정하는 졸업장을 못 받는다는 입학 요강의 문구를 보여 주면서 후회가 없도록 신중하게 결정하라고 일렀다.

"자네는 이미 다른 좋은 대학에 합격이 되었다고 들었는데, 우리 대학은 성 정부의 인가는 받았으나 중앙 정부의 인가는 받지 못한 상태네. 그래도 가겠는가?"

리덕권은 다시 고개를 숙이고 깊이 고민했다. 그가 안 된다고 해도 아무도 그를 책망할 사람이 없고 또 그럴 권리도 없다. 그는 충분히 친구를 위해 넘쳐 나게 봉사했고 누구보다 칭찬받아야 할 사람이다. 이제는 그 짐을 내려놓고 자신이 원하는 대학에 가서 마음껏 공부해도 된다. 하지만 그는 기어이 자신이 아니라 다른 사람을 섬기는 길을 선택했다.

"후회하지 않겠나?"

"후회하지 않겠습니다."

이리하여 리덕권 학생은 리강화 학생의 대학 생활을 도우려고 함께 옌볜과기대로 오게 되었다.

내가 누구인지 알고 싶으면 주위를 돌아보면 알 수 있다는 말이 있다. 향기의 아름다움은 주파수가 있어 그 주변을 밝고 향기롭게 하며 좋은 주파수를 가진 사람들을 모여들게 한다. 김진경 총장의 아름다운 인격의 주파수로 하여 모여든 교수들, 교수들의 아름다운 주파수로 하여 아름다운 학생들이 모이고, 아름다운 학생들이 또다시 다른 아름다운 학생을 만들어 내고, 그리하여 아름다운 곳에는 아름다운 향기만 가득 넘치게 되는 것이다.

리덕권 학생은 4년의 대학생활 동안 매일매일 강의실에서 숙사로, 숙사에서 다시 식당으로, 매점으로, 병원으로, 심지어 화장실까지 리강화를 업고 다녔다. 밤에는 자다가도 일어나서 화장실 가는 것을 거들어 주었다. 그는 리강화의 살가운 수족으로 4년을 살았다. 그러는 동안 단 한 번도 자신의 선택을 후회하지 않았다고 한다.

한 사람의 감동적인 이야기는 한 사람의 아름다움으로 끝나지 않는다. 한 사람이 둘이 되고 두 사람이 넷이 되고, 이렇게 아름다움은 전해지고 커지게 되어 있다. 리덕권의 친구에 대한 절대적인 사랑에 감동한 같은 학년의 채해숙이란 여학생이 연민을 가지고 리강화를 돕기 시작했다. 리강화를 도와주는 동안 우정이 연정으로 발전하여 서로 사랑하게 되었다.

　졸업식 날, 김진경 총장은 단상 아래로 내려가 리강화 학생에게 졸업장을 수여했다. 장애를 딛고 4년을 우수한 성적으로 졸업하는 리강화를 고무하고 격려하는 뜻도 있었고, 끝까지 학생을 섬긴다는 총장의 철학이 빛나는 대목이기도 했다. 누군가는 그랬다. "학생이 앉아서 졸업장을 받는 대학, 이것이 이 대학의 상징이고 이 대학의 자랑이다"라고 말이다.

　졸업식에서 리강화는 '우등상'을 받았고 친구 리덕권은 '우정상'을 받았다. 우정상은 자신의 희생으로 친구를 졸업시킨 리덕권의 희생정신과 봉사정신을 치하하고 싶어 총장이 특별히 만들어 수여한 상이다.

　졸업한 뒤 리강화는 채해숙과 결혼하여 베이징에 장애인 학교를 세운 뒤 교장으로 있으며, 친구 리덕권도 결혼하여 베이징에 살면서 지금도 여전히 그 아름다운 우정을 나누고 있다.

　세상에는 한없이 깊은 부모의 사랑 즉 '아가페' 사랑이 있는가 하면, 남녀 간의 '에로스' 사랑도 있고, 친구 간의 우정을 보여 주는 '파토스' 사랑도 있다. 부모의 사랑이 '필연적인 육친의 사랑'이라면, 남녀 간의 사랑은 '욕구에 의한 사랑'이다. 하지만 리강화와 리덕권의 사랑은 혈육에 의한 필연적인 사랑도, 욕구의 사랑도 아닌, 순수하고 거룩한 절대적인 사랑이다. 조건 없이, 대가 없이 그냥 베푸는, 그런 섬기는 사랑이야말로 인간 영혼을 구원하는 절대적 사랑이라 할 수 있다. 자기 희생과 봉사를 전제로 하는 절대 사랑과, 이런 사랑으로만 유지되는 평화와 진리를 가르치고 의무화하는 것이 옌벤과기대의 특수성이다.

자식을 버리는 부모는 부모가 아니다.

13. 내게 온 아이들은
　　모두 내 자녀다

아픈 학생 돌보기

　학생이 아프면 누가 책임을 져야 하는가? 물어보나마나 당연히 부모가 책임져야 한다. 그런데 옌벤과기대에서는 그렇지 않다. 학교 의무실에는 의사와 간호사가 상주하며 학생들의 건강을 돌본다. 그리고 의무실에서 해결할 수 없는 큰병일 경우, 한국이나 미국에 보내 치료를 받도록 도와준다. 상경대 경영정보학과 3학년 리서광 학생은 1999년 10월 사고로 한쪽 눈을 크게 다쳤다. 중국 병원에서 여러 번 수술을 했지만 효험이 없었는데, 그대로 두면 곧 실명하게 된다고 했다. 김진경 총장은 이 학생을 한국의 권위 있는 안과 전문의사 공영태 박사에게 보내 수술을 받게 했다.

2000년에 입학한 김설매 학생은 졸업 후 건강검진에서 난소암이 발견되었다. 졸업생이지만 이 학생을 부산고신의료원에 보내 수술받게 했다. 김설매 학생은 수술 후 완치되어 정상적인 생활을 하고 있다. 김 총장은 재학생이든 졸업생이든 이 학교에서 공부한 학생이면 최선을 다해 치료를 받도록 도와주었다.

김명 학생은 졸업 후 직장암 판정을 받았다. 학교에서 베이징병원에 보내 수술을 받게 했지만 희망이 없다는 회신을 받았다. 그러자 김진경 총장이 직접 나서서 미국의 암센터에 보내 치료를 받게 주선했다. 하지만 안타깝게도 병이 위중하여 결국 세상을 떠나고 말았다. 눈을 감기 전 이 학생은, 살아 있는 동안 가장 따뜻한 사랑과 대우를 받음으로써 세상에 태어난 보람과 행복, 인간으로의 온전한 존재적 가치를 느꼈다며 "비록 짧지만 삶에 후회가 없고 행복했다"고 하여 주위를 숙연하게 만들었다.

임정운 학생은 중증 신장병을 앓고 있었다. 병원에서는 더 이상 희망이 없다고 했다. 김진경 총장은 단 1퍼센트의 희망이라도 포기해서는 안 된다며 인민폐 10만 위안(한화 1,800만 원 정도)을 지원하여 중국 지난 병원에 보내 신장이식 수술을 받게 했다. 수술 후 학교에 돌아와 학업을 시작했지만 완쾌되기까지 계속 약을 먹어야 했다. 매달 약값으로 인민폐 1,000위안이 필요했다. 가정형편이 여의치 않아 혼자 힘으로 해결할 수 없자 할 수 없이 임정운은 김진경 총장을 찾아갔다. 학교의 도움으로 수술을 받았는데 약값 때문에 김 총장을 찾아가는 것이 죽고 싶을 만큼 미안하고 발걸음이 무거웠지만 "어려울 때면 서슴지 말고 찾아오라"고 하던 김 총장의 말에 용기를 내어 발걸음을 한 것이다.

"죄송했지만 사실 김 총장님 말고는 찾아갈 사람이 없었습니다. 그분이라면 거절하지 않고 꼭 도와줄 거라고 믿었습니다."

김진경 총장은 "인간의 생명은 돈으로 계산할 수 없는 소중한 것이며 누구라도 이 소중한 것을 누릴 권리가 있다"고 하면서 그에게 매달 1,000위안을 약값으로 내어주었다.

이처럼 김진경 총장은 아픈 학생들에게 최선을 다하여 치료 대책을 마련해 주었다. 가망 없는 말기 암 환자일지라도 포기하지 않고 치료 여건이 좋은 곳으로 보내 치료받게 했다. 김 총장이 아니었다면 가난한 시골에서 태어난 이들이 어찌 한국이나 미국에 가서 치료받을 엄두조차 낼 수 있었겠는가. 학부모들이 찾아와서 부모도 해주지 못하는 일을 총장님이 해주었다며 고마워서 어쩔 줄을 몰라 하면 김 총장은 이렇게 말했다.

"나에게로 온 이 아이들은 모두 내 자식입니다. 자식을 버리는 아버지를 보셨습니까?"

해마다 개학식을 하고 나서 신입생 중에 간염 활동기에 있는 학생들이 있었다. 중국 대부분의 대학에서는 아무리 높은 점수를 받은 학생이라도 전염을 우려하여 이런 학생은 치료를 위해 집으로 돌려보낸다. 그런데 이렇게 돌려보내진 학생들의 실태를 조사해 보면 상황이 그리 좋지 않다. 도시 학생들은 그래도 괜찮은데 농촌에 있는 학생들은 부모 곁으로 돌아가도 돈이 없어 치료하지 못하고 오히려 우울증에 시달리는 학생들이 많았다. 이런 점 때문에 김진경 총장은 이 아이들을 집에 돌려보내는 것을 반대했다.

"우리 학교에 온 학생들은 병이 나도 우리 자식입니다. 우리에게는 그들이 병으로 인해 공부할 시기를 놓치지 않게 도와주어야 할 책임이 있습니다."

김진경 총장은 전 교직원에게 간염 활동기에 있는 신입생들을 도와줄 방안을 찾도록 지시했다.

때마침 박옥희 여사가 좋은 방안을 냈다. 교수 부인들로 조직된 '장미회'에서 간염 학생을 따로 맡아 전문 관리하는 것이었다. 간염이 심한 학생들은 잘 먹어야 활동성이 적어지고 음성 환자 역시 몸 상태를 잘 유지해야 치료될 수 있다는 데 의견이 모아져, 교수 부인들이 한 학과씩 맡아서 이들의 밥값과 약값을 부담하기로 했다.

이를 위해 우선 학교 의무실에서 정밀 검사를 했다. 조사 결과 약 120~130명이 간염을 앓고 있는 것으로 확인되었다. 이 아이들을 교수 부인 10여 명이 조를 나누어 열 명씩 맡았다. 그들은 자기가 맡은 아이들을 데리고 시장에 나가서 고기를 사먹이기도 하고 따로 집에 불러 특별보양식을 해먹이기도 했다. 물론 정기적으로 간염치료제나 비타민을 타다가 먹이기도 했다. 이렇게 120여 명을 관리하는 데 한 달에 한화 600~650만 원이 들어갔다.

의사의 처방이 필요한 약은 한국에 가서 아는 분을 통해 구해 왔다. 2개월에 한 번씩 약을 주고 수시로 몸에 좋은 음식을 먹이면서 살뜰하게 보살펴 주었더니 치료 효과가 바로 나타났다. 그러나 비용이 너무 많이 들어 다른 방법을 모색하지 않고는 계속 유지하기가 쉽지 않았다.

박옥희 여사는 범위를 넓혀 좀더 많은 학생과 교직원이 이 일에 동참할 방법이 없을까 고심했다. 그러다 '쉼터'를 이용해 반찬을 만들어 팔아 약값을 만들어 보기로 했다. 파는 사람도 사가는 사람도 누군가를 돕는 보람을 느낄 수 있고, 또 내가 어렵게 되더라도 나도 남으로부터 도움을 받을 수 있다는 훈훈한 생각을 공유할 수 있는 아이디어였다.

월요일에 시장에 나가서 재료를 사고, 화요일에는 장미회 회원들이 모여서 반찬을 만들었다. 그리고 수요일에 교직원과 학생들에게 반찬을 팔았다. 그 수입으로 약값에 보탰는데 처음에는 부족했지만 지금은 간염환자가 많이 줄어서 반찬 판매 수익금으로도 충당이 된다. 김 총장은 학교에 간염 학생이 한 명도 없을 때까지 이 일은 계속될 것이라고 했다.

입적식

어느 날, 김진경 총장은 편지 뭉치를 뒤적이다 "그렇지, 이거야" 하면서 흐뭇한 미소를 지으며 편지 한 장을 내밀었다.

"내 아들 편진데 작가 양반, 한번 볼래요?"

"진짜 아들인가요?"

"그럼, 가짜 아들도 있나?"

자식 자랑에 흥이 난 모습이 어린애 같았다.

"장남이에요? 막내예요?"

"글쎄? 이 아이가 몇째던가? 자식이 하도 많아 잘 모르겠네."
김 총장이 능청스럽게 웃었다. 편지는 또박또박 정성스럽게 적혀 있었다.

사랑하는 총장님 아빠에게
총장님, 안녕하세요? 저는 총장님의 자식 중 한 놈입니다. 저는 98학번 영어과에 다니는 리문관이라고 합니다. 우리 YUST 가족이 된 지 2년 반이 되었지만 총장님께 인사는 처음으로 올리니까 참으로 죄송합니다. 오늘이 재료기계공학부에서 개설한 자동화개론 마지막 수업이거든요. 강성태 교수님께서 가장 편지를 쓰고 싶은 사람에게 편지를 쓰라니까 저는요 장쩌민 주석보다 총장님이 먼저 생각나 이렇게 편지를 올리는 것이랍니다. 이번 학기부터 학부제가 실시되고 있잖습니까? 그래서 저는 영어과지만 재료기계공학부에서 지금은 부전공으로 듣고 이제 나아가서는 복수전공을, 더는 유학까지 계획하고 있습니다.
저는 마냥 총장님의 씩씩한 모습에서 용기와 신심信心, 그리고 희망을 느끼고 힘을 얻습니다. 총장님, 엊저녁 때 방마다 돌아다니셨지요? 12시까지 돌아다니셨다는 말을 듣고 많이 감동되었습니다. 아버님을 일찍 여읜 놈이라 그런지 총장님을 뵐 때마다 참 친근한 느낌이 들곤 합니다. 총장님께서 학교를 너무 잘 꾸리고 우리를 잘 돌봐주셔서 평안하게 잘 지내고 있습니다. 제가 이 학교를 올 땐 부모님의 강요에 왔지만, 오늘에 와서는 제가 이 학교에 온 것을 너무나 큰 행복으로 여깁니다. 앞으로 중국을 이끌어 나가는 큰사람이 될 때 총장님께서 '저놈이 내 아들이야!' 하고 말씀해 주신다면 무척이나 기쁘겠습니다. 날씨가 추워지니까 부디 몸 조심하세요. 저는 이번 방학에 봉사 가거든요. 가서 아이들 열심히 가르치고 올 겁니다.

총장님, 그럼 새해 복 많이 받으시고 제가 올리는 세배를 받아 주세요.

자식 문관이가

김 총장이 평소 학생들에게 쏟은 사랑이 어떠했는지 예감하게 하는 편지다.

"나에게 재산이 얼마냐고 묻는 사람이 있어요. 나는 이 세상에 나만큼 큰 부자는 없다고 봐요. 말하자면 이 학교를 졸업한 아이들이 나가서 또 다른 아이들을 가르치고 그 아이들이 또 다른 아이들을 가르칠 것이고, 이렇게 뻗어 나간다면 내 아이들은 민들레 홀씨처럼 이 세상 어디나 다 퍼질 텐데, 이보다 더 큰 부자가 어딨어요?"

김 총장은 졸업반이 되면 졸업하는 학생을 불러다 집에서 따로 '입적식入籍式'을 한다. 입적식이란 당신의 호적에 학생의 이름을 올리는 일인데, 그게 과연 가능한 일인가?

김 총장이 학생들을 자택으로 초대하면 박옥희 여사는 손수 맛있는 식사를 준비한다. 식사를 하고 나면 김 총장 내외와 졸업생들이 나란히 앉아 사진을 찍는다. 여러 이야기 끝에 김 총장이 "오늘부터 너희들은 내 자식이다. 내가 항상 지켜보고 있을 것이니 사회에 나가서도 잘하고 어려운 일이 있으면 꼭 찾아오라"고 당부한다. 먼 길 떠나는 자식에게 따뜻한 밥을 지어 먹이고 부디 잘되기를 바라며 배웅하는 부모의 심정으로.

내가 죄인이오, 나를 가두시오!

한번은 옌볜과기대 학생이 휴일에 술을 먹고 패거리 싸움에 가담했다가 칼로 다른 사람을 찌르는 불상사가 생겼다. 그 학생은 경찰서에 잡혀 갔고 형을 면치 못하게 되었다. 이 소식을 들은 김 총장은 만사를 제쳐놓고 바로 경찰서로 찾아갔다.

"내 학생이 죄를 지은 것이 어찌 그 아이 한 사람의 잘못이겠습니까? 이것은 이 학교의 총장인 내 책임이자 이 학생을 가르친 교수들의 잘못입니다. 총장으로서 이 일을 보고도 묵인한다면 이는 두 번 잘못을 범하는 것입니다."

경찰서를 찾아간 김 총장은 소장에게 참담한 표정으로 말했다. "이 학생의 잘못은 일차적으로 이 학생이 다니는 대학의 총장인 저에게 책임이 있고, 이차적으로는 이 학생을 가르친 교수들에게 책임이 있습니다. 그러니 이 학생에게 죄를 묻기 전에 저한테 물으십시오. 제가 이 학생이 다니는 학교의 총장이니 제가 감옥에 들어가겠습니다."

죄를 지은 학생을 대신하여 감옥에 들어가겠다는 김진경 총장의 말을 듣고 경찰서 소장은 당황하여 어쩔 줄 몰라했다. 경찰서가 생긴 이래 죄 지은 학생을 위해 대학 총장이 학생 대신 감옥에 들어가겠다고 자청한 일은 없었다.

면회하는 자리에서 사고를 친 학생은 참회의 눈물을 쏟았다. 죄를 짓고 울고 있는 자기 학생을 바라보는 김 총장은 너무도 참담하여 가슴이 미어지는 듯했다. 이 학생을 어떻게 도울 수 있을까? 하지만 아무리 생각해도 그가 할 수 있는 일은 없었다. 학생이 죄를 지었으니 죗값을 치러야 하는 것은 당연한 일, 법 앞에서 총장인들 무슨 수가 있겠는가. 김진경 총장은 눈물을 흘리면서 천천히 자신의 웃옷을 벗었다. 그리고 학생에게 말했다.

"너, 나와라. 죄는 네가 지었지만 너를 가르친 내 죄가 더 크다. 그러니 내가 너 대신 거기 들어가마!"

김 총장은 그 학생을 끌어내고 자신이 그곳으로 들어가려고 했다. 하지만 경찰서 소장의 제지로 아무 해결도 보지 못한 채 돌아올 수밖에 없었다. 제자를 차가운 경찰서에 남겨 두고 돌아오는 그의 발걸음은 무거웠다. 그는 학교로 돌아오자마자 구속된 학생을 위해 수없이 탄원서를 썼다. 그리고 공안국, 사법국, 검찰원 등 사법 기관에 올렸다. 탄원서의 주요 내용은 '이 사건은 내 문제이며 우리 학교 교육의 실패다. 그러니 그 학생 대신 나를 감옥에 넣어 달라'는 것이었다.

자기 학생에 대한 김 총장의 사랑에 감동한 경찰 측은 "감옥에 넣는 것보다 학교에 두는 것이 선도"라며 훈방 조치해 주었다. 그렇게 다시 학교로 돌아온 그 학생은 졸업 후 좋은 직장에 취직하여 훌륭한 사회인으로 살고 있다. 만약 그때 그가 교도소 생활을 하도록 방치해 두었다면, 지금도 전과자라는 치욕과 무거운 짐을 지고 살아가야 했을 것이다. 교육의 최종 목적은 사람을 변화시키는 것이지 벌을 주기 위한 것이 아니라고 김 총장은 이야기한다. 죄를 지은 학생마저 버리지 않고 사랑으로 품을 수 있는 것은 부모 아니고서는 가능한 일이 아니다. 그는 이 사건을 두고 이렇게 말했다.

"나는 내 학생들이 전과자가 되는 것을 원치 않습니다. 한번 전과자가 되면 이 사회를 살아가기가 더욱 어렵고 힘들어집니다. 나는 그것을 막고 싶었습니다. 그리고 더 중요한 것이 있습니다. 우리가 대학을 세운 목적이 사람을 변화시키기 위한 것인데 어찌 이 아이를 더 잘못되도록 방치할 수 있겠습니까."

어려운 사람을 돕는 것은 가진 자의 의무다.

우리 눈에 들어오는 모든 비참함을 우리 자신의 수치로 삼아야 한다.

14. 희생 없이는 신앙도 없다

가진 자의 의무

김진경 총장은 해마다 학교 졸업식에서 이제 곧 학교를 떠나는 학생들에게 '가진 자의 의무'를 주요 내용으로 특강을 한다. 그는 특강 첫머리에 카네기의 이 말을 잊지 않고 인용한다.

"부를 사용하는 것은 부자의 권리인 동시에 책임입니다. 재산을 가지고 죽는 것은 인간으로서 부끄러운 일입니다. 죽은 뒤 재산을 사회에 환원하는 것은 선한 일이 아닙니다."

그가 특강에서 카네기를 말하는 것은 학생들에게 '가진 자의 의무'를 알게 하여 어디 가서든 자신을 중심으로 하는 삶이 아니라 다른 사람이 필요로 하는 삶을 살아가기를 바래서다. 그렇다면 '가진 자의 의무'란 무엇인가. 그것은 바로 '노블리스 오블리제'를 말한다.

　카네기는 스코틀랜드에서 태어나 가난 때문에 미국으로 이민한 집안의 아들로, 노블리스 오블리제를 실현한 대표적인 인물이다. '노블리스 오블리제'는 프랑스어로 '귀족의 의무'라는 의미다. 귀족의 의무로서 가장 중요한 것은 귀족 수준의 희생정신이다. 모든 특권과 대우를 이용해 자신의 배만 채우는 게 아니라 오히려 모든 사람을 위해 자신을 버리는 것이다. 즉 사회 고위층 인사에게 요구되는 높은 수준의 도덕적 의무를 말한다.

　카네기는 철강회사를 차려 큰돈을 벌어 '강철왕 카네기'란 별명이 붙었다. 그는 "내가 이처럼 많은 돈을 벌 수 있었던 것은 물건을 사준 사람들 덕분이다. 그렇다면 나도 이들을 위해 내 재산을 되돌려 주어야 할 것이 아닌가. 돈이 없어 하고 싶은 일을 못하는 이들을 도울 수 있다면 나는 얼마든지 돈을 낼 수 있다"고 했다. 카네기는 고향인 스코틀랜드 던펌린에 도서관을 지어 주었고 엘리게리시에 도서관과 음악당을, 철강업의 본거지인 피츠버그에 박물관과 학교를 지어 주었다. 후에는 자신이 운영하던 모든 공장을 팔아 남을 위한 자선사업에 아낌없이 기부했다. 문화, 예술, 과학을 비롯하여 무릇 가치 있다고 생각되는 모든 일에 기여하며 돈을 벌어서 사회에 환원하는 기업 정신을 보여 주었다. 카네기가 죽는 뒤 그의 재산은 겨우 2,500만 달러였다. "재산을 두고 죽는 것은 인간으로서 부끄러운 일이다"라는 말을 카네기는 실천으로 보여 주었다.

노블리스 오블리제는 오늘의 미국을 있게 한 정신이며, 영국과 같은 작은 나라가 세계를 이끌어 갈 수 있는 힘이기도 하다. 지도자들이 앞장서는 만큼 보통 사람들의 수준도 높아진다. 희생정신이 진정한 지도자를 만든다. 그것은 마치 '한 알의 밀알이 썩어 죽는 것 같지만 다시 살아나는' 원리다.

가장이 되고 부모가 되는 것은 가족을 위해 죽기 위해서고, 높은 사람이 되고 직책을 맡는 것은 대접받기 위해서가 아니라 봉사하기 위해서다. 간디도 말했다. "희생이 없는 신앙은 악한 것이다." 자기 희생을 전제로 하지 않는 모든 것은 바른 것이 될 수 없다. 희생으로 앞서는 지도층이 많을수록 그 사회는 살아 있다. 바로 이런 위대한 가치를 학생들에게 알리기 위해 김진경 총장은 졸업식 때마다 끊임없이 "가진 자의 의무"를 말하는 것이다.

김 총장은 졸업식장에서 졸업생들에게 향후 수익의 100분의 1, 즉 1퍼센트 이상을 평생 모교로 보내겠다는 서약을 하게 한다. 비록 많은 돈은 아니지만 졸업 후에도 옌볜과기대 공동체 안에 속해 있다는 책임의식과 유대감을 심어 주기 위한 하나의 교육 방식이다. 서약한 대로 졸업생들 중 적지 않은 학생들이 모교에 돈을 보내왔다.

전자공학과를 졸업한 최연봉 학생은 졸업 후 독일에서 공부하고 있다. 그는 아르바이트를 하여 어렵게 번 돈의 10분의 1을 과기대에 기부하여 재학생들과 졸업생들의 귀감이 되고 있다.

해마다 많은 과기대인들이 유학의 길로, 취업의 길로 과기대를 나서지만 졸업 후에도 학교와 지속적인 연결의 끈을 놓지 않고 있다. 중국 각 지역에서 근무하고 있는 옌볜과기대 졸업생들과 한국,

미국, 독일 등 외국에서 유학 생활을 하고 있는 졸업생들은 동문회를 만들어 정기적인 모임을 가지면서 서로 돕고 힘과 용기를 얻는다고 한다. 옌볜과기대는 이미 2,600개 중국 대학 가운데 100개 중점 대학 안에 들었다.

그들을 도울 수 있어 내가 더 행복했다

2007년에 있었던 일이다. 당시 북한과 중국 옌볜은 경제적 교류가 민간 차원에서 점진적으로 진행되고 있었다. 옌볜의 A사가 평양의 B사 기술 인력 9명을 초청하여 1년 합작 계약을 맺고 일을 시작했다. 그런데 옌볜의 A사가 갑자기 부도가 나면서 회사 책임자들이 모두 잠적해 버렸다. 9명의 북측 사람들은 약속한 수익금을 받지도 못한 채 오갈 데 없는 처지에 놓였다. 전기세, 물세, 가스비가 모두 체납된 상태라 전기도 끊기고 물도 가스도 다 끊겼다. 돌아가자니 차비가 없었고 그렇다고 잠적한 회사 책임자를 무한정 기다릴 수도 없었다. 체류 기한을 넘기면 출국할 때 해관으로부터 일당 중국 돈 500위안의 벌금이 매겨진다고 했다. 그들은 당번을 정해 밤이고 낮이고 A사 사장이 거주하던 아파트 앞에서 사장이 돌아오기를 기다렸다.

당시는 북측에서 핵을 개발한다고 세계적 여론이 뜨거울 때라 중국 사람들도 북측 사람들과 가까이 하기를 꺼렸다. 잘못하다간 정치적인 오해를 살 수도 있었기 때문이다. 그들의 처지를 동정하는 사람은 있었지만 누구 하나 도와주려는 사람이 없었다. 아는 사람을 통해 이 사실을 우연히 알게 된 김 총장은 당장 학교 직원들에게 북측 노동자들을 모셔오라고 하였다.

　북측 노동자분들이 당도하자 우선 학교 식당에서 맛있는 점심 식사를 대접했다. 그리고 학교 여기저기를 둘러보게 한 뒤 집무실로 불렀다. 경직되어 있는 북측 노동자들에게 김 총장은 농담을 던졌다.

　"긴장들 마시라우. 나레 조선 동포들을 좋아합네다."

　그들이 웃자 김 총장은 일행 중 책임자에게 그들이 돌아갈 수 있도록 차비를 건넸다. 그리고 9개의 봉투에 각각 여비를 넣어 차례차례 나누어 주면서 깍듯이 말했다.

　"적은 돈이지만 집에 돌아갈 때 선물 사서 가시라요."

　돌아갈 차비에 선물 살 돈까지 받은 북한 측 일꾼들은 아무 말도 못한 채 눈시울을 붉히며 울먹였다. 버스를 타고 이동하는데 북한 측 책임자가 안내해 준 사람에게 질문했다.

　"여기 사람들은 정말 알다가도 모르겠습네다. 어떤 사람들은 우리한테 일을 시키면서도 돈을 적게 주려고 잔머리를 굴리고 돈을 떼먹으려고 도망까지 가는데, 김 총장님은 어째서 우리한테 이리 많은 돈을 거저 줍네까?"

　중국 측 안내원은 어떻게 대답해야 할지 망설였다. 계획경제가 아닌 시장경제체제 내에서 개인의 경쟁은 성공할 수도 있고 망할 수도 있으며, 그런 사회적 문제가 오늘과 같은 상황을 만들어 내기도 한다는 것을 설명해도 이해하기 어려워할 것 같고, '섬김'을 인생의 가장 큰 가치로 실천하는 김 총장에 내해서도 한마디로 설명이 어려울 것은 마찬가지였다. 그리하여 그는 두루뭉술하게 대답했다.

"사업을 하는 사람들 사이에는 서로 이익관계가 있기 때문에 한 푼이라도 깐깐하게 따질 수밖에 없습니다. 그렇지만 김 총장님은 이익관계가 아니라 순수하게 여러분의 어려운 상황을 도와주기 위해 스스로 하시는 일이기에, 조건을 따지지 않고 자기 돈을 내어 놓은 것입니다. 이런 것을 봉사라고 합니다."

"봉사요? 그게 뭡네까?"

"가진 것을 다른 사람과 나누는 것입니다."

"글쎄, 왜 자기 것을 다른 사람과 나눈답네까? 우린 서로 모르는 사람들인데 말입네다."

"그분은 아는 사람이든 모르는 사람이든 어려운 사람이면 모두 도와줍니다. 남을 도와주기 위해 사시는 분이지요."

쉽게 말하려고 했지만 들을수록 이해가 가지 않는 듯 난색을 표했다.

"뭔 말인지 잘 모르겠습네다. 세상에 그런 사람이 어디 있습네까?"

"언젠가는 이해할 때가 있을 것입니다."

그들에게 더 많은 이야기를 들려주고 싶었지만 안내원은 그쯤에서 끝냈다. 사실 그들과 마음 터놓고 할 수 있는 대화는 많지 않았다.

북측 손님들을 처소까지 모신 뒤 안내원이 김 총장의 집무실에 돌아와서 "학교 일만 해도 힘든 일이 많으실 텐데 그런 일로 너무 큰 폐를 끼쳐 드려 죄송합니다" 하고 말씀드렸다. 그랬더니 김 총장이 크게 웃으면서 말했다.

"오히려 그들을 도울 수 있어서 내가 더 행복했습니다."

1985년 5월 3일 발급받은 미국 시민증.

중국 영구시민증.

1995년 8월 15일 발급받은 서울 명예시민증.

2011년 8월 3일 발급받은 평양시 명예시민증서.

김영삼 대통령과의 만남.

김대중 대통령과의 만남.

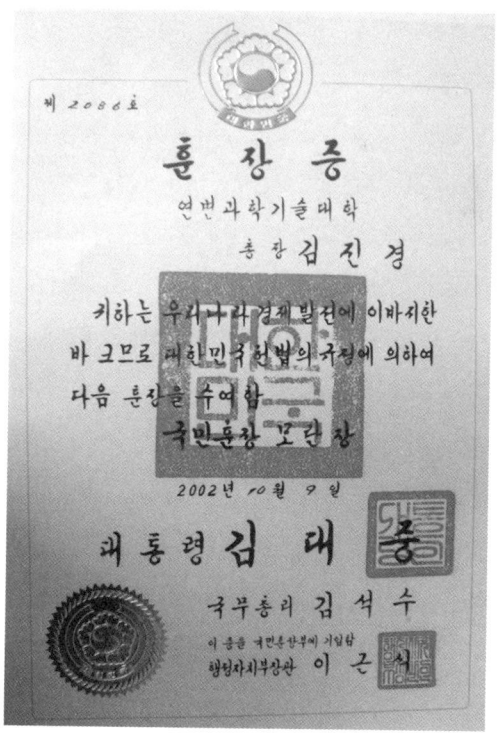

김대중 대통령으로부터 수여받은 국민훈장 모란장.
(2002년 10월 9일)

노무현 대통령과의 만남.

김정일 위원장과의 만남.

4부

한반도 평화의 허브, 평양과기대의 비전

평양과학기술대학 전경.

길을 가는 사람 앞에 장벽은 필요하다.
그것은 그가 뭔가를 얼마나 절실히 원하는지를 시험하기 위해
거기 놓여 있기 때문이다.

15. 북한에서 받은 사형선고

소의 행진

1993년 12월 10일 오후, 김진경은 조선 축산총국과 농업위원회와 함께 용연군 목장에 대해 50년 임대 계약을 맺었다. 30만 평에 소 천 마리를 넣고 현대식 목장을 만들어 공동 경영키로 했다. 계약 책임자는 열띤 목소리로 말했다.

"이는 공화국 창건 이래 처음 있는 일입니다. 이 일을 꼭 성공하여 수령님께 기쁨을 드리고 친애하는 지도자 동지에게 충성합시다."

이듬해 김진경은 중국에서 소 340마리를 사들였다. 구제역 검역을 철저히 한 뒤 불량한 소를 추려 내고 290마리를 27개 트럭에 나누어 실었다. 일을 끝내고 보니 새벽 7시였다. 아침을 간단히 먹고 부인 박옥희 여사와 함께 소를 실은 트럭 행렬을 이끌고 단동 세관에 도착했다. 그런데 북쪽 신의주 초소에서 인수하겠다는 지시가 없었다. 할 수 없이 세관 앞에서 반나절이나 기다리고 있는데, 밤에 들어오면 어떻겠냐는 연락이 왔다. 주겠다는데도 받는 쪽에서 소극적이니 황당하고 어처구니없었다. 하여 11시까지 인수하지 않으면 소를 보내지 않겠다고 통보했다. 그랬더니 11시 30분이 되어서야 건너오라는 연락이 왔다. 이리하여 소 290마리를 실은 트럭 27대와 두 트럭분의 사료, 과자, 쌀 등을 실은 차의 행렬을 이끌고 김 총장 내외는 감격과 흥분이 교차되는 충격 속에서 교두다리를 건넜다. 그 행렬은 황해남도 용현군에 이르러서야 끝이 났다.

김진경 총장은 1987년 북한을 방문한 이후 북한을 돕는 일을 본격적으로 해왔다. 쌀 천 톤을 북한의 어려운 사람들에게 나누어 주었고 북한 라선시에 위치한 보육 시설인 라선어린이집을 비롯하여 량강도 대홍단군, 혜산시, 함경북도 청진시, 회령시, 온성군, 경원군, 길주군 등 209개 지역의 10세 미만의 어린이 약 33,700명에게 매달 식량, 분유, 의류, 약품 등을 지원하고 있다. 그는 20년 넘게 북한의 어린이들을 도와주는 일을 계속 이어 왔다. 이 일로 한 달에 열 번씩 북한을 다닌 적도 있다.

옷이나 식량 외에도 수해에 필요한 각종 의약품을 신의주와 회령군 병원, 회령고아원, 탁아소에 전달했다. 그리고 나진지구와 선봉지구 고아원에도 이불과 식량을 보냈다. 함경북도 샛별군, 경원 구탄광촌, 아오지탄광 등에도 식량을 보내 주었다. 온성군, 종성고아원, 남양노동자구역에도 밀차로 해관 다리를 건너가 건네주었다. 가까운 데는 당일치기로 갔다오고 먼 곳은 1박이나 2박을 하면서 다녀왔다.

"어렵고 가난한 사람을 보고서도 모르는 척하는 것은 죄를 짓는 것이요, 그들을 돕지 않고 비난하는 것은 그나마 그들이 가진 것을 그들에게서 빼앗는 것입니다."

이것이 김 총장이 북한 주민을 도와주는 이유다.

연금 사건

북한 주민과 어린이들을 도와주는 일을 조심스럽게 이어 가던 1998년 9월 12일. 김진경 총장은 북한 당국에 구속되었다. 이 사건은 한때 국제적인 뉴스로 세계를 놀라게 했다. 왜 갑자기 이런 일이 일어났는지, 주위에서는 갑작스러운 일이라 했지만 김진경은 이미 마음의 준비를 하고 있었다.

김진경이 연금되기 전, 먼저 이명숙 사장이 북한에 연금되는 사건이 발생했다. 이명숙 사장은 16년간 옌볜 새벽대학에서 사회주의 정치학을 강의한 조선족 학자였다. 1995년 그녀는 이불공장을 경영하면서 과기대에서 구매한 이불과 침대커버의 결제 때문에 과기대를 방문했다. 재무과에서 총장 사인을 받아 오라고 해서 총장실에 갔다가 처음 김 총장을 만나게 되었다. 자초지종을 듣고 난 김 총장이 크게 놀라며 "옌볜에 이불공장이 다 있었습니까?" 하고 물었다. 그러면서 신의주에 수해가 나서 많은 사람이 죽고 설사에 시달려 고생하고 있다며 "이불을 만들어 신의주에 가져갈 수 있냐"고 했다. 당시 이 사장은 이미 북한과 무역거래를 하고 있던 터라 "할 수 있다"고 선뜻 승낙했다. 그러자 김 총장이 두 주일 안에 이불을 만들어 신의주에 전해 달라고 했고, 이 사장은 다른 이불공장에 하청을 주는 방법으로 10일 만에 이불을 만들어 신의주에 갖다 주었다. 이에 깜짝 놀란 김 총장은 "어떻게 열흘 만에 일을 다 해낼 수 있느냐"면서 일솜씨가 대단하다고 칭찬을 아끼지 않았다. 김 총장은 다시 이 사장에게 신의주까지 식량을 17일 안에 가져다 달라는 부탁을 했고, 이 사장은 3일 앞당겨 14일 만에 가져다주었다. 이 두 번의 일로 김 총장은 이명숙 사장을 신뢰하게 되어 함께 일하자는 제의를 했다.

"북한 사람들이 기아와 굶주림에 죽어 갑니다. 우리 모두의 책임입니다. 같이 일합시다."

이리하여 이명숙 사장은 김진경 총장과 일을 하게 되었다. 그가 맡은 일은 주로 중국과 북한을 오가면서 이불과 쌀, 그리고 각종 약품들을 북한 수재민들에게 날라다 주는 것이었다.

그러던 어느 날이었다. 이 사장이 신의주에 곡식과 이불을 전해 주고 단동으로 나오려는데 한 남자가 따라오더니 중국에서 왔느냐고 물었다. 말투와 표정이 공손하고 다소곳했다. 뭔가 절실한 사정이 있는 사람처럼 보여 이 사장은 아무 의심 없이 대답했다.

"네. 중국에서 왔습니다."

"아, 그렇습니까? 참 다행입니다."

남자는 짐짓 얼굴에 회심을 띠고 말을 이었다.

"친척이 중국에서 사는데 편지 좀 전해 줄 수 없겠습니까?"

이명숙 사장이 미처 대답하기 전에 남자는 이미 준비해 온 편지를 그의 앞에 쑥 내밀었다. 처음 보는 사람이지만 왠지 거절할 수 없다는 생각이 들었다. 가는 길에 심부름을 해주면 그 사람에게 큰 도움이 될 수 있고, 중국에 있는 친척에게 편지를 전해 달라는 북한 주민들이 늘 있는 것을 알았기에 아무 경계심 없이 남자의 편지를 받아 가방에 넣었다. 그리고 몸을 돌려 호텔 쪽으로 걸어가는데 뒤에서 "어이!" 하고 누군가 불렀다. '금방 편지를 주고 간 사람인가' 생각하며 뒤돌아서는데 어떤 건장한 남자가 성큼성큼 걸어오고 있었다. 편지를 주고 간 남자는 아니었다. 일면식이 없는 사람이었다.

"누구신지—요?"

그녀가 묻는 말에는 대답도 없이 건장한 체구의 남자가 물었다.

"좀 전에 누구하고 만났나?"

말투가 어딘가 위압적이었다. 왜 그런 질문을 하는지, 그리고 왜 이런 질문을 받아야 하는지 미처 파악하지 못한 그녀는 어정쩡하게 대답했다.

"누구와 만나다니요? 아무와도 만난 적이 없습니다."

그녀의 말에 남자가 발끈했다.

"왜 거짓말하는가? 가방을 열어 봐. 진짜 아무도 안 만났는지!"

손가방을 열자 편지가 나왔다. 그러자 남자가 대뜸 그 편지를 낚아채며 호통을 쳤다.

"여기 이렇게 편지가 있는데도 아무도 만나지 않았다고 발뺌을 하는가. 따라오라오!"

이로써 이명숙 사장은 안전부에 연금되어 조사를 받게 되었다. 북한 당국은 김 총장 밑에서 무슨 일을 했는가, 그 많은 물건의 구입 자금이 모두 어디서 왔는가, 한국 정보부가 김 총장에게 돈을 주어 이명숙이 심부름을 하는 게 아닌가 등을 조사했다. 하루 24시간 감시인 두 명을 붙여 그녀를 감시하면서 같은 질문을 매일 반복하며 그녀의 진술을 받아내려 했다. 그렇게 5개월이 지났다.

이명숙 사장이 풀려나지 않자 그녀의 남편이 김 총장을 찾아와 울면서 하소연했다.

"총장님의 심부름을 하다가 이렇게 되었으니 총장님이 해결해 주셔야 하지 않겠습니까?"

안 그래도 그 일로 김 총장은 뜨거운 솥에 들어간 개미마냥 밥맛도 잃고 밤잠도 설치면서 안절부절못하고 있는 터였다. 정말 지옥 같은 시간이었다. 심부름을 간 이명숙 사장이 연금되었다는 것은 알고 있었지만, 왜 연금되었는지 그 원인을 확실히 알 수 없었기에 섣불리 행동할 수가 없었다. 다만 기다리며 추후를 지켜보는 것밖에. 김 총장은 "곧 나올 것입니다. 조금만 더 기다려 보십시다"라며 그녀의 남편을 위로하여 돌려보냈다.

그렇게 안타까운 가운데 시간은 속절없이 흘러 6개월이 지났다. 하지만 여전히 이 사장이 풀려날 기미는 없었다. 더 이상 기다리는 것은 무책임한 일이라고 판단되어 김 총장은 북조선 지리에 밝은 조선족 모 간부를 나진에 보내 소식을 알아보게 했다. 그런데 설상가상으로 심부름을 간 그 사람도 소식이 두절되었다. 하여 또 다른 직원을 파견했다. 그 직원이 들어가서야 그도 갇혀 있다는 사실을 알아냈다.

 중국에서 사람이 와서 찾는다는 사실을 알게 된 모 간부는 "훈춘 교두까지 나가서 중국에서 온 사람을 만나면 안 되겠냐"고 감시원에게 통사정했다. 그 간부는 북측 세관까지만 갈 수 있다는 허락을 받아 낸 뒤 우여곡절 끝에 중국으로 돌아오게 되었다. 그는 옌지에 도착하자마자 곧바로 김 총장을 찾아 그동안 있었던 일을 낱낱이 보고했다. 그의 보고를 듣고 김 총장은 결단을 내렸다.

 "나를 잡기 위해 모두들 잡아들인 것 같은데 아무래도 내가 가야겠네."

 그 말에 모 간부는 다급히 말렸다.

 "안 됩니다. 가면 바로 잡힙니다."

 "내가 가지 않으면 이 일은 끝나지 않아."

 그는 죽음이 두려워 다른 사람의 위험과 고통 뒤에 숨어 사는 비겁한 사람이 아니었다.

 "정 그러시다면 북측에서 의문으로 여기는 열두 가지 질문에 답할 수 있으면 가십시오."

 "열두 가지가 아니라 스무 가지라도 두렵지 않네. 나는 간첩 활동을 한 일도 없고 법에 위반되는 일을 한 적도 없어. 내가 한 일이라면 북한 인민들에게 옷과 식량을 갖다 준 일밖에 없단 말일세."

 "바로 그게 문제가 된 것을 왜 모르십니까? 왜 그런 일을 했는지, 그것이 문제라니깐요."

 "자네도 그게 문제라고 보나?"

"나야 당연히 아니죠. 하지만 그들이 우리의 진실을 믿지 않는 게 문제라는 거죠."

"믿도록 노력을 해야지. 진실은 통하는 법이야."

"노력을 하셔서 된다면 얼마나 좋겠습니까? 이번에 가시면 영영 못 나올지도 모릅니다."

"그래 봤자 사형밖에 더 있겠나?"

김 총장은 죽음을 각오하고 평양행을 택했다. 자신이 나서서 북한에 해명하지 않으면 이 일은 영원히 끝나지 않을 것이라 판단했기 때문이다.

1998년 9월. 그는 베이징에 있는 미국 대사관에 자신의 행선지를 보고하고 곽선희 옌볜과기대 재단이사장과 함께 평양으로 갔다. 평양에 이른 그는 이명숙 씨는 내 심부름만 한 사람으로 아무 죄도 없으니 속히 풀어 달라고 간청했다. 예상대로 그 뒤 3일 만에 이명숙 사장은 풀려나오고 김진경 총장이 구속되었다.

사형선고

"한 밤을 고민하면서 한 밤을 눈물로 새워 보지 못한 사람과는 인생에 대해 말하지 말라."

독일의 문학가 괴테의 말이다. 슬픔을 모르는 사람, 그리고 생명에 대해 치열하게 고민해 보지 못한 사람은 참다운 인생을 논할 자격이 없다는 뜻이다. 북한 당국은 김 총장이 그동안 많은 식량과 지원 물자를 제공했는데, 그것이 한국 정보부와 미국 정보부CIA의 자금에서 비롯된 것으로 의심하여 북한 체제 전복 음모죄를 적용하여 구속했다. 당국으로부터 심문받은 내용을 요약하면 다음과 같다.

"한국 정보부와 미국 정보부에 어떤 정보를 제공했으며 무슨 지시를 받았는가?"

"나는 한국 정보부와 미국 정보부와 아무 관계도 없다. 북한 주민들에게 보낸 쌀과 지원 물자에 쓴 돈은 한국 정보부와 미국 정보부의 자금이 아니다."

"아무 이유와 목적 없이 이런 일을 할 수는 없다. 필시 목적이 있고 뭔가 꿍꿍이가 있을 것이다. 그 이유와 목적을 솔직하게 말하라."

"나는 순수하게 같은 민족이라는 정의감으로 내 나라 사람들을 사랑하고 돕고 싶었을 뿐이다. 다른 목적과 이유는 없다."

김 총장은 매일같이 당국의 조사를 받았고 그럴 때마다 자신의 소신을 성의 있게 설명했다. 하지만 그의 설명은 그들에게 반영되지 않았다. 그들은 24시간 서로 교대해 가면서 그를 심문했다. 심문이 끝나면 자백서를 쓰도록 종이를 두고 나갔다. 그리고 답변을 적으면 솔직하지 못하다며 찢어 버리고 또다시 쓰라고 했다. 그들은 진실을 알고 싶은 것이 아니라 자신들이 원하는 답을 원하는 듯싶었다.

드디어 북한 당국은 북한에서 김 총장의 활동에 대해 다음과 같은 죄로 규정했다. 조선을 왕래하면서 자유민주주의 이념을 당 지도부에 파급시키려 선동한 죄, 조선 행정부에 중국식 개혁개방을 유도한 죄, 그리고 북한 인민들에게 기독교를 전파한 죄 등이다. 그가 북한에 전달한 천만 달러 이상의 식량 등이 대부분 기독교인에 의해 지원되었고, 그 결과 인민들에게 기독교적 영향을 미쳤으니 책임이 크며, 이 모든 것은 북한 체제 전복에 목적이 있다고 주장했다. 이런 죄목이라면 북한에서는 틀림없이 사형에 해당했다.

연금된 지 한 달가량 지나서 김 총장은 사형 통보를 받았다. 그런데 막상 통보를 받고 보니 말로는 형언할 수 없는 하늘의 위로와 영광이 가슴에 가득 차올랐다. 그는 전혀 두렵지 않았다. 믿음이 깊으면 생명에 대한 경외와 함께 죽음에도 경외를 느낀다. 그는 분명히 하나님께서 삶뿐만 아니라 죽음을 통해서도 역사하신다고 믿고 있었다. 그는 가진 것을 모두 내어놓고 유무상통하며 자신의 권리와 주장을 아낌없이 포기하고 평화와 사랑과 정의를 이 땅에 이루어지게 하기 위해 일하다가 죽는다면, 큰 기쁨이라 생각했다.

'사람은 언제든 죽게 마련인데 그것이 조금 일찍 왔을 뿐이 아니겠는가. 의로운 일을 하다가 이렇게 죽게 되었으니 이것은 순교다!'

그 힘들고 어려운 순간에 그는 한국 최초의 외국인 선교사 로버트 토마스를 떠올렸다. 토마스 선교사는 조선 땅을 밟아 보지도 못하고 스물일곱 살의 나이에 순교했지만, 조선 땅에 복음의 문이 열리게 한 최초의 밀알이라는 것에는 의심할 바 없다. 그가 뿌린 복음의 씨앗은 조선 부흥을 위한 실로 놀라운 축복이었다. 토마스를 통하여 '밀알은 죽음으로써 다시 산다'는 의미를 되새기면서 김 총장은 영광스러운 죽음에 대해 한없는 위로를 받을 수 있었다.

솔직히 밀폐된 작은 공간에 꼼짝 않고 갇혀 있는 그 답답함과 고통은 이루 말할 수 없었다. 특히 24시간 감독하면서 잠을 재우지 않는 고문은 사람을 기사지경幾死之境에 빠지게 했다. 힘든 고문을 견디면서 그가 두려웠던 것은 죽음이 아니라, 혹시라도 신앙에 흔들림이 있을까 하는 것이었다. 하지만 아무리 육신이 힘들더라도 자신이 살아온 삶에 대한 보람과 긍지와 자부심, 그리고 하나님을 향한 감사함이 마음에 가득 차니 결코 절망하지도 흔들리지도 않았다.

밀폐된 좁은 방에서 그가 할 수 있는 일은 극히 제한적이었다. 하지만 그는 쉬지 않고 운동을 했다. 운동이라고 해봤자 좁은 방 안을 쉼 없이 뛰는 일이었다. 마치 다람쥐 쳇바퀴 돌듯 말이다. 그리고 간간히 큰소리로 웃기도 하고 큰소리로 말을 했다. 누가 봐도 영락없이 미친 사람 짓이었다.

김진경을 지켜보던 감시원들이 "이 사람이 드디어 미쳤다"고 판단하여 의사를 불러다 진찰하기에 이르렀다. 그들은, 사형선고를 받은 사람은 대부분 "무조건 살려 달라"고 애걸하거나 저주하며 침을 뱉고 죽는 순간까지 욕을 퍼붓는데, 김진경은 살려 달라고 애걸하지도, 저주하며 욕을 퍼붓지도 않고 혼자서 웃고 떠들며 뛰어다니니 미치지 않고서야 어찌 이럴 수 있느냐고 했다. 이들이 미친 사람 대하듯 쉬쉬하자 김진경은 이렇게 말했다.

"나는 미치지 않았소. 김정일 장군님을 위하여 살다 죽는 것이 당신들의 가치인 것처럼, 하나님의 심부름꾼으로 충성되게 일하는 것이 나의 가치요. 배고픈 사람, 병든 사람, 옥에 갇힌 사람을 찾아보고 사랑하라는 것이 하나님의 뜻이고, 그것을 실천하는 것이 나의 천직이오. 어려운 사람을 찾아 사랑을 주다가 죽으니 후세 사람들이 나를 의롭게 죽었다고 할 것인데, 죽는다고 서글퍼할 이유가 뭐겠소. 마음을 다 비우니 이렇게 평화롭고 행복할 수가 없구려, 하하하."

유서

그를 심문하던 사람이 어느 날 갑자기 들어와 종이를 주면서 그에게 유서를 쓰라고 했다. 죽는 사람에게 유서가 무슨 의미가 있을까 싶었지만 이는 산 사람에 대한 예의인 듯싶어 그는 펜을 들었다. 그에게는 동고동락해 온 사랑하는 아내, 눈에 넣어도 아프지 않을 자식, 그리고 분신과 같은 대학, 뜻을 모아 함께 고생해 온 동지 교수들과 직원들, 그리고 제자들이 있다. 떠날 때 떠나더라도 살아 있는 이 세상의 모든 이들과 작별인사를 하는 것이 그가 이승에서 해야 할 마지막 일인 듯했다.

그는 모두 넉 장의 유서를 썼다. 하나는 학교에 보내는 편지였다. "총장이 죽었다고 절대 곡哭이나 장례식을 하지 말고 천국으로 가는 송별식을 하고 풍악을 울리라"는 당부였다.

두 번째로 아내에게 편지를 썼다. "너무 슬퍼하지 말라"는 위로의 말과 정리할 부분들에 대하여 썼다.

세 번째로 미국 정부에 썼다. "나의 죽음으로 인하여 북한에 보복하지 말라. 나는 오해로 죽지만 민족을 사랑하고 하나님의 사랑을 실천하다가 천국으로 갔으니 보복하지 말라. 만약 보복을 한다면 사랑을 실천하다가 죽은 내 뜻에 어긋나는 것이다"라고 당부했다.

끝으로 북한 당국에 썼다. "내 육신은 평양의과대학에 기증해 달라. 나의 육신은 아직 크게 앓아 본 적 없는 아주 건강한 몸이다. 내가 죽으면 내 장기臟器를 필요로 하는 조선 사람들에게 이식해도 좋다."

유서를 다 쓰고 나서 그는 그날의 기분을 일기장에 이렇게 적었다.

날개 아래 쉬다. 새털과 같은 이 부드러움, 평화롭구나.

그는 오랜만에 편안한 잠을 잤다. 이승에 대한 미련과 의무, 그리고 모든 짐을 내려놓으니 그렇게 마음이 가벼울 수가 없었다.

이튿날, 일어나서 보니 유서가 보이지 않았다. 아마 그가 깊이 잠든 사이 감시원이 가져간 모양이었다. 누가 가져갔든 유서는 틀림없이 북한 당국에 전해졌을 테고 그들에게 김진경이란 사람의 마음을 전하는 데 결정적인 도구가 되었을 것이다. 곧 죽임을 당할 텐데도 자기를 잡아들인 사람을 증오하지 않았고, 오히려 미국 정부에 보복 행위를 하지 말라고 당부했다. 그뿐인가. 자기를 사형시키려는 북한에 자기 몸의 모든 장기를 기증한다고 하였으니…….

김진경의 유서를 읽은 뒤 한동안은 다른 움직임이 없었다. 그런데 어느 날 예상치 않은 푸짐한 밥상이 들어왔다. 연금된 후 처음으로 보는 특별히 정성 들인 밥상이었다.

'죽이기 전에 주는 진수성찬이구나.'

이승에서 먹는 마지막 밥이 되겠구나 싶었다. 의연하게 죽음을 준비했던 터지만 자신의 죽음으로 인해 슬퍼할 가족들을 생각하니 콧마루가 찡하니 슬픔이 고였다. 웬일인지 감시원이 풀잎으로 만든 풀다발을 그에게 주었다. 평소의 그의 성격과는 전혀 어울리지 않는 행동이라 놀라지 않을 수 없었다.

'이건 또 뭐야? 설마 죽는 사람을 축하하려는 건 아니겠지.'

화사하지는 않았지만 소담하고 제법 들풀 향기가 풍겼다. 오래간만에 느끼는 자연의 향기였다. 그는 남자의 손에 들린 풀다발에서 눈을 떼지 않았다. 죽음을 앞에 둔 사람에게 풀다발이 아니라 장미꽃다발인들 무슨 의미가 있으랴만 풀다발은 그를 깊은 향수에 젖게 했다.

"오늘이 무슨 날인지 압니까?"

'이건 또 무슨 소린가? 오늘이 무슨 날이란 말인가? 혹여 내가 죽는 날인가?'

이윽히 침묵이 흐르고 나서 감시원이 정적을 깨며 말했다.

"오늘이 선생님 부인의 생신입니다."

남자의 말은 예상을 뒤집었다. 그 말을 듣는 순간 몸에 힘이 풀려 다리가 휘청했다. 손에 땀이 고여 있었다. 이런 아이러니라니. 웃을 수도 울 수도 없는 황당한 기분이 들었다. 쥐도 새도 모르게 죽을 줄 알았던 그에게 아내의 생일이라고 차려 준 음식과 풀다발이 깊은 위로가 되었던 것일까. 갑자기 뜨거운 것이 치밀어 오르며 목이 꽉 잠겼다. 그리고 저도 몰래 눈가가 젖어 들었다. 정말이지 그들이 이런 자리에서 아내의 생일을 기념해 주는 선의와 아량을 베풀어 줄 줄은 꿈에도 생각지 못했다. 그리고 무엇보다 아내가 그리웠다.

'아, 오늘이 사랑하는 내 아내의 생일이었구나!'

살면서 그 순간처럼 아내가 그리웠던 적이 없었다. 그리고 가슴으로 뜨거운 것이 흘러내렸다. 그는 아내를 위하여 눈물을 흘렸다.

또 다른 눈물

김 총장이 연금된 후 옌볜과기대는 이중 부총장이 총장 대행을 맡고 있었다. 학교에서는 김 총장이 도대체 왜 옌볜으로 돌아오지 못하는지 알지 못했다. 아직 연금되어 있는지, 아니면 이미 잘못된 것인지 알 길이 없었다. 다만 그들이 알고 있는 사실은 김 총장이 사라진 그날의 엽기적인 순간뿐이었다. 그 뒤의 사실은 누구도 알지 못했다. 모든 것은 비밀리에 일어난 일들이었다.

1998년 8월 말, 김 총장이 옌볜과기대 이사장인 곽선희 목사와 또 다른 후원회 이사들과 함께 북한에서의 업무를 마치고 귀국길에 올랐다. 평양공항에서 맨 앞에 선 곽 목사가 공항 검열을 마치고 나오면서 뒤를 돌아보았는데 뒤따라오던 김 총장이 갑자기 보이지 않았다. 금방까지 바로 뒤에 있던 사람이 쥐도 새도 모르게 사라졌다. 눈 깜짝할 사이에 일어난 일이었다. 일행 중 누구도 김 총장이 어디로 갔는지 본 사람이 없었다. 비행기에 탑승할 시간이 되어도 김 총장은 나타나지 않았다. 이렇게 헤어진 뒤로 김 총장에 대한 아무 소식도 들을 수 없었다. 공항에서 나오다가 출국 정지를 당하고 어딘가에 연금되었을 것이라는 것도 추측일 뿐,

누구도 그의 생사를 알지 못했다. 엽기소설이나 3류 영화에서나 볼 수 있는 황당한 '김진경 총장 실종 사건'으로 하여 옌볜과기대는 술렁거렸다.

살아서 돌아오지 못할 거다, 극형에 처해질 거다, 이미 처형되었을지도 모른다는, 그야말로 불길한 억측들이 난무했다. 옌볜과기대는 초상집 분위기였다. 교직원들의 얼굴에서는 웃음기를 찾아볼 수 없었고 저마다 말을 아꼈다. 학생들도 메일을 주고받으면서 조심스럽게 김 총장의 생사를 서로에게 전하면서 불안해했다. 미국과 한국 및 전 세계에 흩어져 있는 과기대 후원회원들이 초조하고 불안한 마음으로 수시로 총장의 안부를 학교에 물어왔다. 하지만 누구도 그의 안위를 장담할 수 있는 사람은 없었다. 아침에 학교에 나오면 혹시 밤새 무슨 소식이 있을까 싶어 서로의 안색부터 살폈다. 김 총장의 실종으로 옌볜과기대의 미래에 암운이 드리우게 되었다.

석방

그날은 10월 24일, 토요일이었다. 김 총장이 연금된 지 42일이 되는 날이었다.

아직 해가 뜨지 않은 이른 아침, 밖에서 누군가 열쇠를 푸는 소리가 들렸다. 이른 시간에 웬일인가? 담당 직원이 들어오더니 다짜고짜 빨리 세수하고 옷을 갈아입으라고 재촉했다. 드디어 올 것이 왔구나 하는 생각이 들었다. 이미 준비하고 있었던지라 죽음이 왔다고 해도 별로 두려울 것이 없었다. 물속 같은 고요와 평화가 마음 깊은 곳을 파고드는 것을 느낄 수 있었다. 그는 의연하게 세수를 하고 옷을 갈아입었다. 그러자 담당 직원이 예전보다 조금 부드러워진 목소리로 말했다.

"오늘 이곳을 나가게 됩니다."

한동안 믿어지지 않아 멍하니 서 있었다. 가슴이 먹먹했다. 하도 완고하여 끝까지 변하지 않을 것 같더니 왜 갑자기 태도가 바뀌었는지 꿈을 꾸고 있는 듯했다. 압수당했던 여권과 소지품을 돌려받으면서야 이것이 꿈이 아니라 생시임을 알 수 있었다.

귀국하기 위해 평양공항으로 오는 동안에도 보이지 않는 손이 뒷덜미를 잡는 듯싶어 자꾸 돌아봤다. 베이징행 고려항공기가 평양공항을 이륙해서야 '아— 정말 내가 살아서 돌아가는구나!' 하는 생각이 들었다. 왠지 가슴속 깊은 곳에서 뜨거운 것이 솟구쳤다. 눈가도 젖어들었다. 감격인지 회한인지 본인도 알 수 없었다. 아무튼 살아 있는 것이 감사했고 다행스러웠다. 누가 뭐래도 삶이란 희열이고 행복이며 생명은 소중한 것이다.

김진경 총장이 베이징공항에 내리자 100여 명의 외신들이 카메라를 들고 진을 치고 있었다. 미국민인 김진경이 북한에서 봉사활동을 하다가 북한 당국에 억류된 사건은 이미 세계 언론의 관심사가 되어 있었다. 그곳 공안국 관계자가 김진경 총장에게 물었다.

"기자들이 기다리고 있는데 기자 회견을 하시겠습니까?"

"아니오!"

김 총장은 그쪽에 눈길 한번 주지 않고 일언지하에 거절했다. '내 조국, 내 민족의 일'을 언론에 나서서 비난하고 싶지 않았다. 그는 기자들을 따돌리기 위해 비밀 출구로 가만히 빠져나와 미국 대사관 안내원을 따라 조심스럽게 움직였다. 특종을 건지려고 새벽부터 몇 시간째 공항에서 기다리던 기자들은 헛물만 켜고 말았다.

만약 그가 세계 언론을 상대로 인터뷰를 했다면 어찌 되었을까? 언론이란 가장 진실할 수도 있고 가장 허구일 수도 있다. 기사의 생명은 진실에 있지만 기자의 지명도는 기사의 사회적 파장에 있다. 그러므로 기자들은 기사의 진실보다 그 사회적 파급 효과에 맞추어 기사를 쓰기에 진실이 외면되는 것 또한 현실이다. 기자는 기자의 가치 판단에 따라 사건을 해석하여 세계에 보도할 것이다. 그렇게 보도된 기사로 하여 오해는 더 커지고 해석은 더 부풀려졌을 것이며, 영원히 건너지 못할 강을 만들고 말았을 것이다.

김 총장이 대사관 직원들의 안내로 호텔에 오니 부인 박옥희 여사가 기다리고 있었다. 깜짝 놀란 김 총장이 다급히 물었다.

"당신은 어떻게 알고 왔어?"

박옥희 여사가 자초지종을 설명했다. 사실은 이랬다.

미국에 있는 김 총장의 아들이 로펌회사의 상관에게 "미국 시민권을 가진 우리 아버지가 지금 평양에 연금되었으니 미국이 아버지를 구해 줘야 한다"고 진언했다. 그의 상사는 레이건 대통령의 고문변호사였는데 이야기를 다 듣고 나서 "그렇지 않아도 스위스 제네바에서 북한 대표와 만나려는 사람이 있는데, 전화로 제임스 김의 얘기를 하겠다"고 약속했다. 회담은 22일 있을 예정이었는데 하루 앞당긴 21일, 레이건 대통령 변호사에게서 "늦어도 24일 토요일까지는 김진경 총장이 연금에서 풀려 나온다"는 소식을 전해 듣게 되었고, 김 총장 아들은 즉시 중국 옌지에 계시는 어머니께 이 소식을 전했다.

"아버지께서 늦어도 24일에는 풀려나신다고 하니 빨리 베이징에 가서 기다리세요."

후에 안 일이지만 미국 정부는 스웨덴, 독일 정부의 협조로 북한 당국과 김진경 총장의 신변 안전에 대해 깊이 숙의했다고 한다. UN이 직접 나섰고 10월 22일 열린 제네바 회의에서 미국은 김 총장의 조속한 귀환을 강도 높게 주장했다. 그리고 이틀 후 김진경 총장은 석방되었다.

호사다마(好事多魔)라고, 혹시 일을 그르칠까 염려하여 박옥희 여사는 다른 사람들에게는 한마디 말도 못 하고 혼자서 조용히 베이징으로 왔다. 24일 새벽 그녀가 베이징공항에 도착하자 가는 곳마다 기자들이 장사진을 이루고 있었다. '오늘 무슨 대단한 사람이 오나'라고 생각하며 무심코 한쪽에서 조용히 남편을 기다리고 있었다. 그런데 기자들이 하는 말이 박옥희의 귀에까지 흘러들었다.

"평양에서 오는 김진경 총장의 키가 커요 작아요?"

"크지도 작지도 않은 걸로 알고 있어요."

그들이 주고받는 소리를 듣고서야 기자들이 남편을 기다리고 있음을 알게 되었다. 박옥희는 함께 기다리던 미국 대사관 직원에게 조용히 말했다.

"이렇게 기자들이 몰리면 곤란하지 않겠어요?"

그 말을 들은 직원도 고개를 끄덕여 공감했다.

"총장님이 비행기에서 내리면 대사관에서 총장님을 모시고 갈 테니 사모님은 가까운 호텔에 가 계시는 게 좋겠습니다."

이리하여 대사관 직원 몇 명과 함께 박옥희 여사는 공항에서 가까운 모 호텔에서 대기하고 있었던 것이다.
부인에게서 자초지종을 다 듣고 난 김 총장이 무덤덤하게 말했다.
"뭐하러 왔어?"
그렇게 큰일을 당하고도 평소나 다름없이 태평한 남편을 보면서 박옥희는 그동안 애끓었던 심정을 너무 몰라주는 것 같아 섭섭하게 되물었다.
"제가 왜 왔겠어요?"
아내가 화난 듯하여 김 총장은 급히 사과했다.
"내가 온다는 사실을 아무도 모를 텐데 당신이 갑자기 와 있으니 놀라서……. 너무 반가워서 그만 실수했어요. 미안해."
김 총장이 연금된 42일간 그녀는 하루도 편히 잔 적이 없고 한 번도 온전한 식사를 한 적이 없었다. 혼자서 따뜻하게 물 한 모금 마시는 것조차 미안했다. 그야말로 일각이 여삼추 같은 시간이었다.
'제발 살아서 돌아오게 해주십시오. 이 사람은 주님의 부르심을 받고 여기까지 온 사람입니다. 그런데 왜 내치려 하십니까? 제발 살려 주세요.'
두 사람이 만난 건 토요일. 박옥희 여사는 김 총장에게 베이징에서 하루 머물고 가자고 간청했다. 연금 생활로 고생한 남편을 단 하루라도 편히 쉬게 하고 싶어서였다. 하지만 김 총장은 너무 오래 자리를 비웠다며 기어이 옌지로 돌아가자고 했다. 결국 그들은 당일 비행기 편으로 옌지로 왔고 도착하자마자 학생들이 모여 있는 학교 식당부터 들렀다.

　김 총장이 식당에 들어서자 그를 알아본 학생들이 일제히 함성을 지르며 환호했다. 과기대의 앞날을 걱정하며 숨 죽이고 귀추를 기다리고 있던 학생들이었다. 김 총장이 무사히 돌아온 것을 확인한 순간 학생들의 마음속 그림자가 맑게 걷혔다. 교수들도 "총장님이 계시지 않는 동안 그 빈자리가 너무 크게 느껴졌으며, 부모 없는 고아의 설움이 어떤 것인지 알게 됐다"면서 저마다 그동안의 마음고생을 털어놓았다. 김 총장의 무사귀환을 교수와 학생, 직원들까지 과기대 가족 전체가 열광하며 자축했다. 그동안 정신적·육체적 고통을 많이 겪었을 텐데도, 마치 먼 여행을 마치고 온 사람처럼 평온한 모습으로 돌아와 준 김 총장을 보면서 과기대 식구들은 저마다 "고맙습니다. 돌아와 주셔서 고맙습니다"라는 말을 되뇌며 감동의 눈물을 머금었다.

　좋은 일이든 궂은일이든 모두 한마음이 될 수 있다는 이 공동체 의식이야말로 이 학교의 힘이고 정신이고 위력이다. 이런 정신이 있기에 옌볜과기대는 아름다운 미래를 기약할 수 있는 것이다. 당시 김 총장이 자리를 비우는 동안 총장 대행을 해온 이중부총장은 그동안 하고 싶었던 말들이 많고 많았지만 결국 아무것도 묻지 않았다. "무엇이든 묻는다는 것 자체가 그에게 너무 잔인한 일인 것 같았다"라고 그는 그날을 회고했다. 많은 사람들이 아무 말도 물을 수 없었던 것은 그에게 다시 한 번 그 끔찍한 기억을 되살리게 하고 싶지 않았음이다. 그리고 굳이 말을 하지 않아도 눈빛만으로도 그동안 겪은 고통과 아픔을 함께 나눌 수 있었기 때문이다.

　김 총장이 북한에서 풀려나온 뒤 옌볜과기대와 학교후원회에서는 또 다른 걱정으로 마음을 졸이고 있었다. 중국 정부에서 김 총장을 중국 내에서 계속 자유롭게 활동할 수 있게 할지가 미지수였다. 중국과 북한은 사회주의 국가로서 오래전부터 '이와 입술' 사이의 동맹국이다. 그러나 북한에서 간첩죄로 연금되었던 김 총장을 중국 정부에서 활동하도록 허용하지 않을 것이란 견해가 주를 이루었다. 그렇게 되면 앞으로 옌볜과기대는 어떻게 되는가?

　하지만 이 모든 걱정은 기우에 불과했다. 이 사건 후에도 김 총장에 대한 중국 정부의 신뢰는 전혀 손상되지 않았다. 오히려 중국 정부는 그에게 영구 거류증을 발급해 주며 더욱 편리하게 일하도록 도왔다.

　김 총장은 "북한에서 반국가 간첩 혐의로 추방된 나를 북한의 우방국가인 중국 정부가 거듭 신임하고 옌볜과기대 일을 계속하도록 해준 것을 보면 역시 중국은 대국입니다"라며 감격하여 말했다. 그는 중국 정부의 신뢰에 보답하는 마음으로 더욱 헌신적으로 학교사업에 매진했다.

사랑하는 동역자 여러분께

　김진경 총장이 평양에서 돌아온 뒤, 기자들은 '김진경 평양 연금 사건'의 진실을 알고 싶어 그의 집무실로 끈질기게 전화했다. 하지만 김 총장은 침묵으로 일관했다. 기자들은 이 사건을 터뜨리고 싶었지만, 김 총장은 오히려 덮어 두고 싶었다. 일부 기자들은 그의 침묵에 아주 도전적이고 자극적인 말을 쏟아냈다.

"침묵으로 일관하는 게 좋은 것만은 아닙니다. 개선할 수 있고, 또 개선하지 않으면 안 되는 명백한 부정에 침묵하면 그것은 방종과 같은 것입니다. 북에 왜 구속되었습니까? 진실을 말씀해 주십시오."

"그것은 오해일 뿐입니다. 오해는 오해가 풀리면 다 끝납니다. 새로운 오해를 만들고 싶지 않습니다."

그의 대답이 이것뿐이니 인터뷰는 더 이상 이어지지 않았다. 김 총장은 이 사건에 대해 시종 침묵하다가 학교 후원회 소식지 29호에 다음과 같은 글을 실었다.

사랑하는 동역자 여러분께

지난 42일간 북한에 체류해 있는 동안 저의 안전을 위하여 간절히 기도해 주시고 또 저와 가족들에게 보내 주신 여러분의 따뜻한 위로에 가슴 깊이 감사드립니다. 저는 10월 24일 평양을 출발하여 베이징을 거쳐 무사히 옌지에 도착했습니다. 저의 아내와 우리 대학의 여러 교수님 및 직원들과 감격적으로 만났으며 그 후 바로 정상 업무에 임하고 있습니다. 평양 체류 기간 중 여러분의 기도의 응답으로 최상의 건강을 유지할 수 있었으며, 대학으로 오자마자 이틀 동안 동북아농업개발 세미나도 개최할 수 있었습니다. 체류 기간 동안 북한 정권은 저의 지난 12년간의 북한에서의 활동에 대해 다음 내용을 문제 삼았습니다.

- 자유민주주의 이념을 북한 당 지도부에 파급시키려 했으며
- 중국의 특징적인 사회주의 방식인 개혁개방정책을 북한 행정 당국에

받아들이도록 힘썼으며

- 저를 통하여 북한에 전달된 1,000만 달러 이상의 식량지원 등이 대부분 세계 각국 기독교인들의 힘에 의해 이루어졌기에 그 결과 인민들에게 기독교가 전파되었으며, 이러한 활동은 궁극적으로 체제 전복 관련 혐의에서 벗어날 수 없다고 강조했습니다.

이에 대하여 저는 그동안의 제 활동은 어디까지나 민족적 차원과 동포애적 발상에서 순수하게 추진되었던 것이라고 밝혔습니다. 그러나 결과적으로 그간의 활동이 북한 당국으로부터 긍정적으로 수용되지 못했다는 것을 새롭게 인식하였고, 앞으로 이러한 오해가 발생하지 않도록 상호 신뢰를 굳히는 데 최선을 다할 것을 다짐했습니다. 또한 그동안 추진되어 왔던 나진과학기술대학, 평양구강병원, 나진어린이집 및 기타 구호 사업들이 계속 추진되어야 함을 밝혔습니다.

중국에 도착한 후 알게 된 사실이지만, 저를 위하여 국제기구와 여러 관계자들께서 관심을 표명해 주셨다는 사실을 알고 무척 놀랐습니다. 미국 정무성과 상하의원, UN사무총장, 여러 국제기관과 관계 국가, 독일 정부, 스위스 정부, 스웨덴 정부 등 도움을 주신 모든 분들께 충심으로 감사의 뜻을 전해 드립니다. 그리고 다시 한 번 저의 사랑하는 동역자 여러분과 수많은 전 세계 그리스도의 가족과 교회에서 제게 보여 주신 깊은 사랑과 정성 어린 기도에 마음으로부터 깊은 감사를 드리며, 속히 뵐 수 있게 되기를 바랍니다.

1998년 11월 10일

김진경 드림

그는 북에서 있었던 '42일'을 '억류'라 하지 않고 '체류'라고 표현했다. 억울함이나 원망 한마디쯤 쏟아 낼 수 있었을 테지만 결코 그러지 않았다. 오히려 북측의 입장을 이해했고 그들에게 해가 되고 누가 될 만한 말은 전혀 하지 않았다. 대학의 한 집회에서 그는 눈물을 머금고 이런 말을 했다.

"나를 억류하고 고통을 주었던 사람들마저도 용서하는 것이 참된 그리스도인의 사랑입니다."

그의 고백을 들으면서 사람들은 흐느꼈다. 과연 이런 사랑이 참된 것인가? 김진경 총장이 북한에 갇혀 있는 동안 과기대의 가족은 북한에 분노했다. 그 분노가 극에 달해 다시는 용서할 수도, 용서해서도 안 된다는 말들이 거침없이 쏟아졌다.

"12년 넘게 온갖 정성과 열정을 다 쏟아 저들을 도와주었는데 고작 돌아온 결과가 간첩 누명과 억류란 말인가?"

"적반하장도 유분수지, 세상에 이런 배은망덕이 어디 있는가."

"이제 북한 돕기는 영영 그만두어야 한다."

하지만 죽음의 문 앞까지 갔다온 김 총장은 정작 이들의 분노를 외면했다.

"그들을 용서해야 합니다. 우리를 고통스럽게 하고 우리를 슬프게 한 사람도 우리는 용서해야 합니다."

김 총장의 눈물 어린 호소에, 모인 사람들은 목 놓아 울며 기도했다. 고통스럽다고, 억울하다고 분노했던 이들의 분노는 부끄러움으로 되돌아왔다. 함께 있던 이중 부총장은 그날을 회고하며 말했다.

"우리는 어쩔 수 없이 그의 마음 깊은 곳에 자리한 사랑의 체험을 받아들였습니다. 그것은 드디어 돌아온 그와, 그를 기다려 온 우리가 공유하는 은혜였습니다."

김진경 총장은 사랑으로써 학교에 감돌던 '미움'과 '분노'의 정서를 한순간 걷어 냈다. 김 총장의 삶의 철칙은 어떤 환경에서도 흔들리지 않았다.

"남이야 나에게 어떻게 했든 내가 바로 서야 한다는 생각에는 변함이 없습니다. 남북한은 서로를 '네 탓이다' 하기 때문에 주적主敵으로 대치하고 있는 것입니다. 평화란 가진 자가 그 대가를 지불할 때만 이루어집니다. 뭔가 다툼이 일어났을 때 가진 자가 먼저 양보해야 화해가 이루어집니다. 왜냐, 가진 자가 물러나는 것은 양보이지만, 없는 자가 물러나는 것은 굴욕이라 느끼기에 물러나기 힘든 것입니다."

경계란 서로 다름이다.

그 다름을 따뜻하게 바라보는 것이 곧 경계를 허무는 일이다.

16. 죽음을 넘어 평양과기대를 세우다

이 시대의 마지막 경계

2001년 1월. 북한 당국에서 김진경 총장에게 전화를 해왔다. "옌볜과기대에 대표단을 보내려는데 받아 주시겠느냐?"라는 내용이었다. 김 총장은 "즉시 오시라!"는 답을 주었다. 이리하여 김 총장이 북한 당국에 연금되었다가 풀려난 지 2년여 만에 북한에서 대표단이 도착하게 되었다. 만나 보니 김진경 총장을 연금하여 심문하던 사람도 끼어 있었다. 대표단은 윗선에서 김진경 총장을 모셔 오라고 한 내용문을 그에게 전했다. 이례적인 일이었다. 북한에서는 감옥에 억류되었던 사람은 다시는 입국을 허락하지 않는 것이 전례다. 하지만 그들은 그 전례를 깨고 김 총장을 평양으로 초청했다. 그 뒤 김일성종합대학 총장과 김책공단 대표단이 옌볜과기대를 방문하여 옌볜과기대의 운영을 낱낱이 조사했다. 그리고 "평양에 옌볜과학기술대학과 똑같은 대학을 세워 줄 것을 요청"했다.

2001년 3월. 김 총장은 억류 시점으로부터 29개월 만에 처음으로 북한을 방문하게 되었다. 그리고 마침내 "평양과학기술대학을 세워 달라"는 요구를 수락했다.

귀국 후 이 소식을 접한 옌볜과기대 후원회에서는 호응하는 사람과 반대하는 사람으로 갈리었다. "비전이 있는 일"이라며 지지하는 이들이 있는 반면, "억울하게 억류되었던 사실을 벌써 잊었느냐"며 아픈 기억을 들먹이는 이들도 있었다. 김 총장은 아픔을 겪은 후 내린 결정인 만큼 더욱 쉽지 않았음을 이해하고 믿어 달라며 지지를 부탁했다.

북한에 학교를 세우는 것은 아직 시기상조라는 견해도 만만치 않았다. 하지만 김 총장은 이미 옌볜과기대를 통해 성공한 경험이 있는 데다 북한 당국의 요청도 있기에 절대 실패하지 않을 거라고 자신했다.

"옌볜과기대도 처음에는 안 된다고 했는데 결국 만들지 않았습니까. 우리는 이미 기적을 만들었습니다. 두 번 기적을 만들지 말라는 법은 없습니다."

그의 강경한 태도에 "왜 그리 악착같이 북한을 돕자고 하는가" 하고 의문스러워하는 사람들도 있었다. 그곳에서 사형선고까지 받은 사람이 그곳에 그토록 목숨을 거는 이유가 뭔가? 남한의 일부 정치인은 그를 '종북 세력', '사회주의자'라고 몰아세웠다. 하지만 그는 자신의 믿음과 약속을 실천하고자 하는 사람일 뿐이다. 그의 북한에 대한 애정은 '민족애', '동족애'는 물론, 15세의 어린 나이에 참전하여 동족상잔의 처절한 전쟁터에서 했던 고백, "살려 주신다면, 저들에게 총부리를 마주했던 이 죄를 저들을 섬기는 일로, 이들을 사랑하며 이들의 행복을 위해 사는 일로 보답하겠습니다"라고 했던 그 약속을 실천하려는 의지도 있었다.

물론 전쟁의 책임은 참전했던 개인에게 있지 않다. 전쟁에서 싸운 모든 이들은 생존자든 죽은 자든 전쟁의 피해자일 뿐이다. 하지만 그가 말하는 책임은 전쟁의 사회적인 책임이 아니라 자신의 책임을 말하고 있는 것이다. 스스로 무거운 십자가를 짊어짐으로써 다른 누군가의 어깨가 가벼워지기를 바라는 마음이었다.

어쩌면 평양에 대학을 세우는 것은 그의 한생의 꿈이었다고 보는 편이 더 편하겠다. 그리고 마음의 짐을 내려놓는 일이기도 하였을 것이다. 지금 와서 생각하면 중국 옌볜에 학교를 세운 것도 평양에 학교를 세우려는 꿈을 실현하기 위한 첫 퍼즐 맞추기와 같은 것이었다. 옌볜과기대가 없었다면 평양과기대는 불가능했다. 옌볜과기대를 통해 김진경은 사회주의 국가에서도 외국인 대학이 가능하다는 경험을 얻었고, 그 과정에서 더 확실한 희망과 신심을 얻었을 것이다. 옌볜과기대가 실패했더라면 평양과기대를 세우는 일은 감히 시도하지 못했을지 모른다. 한마디로 옌볜과기대라는 성공 사례가 없었다면 옌볜과기대와 똑같은 대학을 세워 달라는 북한의 제안을 어찌 받을 수 있었겠는가.

    옌볜과기대는 중국식 사회주의 개혁개방의 산물이다. 특히 교육에서 개방과 개혁의 새로운 탈출구를 제시한, 세계화를 향한 새로운 도약이라고 할 수도 있겠다. 사회주의 체제에서는 존재한 적이 없는 사립대학, 그것도 외국합작 국제대학으로서의 옌볜과기대는 북한에서 볼 때 충격이면서도 흥미 있는 연구 대상이었을 것이다.

    옌볜과기대는 사회주의 국가에서 교육개혁의 준엄한 시험대였음을 시사한다. 이런 의미에서 옌볜과기대의 성공은 평양과기대 진출의 서막이고 발판이었다. 북조선은 중국을 통하여 김진경을 받아들이는 것은 큰 무리수 없이 국익에 유익하다는 판단을 했을 것이다. 이런 측면에서 김진경 구속 사건은 김진경을 테스트하기 위한 그들 방식의 모의고사가 아니었나 싶다. 정말 그렇다면 결국 김진경은 그 모든 모의고사를 잘 치러 낸 것이고 누구도 상상하지 못한 특권을 따내게 된 것이리라.

    하지만 그는 이 일이 북에만 이익을 준다고 생각지 않았다. 그는 남북의 큰 경제적 격차는 오히려 통일을 가로막는 심각한 장애 요인으로 작용할 것으로 보았다. 한반도의 긴장을 완화하고 평화통일을 열어 가려면 북이 자연스럽게 남과 함께 경제적인 동반자 역할을 할 수 있도록 공존과 상생의 길을 가야 한다는 것이다. 그는 "평양과기대를 통한 북한 엘리트들에 대한 교육은 미국의 이익에도 부합된다"며 미국에도 지원을 호소했고, 또 "평양과기대는 철저히 정치적 목적을 배제하고 있고 북한의 엘리트 및 젊은이들을 교육하여 자체적인 경제 건설은 물론 국제 사회의 발전과 평화에도 기여하게 하는 데 목적이 있으며, 이에 북한 당국도 국가적 사업으로 지원하고 있다"며 남쪽 사회의 따뜻한 지원을 호소하기도 했다. 이는 국제사회의 공동의 발전에 유익한 일로, 전 세계적이며 전 인류적인 요청으로 받아들이는 것이 미래지향적인 평가가 될 것이다. "그런다고 그들이 알아주기라도 할 것 같은가" 하는 사람들이 있지만 그는 변함이 없다.

"뭘 바래서 하는 일이 아닙니다. 그저 돕고자 하는 일입니다. 상대방의 필요를 알아 그것을 채워 주고 그들을 소중하게 여기고 진실로 대하는 것으로 내 할 일은 끝나는 것입니다."

사회주의 체제에서 자본주의 이념과 경험을 토대로 교육을 시작한다는 게 결코 쉬운 일은 아니다. 하지만 김 총장은 불가능한 것, 불투명하고 불확실한 것에 도전하는 것을 좋아한다. 남들이 다 안 된다는 일을 그는 되게 만들고 싶어 한다.

이중 부총장은 후에 이렇게 말하기도 했다.

"친구 김진경이가, 인간 김진경이가 하는 일이 결코 아닙니다. 초월적인 힘이 있기에 가능합니다. 그런 큰일을 디자인하고 궤도 위에 올려놓는 일은 사람의 힘으로는 불가능합니다."

김진경은 늘 경계에서 춤을 추어 왔다. 이는 경계를 허물기 위한 그의 치열한 구애였다. 그가 생각하는 경계란 무엇인가? 경계란 서로 다름이다. 경계를 허문다는 것은 다름을 따뜻하게 바라보는 것이라고 그는 믿고 있다. 서로 다른 환경에서 살아온 서로 다른 사람들끼리, 서로 다른 문화 속에 사는 나라끼리 같은 생각을 하기 위해서가 아니라, '오히려 서로의 관심이나 감각의 미묘한 어긋남을 확인하고 차라리 그 차이를 즐기는 것'이 바로 경계를 허무는 가장 좋은 방법이라고 그는 생각한다. '어긋나서 즐겁고 부딪혀서 더욱 풍요로워지는 것, 이것이 바로 소통의 스릴이며 묘미'다.

경계 허물기, 그것이 인류의 마지막 작업일까? 보기에는 그렇게 보이지만 보여지는 것이 전부가 아니라고 그는 말한다. 생명체가 만들어지는 과정은 경계를 허무는 행위와 경계를 만드는 행위의 조합에 의해 이루어진다. 말하자면 생명체가 만들어지는 첫째 단계는 바로 무수한 정자들이 단 한 개의 난자의 세포막이리는 경계막을 뚫는 것으로 시작한다. 정자와 난자는 경계를 뚫고 하나로 합일된다. 그런데 다시 합일된 수정란은 몇 개의 세포로 분열하여 무수한 세포막을 형성하여 경계를 만든다. 아무튼 생명체는 경계 허물기에서 시작되고, 또다시 경계 만들기로 생명체를 완성시킨다. 그렇다면 경계를 바라보는 우리의 시각은 분명히 달라져야 할 것이다.

김진경은 "경계의 진정한 의미는 허무는 것이 아니라 소통"이라고 했다. 그리고 종국적으로 인류의 목적은 "경계에서 다 함께 춤추기" 위한 것이라고 했다. 모험을 안고 위험하게 그리고 가까스로 탄생한 옌벤과기대와 평양과기대는 소위 자본주의와 사회주의라는 경계에서 태어났다. 그것은 이 시대의 가장 마지막 경계에서 태어나 이 시대의 마지막 모순을 안고 있다. 하지만 그것은 이 시대의 마지막 경계를 밝히는 등불이 될 것이라 그는 믿는다.

우연인가, 필연인가

북한 당국에서는 김진경 총장에게 평양과기대를 세울 만한 여섯 곳을 지정해 주었다. 그중에서라면 어떤 곳이든 마음에 드는 곳을 내어 준다고 했다. 하지만 그는 그 여섯 곳 모두 마음에 들지 않았다. 그는 남북이 통일되면 서울에서도 출퇴근할 수 있는 위치에 평양과기대를 세우고 싶었다. 그가 대동강 남쪽 야산을 가리키면서 "저 야산에 가봅시다"라고 하자, 안내자가 대뜸 "거기는 못 갑니다" 하고 단호히 거절했다. 왜 안 되냐고 하니 거기는 군사기지라고 했다.

선군정치의 나라에서 군사기지를 넘보다니 이는 틀림없이 경을 칠 일이었다. 하지만 김 총장은 한번 마음에 둔 일은 기어이 하고 마는 성미라 쉽게 물러서지 않았다. 그의 끈질긴 설득으로 일행은 그곳에 갈 수 있었다. 말 그대로 그곳은 미사일 고사포기지였다. 군인 막사도 있었다. 김 총장은 옌볜과기대 터를 정할 때처럼 "이 땅이다!" 하는 계시와도 같은 전율을 그곳에서 느꼈다. 그가 바라던 대로 평양과 남포, 원산, 개성 중심에 있어, 통일되면 서울에서 통근을 해도 될 만큼 좋은 위치였다. 그리하여 김 총장은 "이 땅이 좋으니 위에 보고를 올려 달라"고 간청했다. 안내자가 어려울 거라고 했지만, 김 총장은 그곳이어야만 한다고 우겼다.

한 달 후 김 총장은 한국의 '정림건축' 관계자를 데리고 북한 당국 관계부처를 찾아갔다. 아직 북한에서 평양과기대 위치에 대해 아무것도 허락한 것이 없는데, 건축 관계자까지 데리고 간 것은 빨리 서둘러 달라는 무언의 압력이었다. 마침 교육성 부상副相이 나오더니 김 총장에게 악수를 청하면서 "기뻐하십시오. 김정일 장군님께서 군사기지를 철수하라는 명령이 떨어졌습니다"라고 했다. 김 총장은 너무 기뻐 심장이 터질 듯했다. 군사기지까지 철수시키면서 평양과기대를 짓도록 허락한 것은 북한 역사상 처음 있는 일이었다. 북한 당국에서는 김 총장에게 최고의 예우를 해준 것이다. 그는 북한 정부에 깊이 감사했다.

나중에 알고 보니 그곳은 낙랑 공주가 묻혔다는 전설이 있는 곳이며, 최초의 개신교 순교자 토마스 선교사 기념교회가 있던 자리라고 했다. 대원군 집권 3년인 1866년 병인년은 조선 교회 역사상 가장 다사다난한 한해였다. 나라 안의 천주교인들을 무차별적으로 학살한 병인박해가 일어났고, 곧이어 병인양요丙寅洋擾까지 치렀다. 이는 외세에 대한 조선의 쇄국정책이 극으로 치닫고 있었음을 보여 준다.

같은 해 8월 평양 대동강에 미국 상선 제너럴셔먼호가 나타났는데, 이 배에는 영국인 로버트 토마스 선교사가 타고 있었다. 평양 근처 대동강변에 도착한 제너럴셔먼호와 조선군 사이에 무력 충돌이 발생했다. 조선군의 불화살이 배를 불바다로 만들었고, 배는 육지에 닿지도 못한 채 자초하여 위기를 맞았다. 토마스 선교사는 불에 타는 배에서 사력을 다해 강가로 성경책을 뿌렸다. 그러다가 마지막 한 권의 성경책을 품안에 넣고 강물로 뛰어들었고, 이어 조선군에게 생포되었다. 토마스에 대한 처단은 곧 집행되었는데 그것을 맡은 사람이 조선군사 박춘권이라는 퇴교退校였다. 박춘권 퇴교가 칼을 뽑아 들자 토마스는 급히 자기 품에서 성경책을 꺼내 박춘권에게 내밀면서 기도했다.

토마스 선교사는 결국 박춘권의 칼에 죽었다. 하지만 토마스에게서 성경책을 받은 사람들 중 훗날 평양에서 유력한 신앙 가문을 일으킨 이들이 많다. 박춘권은 평양교회의 장로가 되었고 석호정 만경대의 최치량은 평양교회를 창설한 인물로 지목되고 있다. 토마스 선교사가 준 성경을 뜯어 벽지를 바른 평양감청 경비였던 박영식의 집은 널다리교회의 예배처소가 되었다고 한다. 그 널다리교회의 예배처소가 바로 지금 평양과기대로 지목된 그 장소였다고도 하고, 일부 사람들은 토마스가 던져 준 성경을 받은 노 젓는 뱃사공이 그 책을 뜯어 벽지를 발랐는데 그의 조카가 그곳에서 자면서 벽지 내용을 다 외워 한국 최초의 목사가 되었으며, 그가 바로 이곳에 토마스 선교사 기념교회를 세웠다고 하기도 한다.

하나님이 계신 곳에는 우연이란 있을 수 없다. 저 높은 곳에 계신 하나님께서 모든 것을 질서정연하게 만들어 놓고 있기에 자신들에게서 일어나는 모든 일에는 반드시 그 이유가 있다고 믿는 것이 바로 김 총장의 믿음이다. 그것이 신의 계시라고 믿든 안 믿든 상관이 없다. 중요한 것은 그곳에 다시 전 세계 복음주의자들의 손에 의하여 대학이 세워지게 되었다는 사실이다.

김 총장은 2001년 3월 1일, 마침내 조선민주주의인민공화국 교육성으로부터 '평양정보과학기술대학' 설립허가서를 받았다. 그리고 '평양정보과학기술대학' 설립총장으로 추대되어 임명장을 받았다. 김 총장은 '참된 화해의 빛과 희망'을 볼 수 있게 된 듯싶어 감격했다. 허가서를 받은 날 김 총장은 숙소에 돌아와서 문을 닫아걸고 혼자 큰 소리로 말했다.

"열자고 하면 열리지 않는 문은 존재하지 않아! 이것은 진리야!"

그는 남북 분단 역사 이래 북한에서 처음으로 임명한 외국인 국내 총장이 되었다. 유서까지 쓰도록 사경으로 몰고 갔던 사람을 총장으로 임명한 것은 어쩌면 필연이 아니었을까 싶다. 성경 속 요셉은 형들에 의해 애굽 땅에 팔려가 감옥에 갔지만 오해를 벗고 감옥에서 나와 총리까지 지내지 않았는가. 그는 이것은 인간 정신의 시련이고 그 시련을 이겨 낸 대가라고 생각했다. 그런 대가를 치르지 않았다면 이런 결과를 이루지 못했을 것이다.

우리는 영원한 앙숙인가

2002년 6월 12일, 평양정보과학기술대학 착공식이 있었다. 여건이 모두 갖춰지고 성숙될 때까지 기다리지 않고 일단 시작해 놓고 준비해 가는 스타일대로, 이번에도 토지 면적을 배정받기 전에 장소만 지정받은 상태에서 착공식이 진행되었다. 이런 태도 때문에 주위 사람들로부터 "준비 없이 시작한다", "아마추어냐?" 하는 말을 듣기도 하지만, 이것이 오히려 그의 치밀한 전략인 것을 다른 사람들은 잘 모른다. 그는 서서 생각하지 않는다. 걸어가면서 생각하고 뛰어가면서 고치는 사람이다.

사회주의 사회에서 '계약'이라는 것이 수시로 변하거나 무효가 되는 것을 많이 보아 온 김 총장은 말이 떨어지면 일을 시작하는 것으로 종잇장의 약속을 현실적인 말뚝으로 박아 놓았던 것이다. 옌볜과기대도 결국 지방 정부의 허락만으로 먼저 시작해 놓고 중앙 정부의 최종 허락을 받아 냈다. "이미 시작했으니 말을 바꾸면 안 된다"는, 유리한 고지를 만들고자 하는 전략이었다.

2003년 12월 20일에는 '평양정보과학기술대학'을 '평양과학기술대학'으로 이름을 변경하고 건축을 허락하는 '토지이용 허가확인서'를 조선민주주의인민공화국 교육성으로부터 받았다. 허가확인서에는 내각 승인으로 토지 이용이 허가되었음을 확인한다는 말이 적혀 있으며, 허가받은 총 부지 면적이 100정보(100만 제곱미터), 연건평으로는 8만 제곱미터. 소재지는 평양시 낙랑구역 보성리이고 건설 단위는 '평양과학기술대학건설위원회'로 되어 있으며 투자 단위는 동북아교육문화협력재단으로 되어 있다.

평양과기대는 50년 동안 동북아교육문화협력재단(이사장 곽선희 목사)에서 운영하도록 명시되어 있다. 동북아교육문화협력재단은 비영리 단체로서 본부를 서울, 미국 시카고, 호주 시드니, 캐나다 토론토에 두고 있다. 재단은 평양과기대의 건축 비용과 함께 매년 6백만 달러의 운영 비용을 모금해야 한다. 옌볜과기대가 중국에서의 기적이라면, 평양과기대는 북한에서의 기적이다. 북한 60년 역사상 처음으로 외국인이 학교를 세우는 것을 허용한 사례다. 누가 감히 상상이나 했겠는가. 일반적인 논리로 생각하면 말도 안 되는 일이었다. 하지만 말도 안 되는 일이 현실이 되어 가고 있었다. 이 일을 회고하면서 김진경은 이렇게 말했다.

"억류되었던 시간이 없었다면 그들이 어찌 나를 알 수 있었겠습니까. 유서까지 쓰게 하면서 고문하였던 과정이 바로 그들이 나를 믿게 된 과정입니다. 그러니 내가 겪은 모든 시련은 하나님의 뜻을 실천하는 일에서 당연히 넘어야 하는 관문이었습니다."

인간이란 모두 선하다. 진정으로 사랑을 실천하면 변화하지 않는 사람은 없다. 아무리 체제가 다르고 가치 관념이 다르다 해도 마찬가지다. 김진경을 자백하라고 취조하던 사람은 김진경과 가장 친한 친구가 되었다. 그는 김 총장에게 이렇게 말했다.

"당신을 아는 사람들 중에 당신 아내를 빼고 내가 당신을 가장 잘 알 겁니다."

그 말이 그렇게 반가울 수 없었다. '안다는 것', 그것은 바로 소통이다. 가슴속에서 작은 감동이 일었다. 그가 얼마를 아는지, 또 어떻게 알고 있는지는 몰라도 안다고 스스로 자부하는 그의 말에서 아무리 서로 다른 사람들이라도 대화만 할 수 있다면 서로 마주보고 웃을 수 있다는 희망을 보게 된 것이다.

급물살

평양과기대 허가 과정은 옌볜과기대를 세울 때보다 훨씬 쉽고 빨라 말 그대로 '일사천리'로 전개되었다. 북한에서 허가 내는 일이 중국에서보다 더 어려울 거라고 생각했는데 전혀 예상이 빗나갔다. 옌볜과기대의 경우 허락을 얻어 내고 착공을 시작하기까지 장장 6년이 걸렸지만, 평양과기대는 허가서를 내고 착공하기까지 2년이 채 안 걸렸다. 중국은 빠른 가운데서도 느림을 유지하면서 천천히 진행하는 스타일이고 북한은 속전속결이었다. 민족적 차이도 있겠지만 관리 체제와 사회 구조에 차이가 있었다. 중국은 지방 정부로부터 층층이 올라가면서 비준을 밟는 시스템이고(물론 아무리 지방 정부에서 동의한 것일지라도 중앙 정부에서 최후로 동의하지 않으면 무효지만), 북한은 위에서 지시하고 아래서 전달받는 시스템이라 오히려 쉽고 빨랐다.

2001년 5월 2일 평양과기대 건립계약서가 체결되었고, 그해 6월 5일 한국 통일부의 '남북교류협력사업' 승인을 받았다. 그리고 그해 9월 11일 '정림건축'과 대학 설계 용역을 계약하였으며, 2002년 6월 12일에는 평양과기대 착공식을 할 수 있었다. 원래는 조선 '6총국건설회사'가 현장을 맡았으나, 1년 넘게 기중기도 세우지 못하여 어쩔 수 없이 중국의 '항달건축유한공사' 박용선 회장과 계약을 체결하고 그에게 건축을 맡겼다.

모든 것이 발 빠르게 진행되었다. 공사장에는 재단의 평양과기대 관리감독팀 10여 명과 건설시공사 측인 항달건축유한공사의 건설팀 80여 명이 파견되었다. 그 외 북측의 800명에 달하는 청년 돌격대 노동자들이 공사 일을 도왔다. 제1단계 공사를 통해 학사동과 식당, 도서관, 강당, 연구소 및 기숙사 4동 그리고 파워플랜트 등 17개 동을 먼저 완성하여 2007년 9월 개교할 계획을 세웠다. 하지만 건축 공사가 계획보다 지체되고 말았다. 그럴 수밖에 없었던 것이 건축 자재 중 모래와 물 그리고 자갈만 현지 것을 사용하고 그 외 모든 자재는 중국에서 실어 날랐기 때문이다. 못 한 개부터 타일 한 장, 벽돌 및 내부 장식재에 이르기까지 모두 중국에서 실어 오다 보니 자재비보다 운반비가 더 들 수밖에 없었다. 건축에 쓰인 벽돌 한 장이 인민폐로 20전이고 운송비가 80전이었다. 전체 건축에 총 1,250만 장의 벽돌이 쓰였는데, 벽돌 값이 250만 원이면 운송비가 1,000만 원이란 계산이 나왔다. 배보다 배꼽이 더 큰 형국이었다.

김 총장은 고민 끝에 현지에서 벽돌을 자체 생산하기로 결심했다. 이는 운송비를 절감할 뿐만 아니라 북한 노동자들이 돈도 벌 수 있으니 꿩 먹고 알 먹는 일이 아닐 수 없었다. 그런데 현지에서 벽돌을 만들면 어떠냐고 김 총장이 제의하자 북측 노동자들이 고개를 저었다.

"여기는 벽돌을 만드는 기계가 없습네다."

이 말에 김 총장은 즉시 관계 일꾼을 불러 빠른 시일 내에 벽돌기계를 구입하도록 조치했다. 하여 무려 미화 5만 달러에 달하는 벽돌 기계가 현지에 조달되었다. 김 총장은 현지 일꾼들에게 기술을 지도할 수 있는 기술자까지 붙여 주었다. 좋아서 팔짝 뛸 줄 알았던 현지 사람들의 반응이 의외로 심드렁했다. 왜 그러느냐고 물어보니 그들의 대답이 어처구니가 없었다.

"벽돌을 만드는 것은 우리 일이 아닙네다."

김진경 총장은 김이 확 새버렸다. 정말 어이없는 일이었다. 일이란 쉽고 편리하고 이득이 되게 만들어서 하는 것이지 네 일, 내 일이 따로 있는가? 기가 막히고 환장할 노릇이었다. 하지만 김 총장은 그들을 탓하지 않았다. 오랫동안 사회주의 체제하에서 평균주의가 몸에 밴 이들은 개인적인 이익 추구나 돈벌이에 익숙하지 않았다. 아직 노력한 만큼 대가를 얻는 것의 단맛을 모를 뿐 아니라 '자본주의의 이익 추구'라는 관념에서 벗어나지 못해 일부러 피하는 것 같았다. 그들은 위에서 시키는 일이나 하지 그 이상의 자발적인 노력이나 창의적인 생각은 하지 않으려는 것이 습관화되어 있었다. 결국 김 총장의 벽돌 기계는 무용지물이 되었고 애꿎은 5만 달러만 날아가 버렸다.

든든한 징검다리

평양과기대는 하루가 다르게 제모습을 갖춰 가고 있었다. 2004년 4월 평양과기대 프로젝트팀이 발족되었고, 2005년 12월 10일 평양과기대 설립위원회 공동위원장을 추대했다. 공동위원장으로는 평양과기대 설립총장 김진경, 포항공대 총장 박찬모, 미국 라이스대학 전 총장 맬컴 길리스가 추대되었다. 그리고 그해에 산학협력기관 방북협의회를 결성했다. 이는 세계 각국의 산업체들과 함께 평양과기대 부지에 세운 지식산업복합단지를 창의성, 효율성, 경쟁력이 있는 새로운 집단형 기업 산업단지로 발전하는 데 기여할 것이며, 외국 기업과 북측 브레인들이 협력하여 국제 시장을 열어 갈 터전을 마련하는 데 큰 역할을 하게 될 것이다.

2006년 7월 30일 제4차 개교 준비 학사협의가 열렸고 2006년부터 2007년 사이 본격적으로 교수요원 선발이 진행되었다. 평양과기대 설립 당시 합의한 데 따르면 교수진 대부분이 한국을 비롯한 해외의 전문가, 학자, 교수로 구성될 예정이었다. 그런데 2008년 김정일 국방위원장의 건강 위중설로 평양과기대는 한 차례 위기를 맞았다. 모든 계획이 동결되어 개교기념식이 연기될 수밖에 없었다. 그런데다 북한과 한국 그리고 미국과의 공개적인 적대감 표출로 평양과기대의 앞날에 먹장구름이 드리웠졌다. 정치적으로 민감할 때는 말 한마디도 문제가 될 수 있다.

2008년 뉴욕필하모니와 함께 왔던 벤처 투자가 벤 로즌Ben

Rosen이 '평양과기대의 북한 변화 기여 가능성'에 대해 얘기하자 김진경은 "우리는 북한 사회를 변화시키는 것이 아니라 돕는 것이다"라고 즉시 그의 말을 정정했다. '북한 사회를 변화시킨다'는 말이 자칫 북한 당국이 이들의 교육 행위에 의심을 갖게 할 수도 있는 대목이었기 때문이다. 변화가 없으면 어떤 사회든 발전적인 의미를 잃게 된다. 그러므로 변화는 행동하는 것의 마인드와 목표 의식이기도 하다. 하지만 체제 변화에 민감한 북한으로서는 당연히 변화라는 말에 민감할 수밖에 없다. 국제적으로 북한 문제가 이슈가 되고 있는 만큼 북측 내의 정치적 국세는, 작은 것일지라도 세계에 주목되는 것이 현실이었다. 너무 민감하고 앞서 해석하는 반응들이 아닐 수 없다. 그래서 어떤 사람들은 김진경이 "지뢰밭에 발을 들여놓았다"고도 했다.

그는 평양과기대 설립이 남북 관계에 어떤 영향을 미칠 것인지에 대한 물음에 이렇게 대답했다.

"핵 문제로 긴장이 팽배한 한반도 정세에 새로운 돌파구를 마련할 것입니다. 북한에 대한 미 행정부의 불신과 보수 진영의 강경 대응책을 불식하기 위한 평화카드로서 중요한 의미가 있다고 봅니다. 평양과기대에 한국 교수, 학자뿐 아니라 재미동포 과학자, 세계 각국 교수진이 들어가서 엘리트들을 가르칠 경우, 평양은 국제 평화의 새로운 의미를 창출할 것입니다. 무엇보다 오랫동안 갈라져 있던 두 체제가 만나서 함께 배우며 일할 수 있는 중간 지대 역할을 함으로써 서로를 이해하며 통일로 가는 지름길을 열게 될 것입니다. 북측 지도계층이 서방세계와 국제사회의 시장 기능과 시스템을 이해할 수 있도록 자연스럽게 소개함으로써 대화와 교역의 통로가 될 수도 있습니다."

평양과기대는 북한 최초의 국제대학이며 다가오는 통일시대를 준비하는 대학이다. 이 대학의 설립위원회 공동위원장이며 전 라이스 대학 총장인 맬컴 길리스가 민주평화통일자문회의 〈통일시대〉 2006년 2월호에 적은 글은 참으로 돋보인다. 경제학자로서 그는 오래전부터 저개발국가들의 경제개발에 깊은 관심을 가지고 연구해 왔다. 그중에서도 유독 북한에 관심을 둔 것은 다른 나라와 달리 "북한은 어려움을 이겨 내고 경제 발전을 이루어 낼 만한 너무도 좋은 여건을 갖추고 있는 나라이기 때문"이라고 보고 있다. 무엇보다 평양과기대는 "60년 분단의 아픔을 넘어 민족 화해와 공동 번영을 위한 것이며, 다가오는 통일 시대와 통일 이후를 준비하는 대학"이라고 말한다. 이 대학은 "북한의 경제 인력을 양성하는 중요한 거점으로서 장기적으로 세계적인 수준의 경제 산업 기술 교육을 제공하게 될 것"이며 "북측 지도층이 서방세계와 국제사회의 시장 기능과 시스템을 이해하는 통로"가 되어 "동아시아 경제 공동체 건설에 도움이 되기를" 희망하기도 했다.

평양과기대는 결코 위험한 지뢰밭이 아니라 한반도의 평화를 통한 동아시아의 평화 및 세계 평화로 이어지는 든든한 다리임에 틀림없다.

"평화를 원하거든 이웃부터 도우라"고 한 조지 마셜George Marshall의 말처럼 평화를 원하는 모든 이들이 힘을 합쳐 이 다리를 구축하는 것은 시대적 요청이며 필수불가결한 일일 것이다.

평양과기대 개교

허가를 받은 지 8년 만인 2009년 9월 16일, 드디어 평양과기대 준공식 및 총장 임명식이 평양시 낙랑구에서 진행되었다. 평양은 김진경 총장의 모교인 숭실대학이 있었던 영적인 고향이기도 하다. 700여 명이 준공식에 참석하기를 원했다. 하지만 핵 문제로 남북이 대치되어 있는 데다 북의 댐 방류로 남측 시민 6명이 사망한 사건으로 인해 한국 통일부에서는 준공식에 남측 인사의 참석을 허락하지 않았다. 자칫 한 명도 참석하지 못하는 비운을 맞을 수도 있었지만, 한국 정부는 20명의 인사가 준공식에 참석할 수 있도록 허락해 주었다. 결국 7개국 200여 명의 인사들이 평양과기대 개교식에 참석했다.

대학 본부동, 학사동, R&D센터, 종합생활관, 기숙사 등 총 17개 건물과 연건평 약 10만 제곱미터에 달하는 교육장, 국제 수준의 화상세미나실 및 영상강의실 등을 갖춘 평양과기대 1차 준공식과 함께 김진경 총장 취임식이 있었다. 사회주의 국가인 중국과 북한에서 자유민주주의 국가의 학자 김진경을 받아들여 대학의 총장으로 임명을 해준 사례는 전고미문前古未聞의 사건이다. 경제 분야도 아니고 나라의 장래와 직결되어 있는 교육 분야를, 어찌 자유민주주의 국가의 학자 김진경에게 맡길 수 있었는지, 무엇이 전통적인 사회주의 국가의 그 단단한 사고를 열 수 있었고 사회주의 이념과 가치를 변화하게 만들었는지, 무력으로도, UN이나 각 나라 정상들의 힘으로도 되지 않았던 이런 변화가 어디서부터 비롯했는지 궁금하지 않을 수 없다.

김진경 총장은 말했다.

"모든 인류에게 변화하지 않는 불변의 원칙은 사랑주의뿐입니다. 내 것을 내어주면서까지 사랑하는데 거부하는 사람은 없습니다. 사랑주의는 이념을 뛰어넘을 수 있는 철학입니다."

평양과기대는 대학원대학이다. 북한에서는 박사원이라고 부른다. 대학을 졸업한 영재들이 박사과정을 이곳에서 이수하게 된다. 북한에는 석사과정이 없고 대학을 나오면 바로 박사과정을 공부할 수 있다. 강의는 영어로 진행된다. 그곳의 식량난에 도움이 될 농업생명식품공학부와 정보통신공학부, 산업경영공학부MBA 및 보건의료학부, 치과대학, 상업경영스쿨을 포함하여 모두 6개 학부를 개설했다.

평양과기대의 역할은 매우 클 것으로 기대된다. 20년 전 동유럽 공산권 붕괴 후 북한의 해외 유학생이 대폭 줄어들었는데, 평양과기대의 탄생으로 점차 새로운 활기를 띨 것으로 보인다.

평양과기대는 북측 젊은이들에게 첨단 학문을 배우게 하고, 서로를 이해하고 섬기는 인격 형성의 터, 창의성·국제성·실용성의 교육철학과 봉사정신을 배우는 장, 민족 화해와 세계 평화에 기여하는 협력 현장이 되게 하는 데 설립 목적이 있다.

비밀 아젠다?

평양과기대 설립을 놓고 일부에서는 김진경이 북한 정부와 뒷거래를 하지 않았는가 하는 의문을 제기했다. 비밀 아젠다가 있었을 거라는 추측이다. 하지만 이에 대해 김진경은 미소 지었다.

"우리가 사용한 벽돌 한 장, 타일 한 장, 철재는 물론 못 하나에 이르기까지 모든 자재와 장비는 중국에서 들여왔다. 한 번도 북한에 현금을 지불한 적이 없다. 모든 건축은 중국 건설회사가 했다."

"그렇다면 당신은 어떻게 북한의 신뢰를 얻을 수 있었는가?"

"종합적이라고 본다. 그들은 중국의 옌볜과기대를 통하여 나를 검증했을 것이고, 구속한 기간 동안 '사형'이란 이름을 걸고 나를 검증했을 것이다. 최종적으로 가장 중요한 것은 바람직한 교육 환경을 원하는 북한의 절박한 의지와 시대적 요청이 아니겠는가."

평양과기대 설립은 당시 북한의 교육 수요에 절묘하게 맞아떨어졌기에 가능했다는 말로 해석할 수 있다. 하지만 어느 기업인은 이런 말을 했다.

"작은 일거리 하나를 따려 해도 뒷거래 없이는 불가능한 게 북한 현실인 걸로 안다."

뒷거래거나 비밀 아젠다를 운운하는 기업인들이 간과한 것이 하나 있다. 평양과기대는 일부 기업인들이 말하는 기업과 질적으로 다르다는 점이다. 단순히 경제적 이윤 창출을 위한 사업이었다면 사람들이 말하는 아젠다 같은 통로가 필연적으로 있어야 했을 것이다. 돈벌이 하는 쪽에서는 그런 것이 있어서 오히려 일을 쉽게 할 수 있다고 들었다. 하지만 김 총장의 평양과기대는 처음부터 이윤 창출을 위한 사업이 아니었다. 외국 자본으로 자국 땅에 대학을 세워 주고 자국의 인재를 배양해 준다는데, 자국의 체제를 자극하지 않고 자국의 제도와 정책을 건드리지만 않는다면 반대할 이유가 없었을 것이다. 한마디로 평양과기대 자체가 자기들에게 거저 주는 선물인데 굳이 뒷거래를 할 이유가 뭐였겠는가? "뒷거래로 성사했다"는 논리는 이윤을 목적으로 하는 기업의 생리로 해석하는 말이지, 이윤을 목적으로 하지 않고 '섬기기 위한' 성질의 평양과기대의 설립과는 전혀 아귀가 맞지 않는 어불성설語不成說이다.

그들이 간과한 것이 또 있다. 평양과기대는 북한 당국에서 먼저 "옌볜과기대와 똑같은 대학을 평양에 세워 달라"고 요청한 데서 시작되었다. 즉 북측의 변화 의지와 그들의 필요에 의해 시작된 것이기에 굳이 비밀 아젠다 없이도 진행이 가능했다. 북측에서는 평양과기대 운영을 국가 프로젝트 차원에서 진행했다. 평양과기대 설립 허가를 보면 이례적으로 북한 교육성이 나서서 직접 계약자가 되었다. 그리고 국제사회에서 안심할 수 있도록 북한 내각의 결의하에 100만 제곱미터의 대지를 등기해 주었다. 이는 교육에서 국제적인 창구를 마련하려는 북측의 의지를 보여 준다. 그들에게 단지 대학 건물이 필요했다면 그들이 직접 지을 수 있지 않았겠는가. 그런데 그렇게 하지 않았다. 이는 자국의 다른 대학이 갖지 못한 다른 요청을 담은 메시지가 분명히 있는 것이다. 글로벌 시대에 알맞은 국가적 인재를 육성하고자 하는 북한의 요청이 그것이라고 본다.

때로는 시간이라는 변수가 다른 모든 요소를 압도할 만큼 강력하고 결정적인 힘을 갖기도 한다. 김진경 총장은 수년을 꾸준히 준비하면서 그 시간을 기다려 냈기 때문에 다른 사람들이 감히 할 수 없는 기적을 이루어 낼 수 있었다. 어떤 일을 도모할 때 중요한 것은 바로 그 기회를 잡는 일이다.

나는 사랑주의자다.
사랑주의자란 다른 사람을 사랑하는 것을
가장 큰 받음으로 여기는 사람이다.

17. 사랑을 실천하는 사랑주의자

나도 사랑주의할랍니다!

그는 다국적자다. 미국 국적자이자 한국 서울특별시 명예시민, 중국 영구시민권자, 그리고 북한 평양시민권자이기도 하다. 그에게는 북한을 자기 집처럼 자유롭게 드나들 수 있는 특권이 있다. 하지만 그는 자신이 가진 특권을 자신의 안위를 위해 사용하지 않았다. 그는 그곳에서 만나는 모든 사람들에게 헌신적으로 사랑을 실천한 사랑주의자다.

어느 겨울날의 이야기다. 영하 20도가 넘는 섣달 그믐께였다.

김진경 총장이 무산, 온성, 광산 지대에 겨울용 내의 2만 벌에 옥수수 250톤을 나누어 주고 차를 타고 돌아오는 길이었다. 동이 트지 않은 새벽이어서 아직 어둠이 깔려 있는데 어떤 청년이 몸을 잔뜩 움츠리고 어디론가 총총하게 걸어가고 있었다.

"차 세우세요!"

김 총장이 운전기사에게 지시하여 차를 세우게 했다. 그리고 차창 유리를 내리고 청년에게 손짓했다.

"날씨가 찬데 타시라오."

뜻밖의 광경에 청년은 놀란 기색으로 황급히 손을 저었다.

"일 없습네다."

"사양하지 말고 얼른 타세요."

김 총장이 경계심을 풀어 주려는 듯 친절하게 웃었다. 그제야 청년은 엉거주춤 차에 올랐다. 겨울인데도 청년은 솜옷이 아닌 홑옷에 구멍 뚫린 낡은 신을 신고 있었다.

"안 추워요?"

"춥지 않습네다. 습관이 돼놔서 일 없습네다."

김 총장이 신발을 벗으라고 하자 청년이 부끄러워하면서 벗었는데, 양말 대신 헝겊 쪼가리로 발싸개를 하고 있었다. 김 총장은 아무 말도 하지 않고 신고 있던 양말을 벗어 청년에게 주었다. 그리고 위에 입고 있던 스웨터도 벗어 주었다. 외투는 이미 온성에서 벗어 주었으므로 벗어 줄 것이 스웨터와 양말밖에 없었다. 총장이 스웨터를 벗어 주자 운전기사도 점퍼를 벗어 청년에게 주었다. 그러자 북한 청년이 황송해서 어쩔 줄 몰라 하며 연신 손사래를 했다.

"선생님, 이러믄 아이 됩네다. 우리는 춥게 살아놔서 하나도 일 없습네다. 선생님이 입고 가세요. 선생님 추워서 어떻게 합네까."

청년이 옷을 받으려 하지 않자 김 총장이 청년을 달랬다.

"우리는 두만강을 건너가면 많이 있으니 걱정하지 말고 받아요."

그제야 청년은 수줍어하면서 옷을 받았다. 스웨터에 양말까지 벗어 주고도 못내 아쉬운 듯 김 총장은 지갑을 열어 남아 있는 돈까지 탈탈 털어서 청년에게 주었다. 청년은 무척 감동한 듯 얼굴이 상기되어 있었다. 무슨 말인가 하고 싶었지만 무슨 말을 해야 할지 모르는 사람처럼 묵묵히 앉아 있었다. 차에서 내릴 때쯤 되어 청년이 주저주저하다가 불쑥 이런 질문을 했다.

"선생님, 질문이 하나 있수다."

"뭡니까?"

"대답해 주실랍니까?"

"대답해 주지."

"선생님은 도대체 무슨 주의자입니까?"

무슨 주의자냐고? 그게 왜 갑자기 궁금했을까? 뜬금없다는 생각이 들었지만 한편 재미있기도 했다. 이들에게는 '주의'라는 것이 아주 중요한 것인 듯했다. 내 편인가, 아니면 적인가를 식별하는 기준이 '주의'로 구분할 만큼 북측 사람들은 '주의'에 민감했다. 김진경 총장은 고민했다. 어떻게 대답해야 이 청년이 거부하지 않고 잘 알아들을 수 있을까. 북측에서는 종교에 부정적이기에 "나는 그리스도인이다"라고 말할 수 없었다.

"나는 사랑주의자요."

그러자 청년이 눈이 휘둥그레져서 되물었다.

"사랑주의요? 우린 그런 주의는 못 배웠는데, 그게 뭡네까?"

"사랑주의란 이웃을 사랑하는 것이오."

"그런 것입네까? 그럼, 저도 오늘부터 사랑주의할랍니다."

목적지까지 와서 청년은 넙적 김진경 총장을 끌어안았다. 받은 것이 너무 고마워 사랑주의가 뭔지도 모른 채 무조건 사랑주의자를 한다고 하는 청년이 오히려 김진경은 고마웠다.

그날 맨발에 구두만 걸치고 몇 시간을 달려서 중국까지 오고 보니 오른쪽 새끼발가락이 동상에 걸려 감각이 전혀 없었다. 수년이 지난 지금도 추울 때면 그 발가락이 유독 더 시린다. 그리고 따뜻한 데 들어가면 가려워서 참을 수가 없다. 하지만 동상에 걸린 그 새끼발가락을 볼 때마다 "나도 사랑주의를 할랍니다" 하던 그 순진한 북한 청년이 생각나 흐뭇하여 혼자 웃음짓곤 한다. 그 청년도 아마 살아가는 시간 동안 자기에게 양말까지 벗어 주고 맨발에 구두를 신고도 행복해하던 '맨발의 신사'를 떠올릴 것이리라. 그리고 그 따뜻했던 느낌을 또 다른 사람에게 베풀며 살 것이다.

"사랑이란 사랑하는 그 순간부터 받는 사람보다 주는 사람이 더 행복해지고 더 강해지며, 그리하여 다른 사람을 사랑하는 것이야말로 가장 큰 받음"이라는 것을 그 청년뿐만 아니라 더 많은 사람들이 알아가기를 김진경은 간절히 소망했다.

소자에게 물 한 잔 준 적 있는가

김진경 총장은 북한에 갈 때면 일부러 차에다 사탕이나 과자나 과일 등을 가지고 다닌다. 길에서 아이들을 만나면 차를 세우고 먹을 것을 주고 간다. 부인 박옥희 여사 역시 그렇다. 떡이나 오렌지 등 먹을 것을 늘 차에 싣고 다니며 사람이 보이면 차를 세우고 먹을 것을 길에다 놓고 간다. 그들에게 직접 먹을 것을 주었다가 나중에라도 난감한 일이 생기는 것을 염려해서도 그랬지만, 받는 사람들의 체면을 지켜 주기 위한 마음이 더 컸다.

길에서 노인들을 보면 그냥 스칠 때가 없다. 무조건 차를 멈추게 하고 운전석과 뒷자리에 빼곡히 태운다. 승용차에 5, 6명씩 태우고 가다 보면 그들의 몸에서 나는 냄새 때문에 머리가 아플 지경이었지만 김 총장은 전혀 개의치 않았다. 오히려 자신의 옷을 벗어 주고 목에 두른 머플러를 풀어 주며 장갑을 벗어 주고 결국에는 지갑까지 털어서 나누어 주었다. 줄 것을 다 주어도 부족한 듯 늘 아쉬운 표정을 지우지 못한다.

그는 때로는 학자이고 때로는 엄격한 총장이며, 자상한 가장이었다가 혈기왕성한 청년 같기도 하고, 때로는 소탈하고 친근한 이웃집 아저씨 같기도 하다. 늘 긍정적이고 열정과 용기 있는 사람이어서인지, 그가 있는 곳이면 주위가 밝고 생기로 넘치며 "사랑은 절대적 가치다"라는 것을 그의 체험을 통해 새삼 느끼게 된다.

그는 북한에 있는 이름 모를 조카들 때문에 행복한 고민에 빠져 있다. 조카들의 성은 다양하며 족보에도 없고 얼굴도 모른다. 그런 조카들로부터 그는 '존경하는 삼촌' 혹은 '보고 싶은 삼촌'이라고 제목을 단 편지를 많이 받는다. 편지를 보내는 사람들은 김진경 총장이 어려운 사람들을 잘 도와준다는 말을 듣고 무조건 '삼촌'이라 부르며 편지를 보내 도움을 청한다. 비록 이름도 모르고 얼굴도 모르는 이들이지만, 김 총장은 이들을 절대 실망시키지 않았다. 편지를 띄우고 안타깝게 기다리고 있을 그들을 가슴 아프게 생각하여 어떤 방법으로든 도움을 주었다. 그를 찾아와 도움을 청하는 사람을 그는 빈손으로 돌려보낸 적이 없다.

캐나다에서 온 옌볜과기대 교수가 평양과기대 일 때문에 북한에 머물렀을 때의 일이다. 한 남성이 그 교수를 찾아와 자기가 김 총장의 조카라며 도와 달라고 간청했다. 그 남성이 김 총장의 진짜 조카가 아님을 그 교수도 알고 있었지만 지갑을 열어 400위안을 주었다. 후에 옌지에 돌아온 그 교수는 김 총장 내외와 식사하는 자리에서 농담을 던졌다.

"북한에 가면 총장님 조카들이 너무 많아서 저희들이 힘듭니다."

그의 말에 김 총장은 이렇게 응수했다.

"그들 모두가 진짜 내 조카들 맞습니다. 홀대하지 마시고 무조건 도와주세요."

서로 다른 종자의 접종

2010년 10월 25일. 드디어 평양과기대 학부와 대학원이 강의를 시작했다. 학생은 총 160명으로 모두 남학생이다. 박사원생은 60명이고 학부생은 100명인데, 학부생은 김일성종합대학, 김책공대, 평양이과대학 등 북한의 명문대에서 2~3년을 다니다가 편입한 학생들이다. 최고 대학에서 엄선한 사람들로, 학자금, 숙식비, 교과서를 모두 무상 제공한다. 처음 계획에는 학생 2,600명, 교수 250명을 생각했지만, 160명의 학생과 24명의 교수로 시작했다. 미국, 캐나다 등 5개국 출신의 외국인 교수 24명이 중국을 통하여 학교에 도착했는데, 당초 일부 남측 교수들도 교수진에 포함될 것으로 예상했지만 남북관계 경색으로 30여 명의 남한 교수들이 입국하지 못했다.

〈뉴욕타임스〉는 평양과기대의 개학을 두고 "강경파 공산주의 국가와 복음주의 기독교 학자라는, 서로 다른 종자의 결합이 북한에서 열매를 맺었다"고 특종 보도했다. 서로 다른 종자의 접종은 그나마 식물에서는 쉬운 일이겠지만 정치적 이념에서는 결코 쉽지 않은 영역이다. 하지만 이미 사회주의 중국에서 실험에 성공하였고, 어렵긴 하지만 북한에서도 평양과기대를 통하여 실험이 시작된 것이다.

그리고 2010년 11월 1일 〈중앙일보〉에 김진경 총장의 단독 인터뷰가 실렸다. 기자가 김 총장에게 "왜 북한에 대학을 세웠느냐"라고 질문하자, 김 총장은 "나는 공산주의자도 자본주의자도 아닌 '러비스트Loveist', 즉 '사랑주의자'이기 때문이다. 북한은 현재 매우 어렵다. 한국 정부가 나설 수는 없겠지만 한국 시민 사회가 일어나 도와야 한다. 지금 우리가 그들을 돕지 않는다면 통일 후 큰 재난이 올 것이다"라고 했다.

평양과기대에 어떤 기대를 하느냐는 기자의 질문에 김 총장은 대답했다.

"덩샤오핑 선생의 교육의 세계화, 현대화, 미래화라는 말은 우리에게 큰 가르침을 주고 있다. 평양과기대는 조선에서 가장 필요로 하는 지도자를 배출하는 대학, 학생들이 가장 가고 싶은 대학, 부모들이 가장 보내고 싶어 하는 대학, 사회와 기업이 꼭 필요로 하는 인재를 배출하는 대학이 될 것이다. 앞으로 평양과기대는 남북화해와 협력, 그리고 아시아의 평화를 구축하는 현장이 될 것이다."

적어도 학생들은 평양과기대를 통하여 공존하는 법을 배우게 될 것이다. 세계는 서로 연계가 없는 '고립된 국가'가 아니라 서로 다른 다양한 역사와 문화가 혼재해 있는 세상이다. 이런 세상에 직면하여 각자는 자기와 다른 역사와 문화에서 공존하는 법을 배워야 한다. 그렇지 않고 아집에만 빠져 있으면 삶에서 낙오될 수밖에 없다. 인간에게 궁극적으로 중요한 것은 정치적 이데올로기나 경제적 이익이 아니다. 신념과 가족, 혈연과 문화야말로 사람들이 자기 자신을 결정짓고 그것을 위하여 기꺼이 살다 죽을 수 있는 대상들임을 경험하게 될 것이다. 가장 넓은 차원에서 공동체란 바로 문명을 핵으로 하여야 한다. 이것을 부정하는 것은 인간 존재의 기본적인 현실을 부정하는 것이다.

새로운 협력의 장으로 나아가야

가난의 쇠사슬은 가난한 자 스스로 끊을 수 없다. 반드시 가진 자가 그 고리를 끊어 주어야만 한다.

평양과기대는 사랑을 실천하고 평화를 지향하는 사람들의 손에 받들려 세워진 국제적인 대학이다. 이 대학은 북한과 서방세계를 잇는 가교 역할을 할 것이며 향후 북한의 변화를 이끄는 지렛대 역할을 해낼 것이다. 그리고 세계적인 평화를 실현하는 데 역사적인 기여를 할 것이다.

김진경 총장은 "정치와 경제적인 노력만으로는 평화와 번영을 창출할 수 없다. 이것만의 노력은 오히려 경쟁과 분열, 그리고 전쟁을 불러올 따름"이라고 생각한다. 그는 세계적인 평화를 위한 교육의 새로운 가치로서 '이해, 존경, 희생, 화해, 미안함, 감사함' 등을 제시했다. 그가 제시하는 목표는 바로 '새로운 협력과 경쟁'이다. 그는 사회주의 경쟁은 '정체된 경쟁'이며 자본주의 경쟁은 '공멸의 경쟁'이라고 비판한다. 시대의 발전 중심에는 당연히 경쟁이 있게 마련이다. 경쟁 없는 사회는 정체된다. 사회주의 경쟁은 '평균주의'로 사회·경제적 붕괴를 맞게 하였고, 자본주의 경쟁은 '적대적 경쟁'으로 도덕적 부패와 위기를 초래했다. 모든 적대적인 경쟁은 타인을 밟고 일어서는 상쟁相爭으로서 '죽음의 가치'이고, '협력의 경쟁'은 상생相生으로서 '삶의 가치'라고 부언했다. 우리의 경쟁은 경쟁 대상을 제거하고 밟고 올라서는 것이 아니라, 궁극적으로 지금보다 나은 사회를 이루기 위한 것이어야 한다.

김진경 총장은 관념론적인 공산주의나 사회주의 또는 자본주의를 비판하면서 절대적인 사랑주의만이 이 시대의 마지막 구원이 될 수 있다고 주장한다. 사랑을 떠난 그 어떤 이념이나 이론도 이 사회를 구할 수 없다며, 삶을 바쳐 '무조건적인 사랑'을 실천하고 '사랑주의'를 구현하고자 노력한다.

조건을 내세운 사랑은 사랑이 아니다. 조건 없이 무조건 내어 주고 도와주고 협조하는 것만이 사랑이라 할 수 있다. 가진 자가 먼저 베풀고 힘 있는 자가 먼저 양보하는 것만이 평화를 지향하는 시대에 어울리는 미덕이다. 끊임없는 대립과 반목과 투쟁이 아니라 태양과도 같은 따뜻한 사랑으로만이 세계를 이끌어 갈 수 있다.

김 총장은 "어떤 종교나 정치적 이념이나, 예술이나 철학이나, 궁극적으로 사랑을 실천하는 것이 최종 목적이다. 어떤 상황에서도 기쁨으로 마음을 채울 수 있는 행복을 얻도록 하는 것은 어떤 종교나 어떤 철학이나 어떤 예술이나 어떤 정치적 이념이나 이루고자 하는 목적이다. 그것이 불가능하면 아무리 훌륭한 체계를 가진 정치나 철학이나 종교라 할지라도 한낱 궤변에 불과하다"고 말한다. 그는 이 진리를 실천한 이 시대의 참된 교육자이며 철학자이며 신학자다.

김 총장은 사회주의 국가인 중국과 북한에서 국제대학을 성공시킨 최초의 외국인이다. 이것이 실현된다고 믿은 사람은 아무도 없었다. 하지만 그는 이루어 내고야 말았다. 이것은 우연인가, 아니면 필연인가? 결코 우연도 필연도 아니다. 이는 오로지 아무런 대가도 바라지 않고 무조건 섬기는 '사랑주의' 사상과 철학을 실천한 결실일 뿐이다.

2011년 8월 25일 북한 정부는 평양 만수대의사당에서 김진경에게 '평양 명예시민증'과 '교육학 명예박사증'을 수여하는 국가적인 행사를 가졌다. 당국에서는 행사에 그의 가족 모두를 초청했다. 외국인에게 명예시민증을 준 일은 북한 역사상 처음이다. 이는 김진경에 대한 북한 정부의 신임과 믿음의 반증이다. 이날 행사에는 조선민주주의인민공화국 국가학위학직수여위원회 위원장인 전하철 내각부총리, 량춘금 국가학위학직수여위원회 서기장, 량만길 평양시인민위원회 위원장 등 관계 부문 일꾼들이 참석했다. 명예시민증에는 "조국과 민족의 융성 번영을 위하여 특출한 공헌을 한 김진경 동지는 조선민주주의인민공화국 평양시 명예시민임을 증명함"이란 글이 쓰여 있고, '조선민주주의인민공화국 국방위원회'에서 발급한 것이 드러나 있다.

그에 대한 북한 정부의 배려는 이뿐이 아니다. 2011년 6월, 당의 지시로 전국 모든 대학이 학업을 중지하고 건설 현장에 동원되었는데, 평양과기대만은 유일하게 수업을 계속 진행할 수 있는 특혜를 받았다.

2011년 12월 19일, 김진경 총장은 평소와 다름없이 업무차 평양에 갔다가 베이징으로 돌아왔다. 베이징공항에서 기숙사로 가는 도중 그는 "김정일 위원장이 2011년 12월 17일 8시 30분 현지 지도의 길을 이어가시다가 겹쌓인 정신육체적 과로로 하여 열차에서 서거했다"는 소식을 들었다.

2011년 12월 29일에 진행되는 김정일 위원장의 추모행사에 참석하기 위하여 김진경 총장은 26일 다시 평양으로 출발했다. 그는 1994년 7월 9일에 사망한 김일성 주석의 추모행사에도 참석했었다.

김진경 총장의 사랑주의는 오래된 대립과 이념의 장벽도 뛰어넘을 수 있음을 보여 주었다. 중국에서도, 북한에서도 김진경 총장이 세계 평화를 위해 헌신하는 당대의 '사랑주의자'임을 누구도 부인하지 않는다. 김진경의 '사랑주의'는 실천 개념이면서 인간 구원의 원리에 맞닿아 있다. 단순히 '베푸는' 것이 아니라 '베풂'을 통해 인류애의 원천적인 가치에 도달하는 것이다. 그것은 인류에 대한 보편적인 사랑, 인간에 대한 신뢰와 애정으로 승화된 인류 평화 사상을 근간으로 한다. 그가 적지 않은 오해와 질시와 견제에도 불구하고 북한 돕기의 선봉에 있는 이유는 그가 바로 '사랑주의자'이기 때문이고, 그의 '사랑주의'가 지향하는 길이기 때문이다.

그의 실험은 일단 성공했다. 하지만 앞으로도 그의 실험은 계속될 것이고 살아 있는 한 멈추지 않을 것이다.

함경도 어린이집 아이들을 품에 안고서. (1989년 어느 겨울날)

라선어린이집에서 밥 먹는 아이들을 바라보고 있는 박옥희 여사.

평양과학기술대학 건설 현장에서 북한 노동자들과 함께.

평양과학기술대학 건설 현장에서 김진경 총장과 박옥희 여사.

1994년 황해남도 룡연군에 소 목장을 설립하고.

북한에서 목장 일을 돕다가.

1996년 2월 12일, 북한 신의주 고아원으로 보내는 쌀을 바라보며.

1997년 7월 5일, 평안북도 재해지구에 쌀과 옥수수 보내는 일을 거들며.

○ 중학생 따득 여자로 함께하는 ...
  Tutor system 강화 - Card 작성 Student care
○ 박종모 이라 交際 벗지 말아라 .
○ 불평없이 꽃이 주지 리 않는다, 불평없이 꽃었었다
○ providence 는 神様의 준비다 /
○ 경손이. to serve. 남도 후회하지 말자. 모은들 버리라
○ pensacola - Swiss kuémm   모든 봉은 속속 하지-
  pure christian 의 같은 걸어가려면 오후는 이수로 없음
  life Time ~~~ 가장 가까이 있다 ~ 멀리 있다는 것보다
  보다 더 진실된 삶을 살아가겠

  취할분 주건 없네. 가장 아름다운 날 바꿈
  그만 속에 미소 지을 수 있는 형언 Led opendoor closed
  너무나 사랑 한다. 많이 만나 였다. 바쁜것이 없다
  나를 깨우쳐 주다 "순수한 예수만 믿고"
  Life 기이하는 일. 항상 기쁘 하라

  녹라는 남녀서어요 얼어 계속하시 있도록 제도적 장치

) 교만을 것이 ; 거ㅏ는 특선 청산는
 wife 생일 꽃이 크뒤로가 되다   자꾸 눈이 온다
 세 건 주 1회 행 잘 으로 로 때 하라. ※ ⓒ study 되진 집계속?
 news 보지 못하나 골이 복잡하지 않구나
 Always Joy. thanks prayer. 고요한 아침에
 today this time   새로운 모습의 ⓒ

1998년 9월 김진경 총장이
북한에서 감금되어
사형선고를 받은 후
심경을 적은 메모들.

평양과학기술대학 공동운영총장 임명장.
(2009년 6월 24일)

평양과학기술대학 관리운영리사회 위원장 임명장.
(2017년 3월 22일)

평양과학기술대학 개교 및 총장 임명식.
(2009년 9월 16일)

평양과학기술대학 수업 참관 모습.

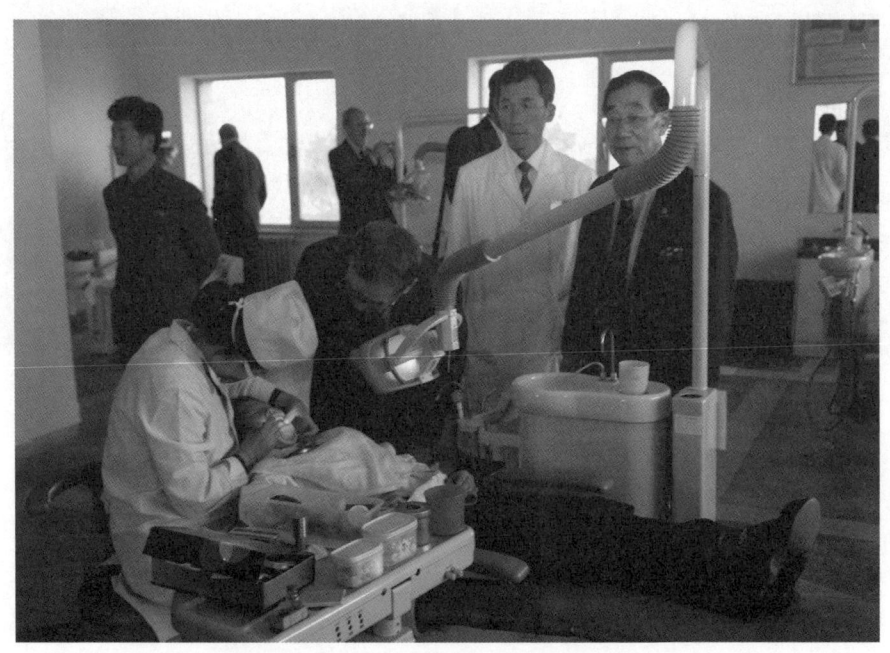

평양과학기술대학 치과대학 및 의과대학 개교.

평양과학기술대학 교수들과 학생들이 함께 식사하는 모습

2011년 10월 5일 제1차 평양과학기술대학 국제학술토론회에서.

제1차 평양과학기술대학 국제학술토론회 참석자들.
(오른쪽부터 박찬모 전 포항공대 총장, 데이비드 알톤 영국 상원의원,
김진경 총장, 전극만 조선 교육부 부상, 피터 아그레 노벨화학상 수상자)

2013년 평양과학기술대학 제2차 국제학술토론회

2015년 평양과학기술대학 제3차 국제학술토론회

2012년 2월 영국 케임브리지 대학 초청 특강.

2012년 2월 워싱턴에서 열린 미국 국가조찬기도회에서 연설하는 모습.

2nd February 2012

Annual National Prayer Breakfast Speech
Washington, D.C 2nd February 2012

 Peace comes with a Price

President James Chin-Kyung Kim, Ph.D.

Distinguished world leaders and international guests, Honorable Members of the US Congress, and fellow prayer participants, I am honored to be chosen to address you today and I feel very humble as I stand before you. I am very proud to be an American citizen and to carry an American passport, but I also hold honorary citizenship in China, North Korea and South Korea. Think of that…, I hold citizenship in four countries! I consider myself a Global citizen. I feel a kinship and love for every person in the world, whatever their color or their faith background. I consider all countries to be my country because of the people they represent and I care about the needs of all of these people. When asked who I am, my reply is that I am not a Capitalist, I am not a Communist, I am a Love-ist! I have learned how to love from Jesus and that love has filled my life.

You and I hold the future of the world in our hands today and we need to do whatever we can to make a difference so that the people of the world can live a better life. We have gathered here to pray for guidance as we deal with the many problems our governments have to face. Surely the greatest problem we still face is the need for peace in the world. War is a terrible thing and it robs the innocent of their lives, their hopes, and their ability to live a normal life. Peace is something of great value and we must do all that we can to make peace a global thing. Through many years and many struggles, I have learned that there is a cost for anything of value. Peace will only come when we pay the price for it. It is the price of caring for each other as we care for ourselves and working to provide for the needs of people who cannot provide for themselves. We need to take every resource that we have and plan for a peace-filled tomorrow. Especially in the nations that have been greatly blessed, there is a greater responsibility to use those blessings to bless others, but even the poorer nations must try to do whatever they can because we must join our hearts and our resources to pay this price. In the Christian world, we call it the "Golden Rule", meaning that it is the most important rule, "that we should love our neighbor as ourselves," but in other faiths, there are similar teachings that teach about loving and sharing your means to help less fortunate people.

I think that I have learned some really important lessons in my life. One came when I was a 15 year old middle school student in the southern part of the Korean peninsula in 1950. The Korean peninsula was involved in a terrible war. I loved my country and I wanted a better future for my people, so I became a student soldier. Very soon, we were on the battlefield and the reality of war shocked us all.

Fighting against my Korean brothers was hard, but even harder was to see my schoolmates and the other soldiers die on the battlefield. I became really afraid. An American chaplain had given us all a copy of the Gospel of John and I read that God loves me. I prayed and asked God to save my life. I promised that if He would save my life, I would show His love to the people of Korea and of China who were fighting against us at that time. I promised to work to show them a better way….a way of love and cooperation that would lead to real peace, not war. He saved the life of this humble little boy and I have worked since that time to honor that promise I made that day.

My life was spared and I began to prepare so that I could live up to that promise. I studied in Switzerland and England and then went to the USA to live and work. After some time of successful business in the

2012년 2월 15일 영국 의회에서 연설하는 모습.

All-Party Parliamentary Group Speech
House of Lords, February 15, 2012

 Peace comes with a Price

By James Chin-Kyung Kim, Ph.D.

My Lord Speaker, My Lords, Honorable Members of Parliament, Ladies and Gentlemen: Firstly, thank you, Lord Speaker, and to Lord Alton and the organizers of this meeting, for inviting me to come and speak to you in this wonderful place.

I would like to say a few words about reaching out to the people of North Korea; how we can do that through education and culture; and to commend the planned Literary Festival to you.

I am honored to be chosen to address such distinguished guests today and I feel very humble as I stand before you. As a sort of "global citizen", I would like to introduce myself: I am an American citizen, but I also hold honorary citizenship in China, North Korea and South Korea. Think of that..., I hold citizenship in four countries! I feel a kinship and love for every person in the world, whatever their color or their faith background. I consider all countries to be my country because of the people they represent and I care about the needs of all of these people. When asked who I am, my reply is that I am not a Capitalist, I am not a Communist; **I am a Love-ist!** I have learned how to love from Jesus and that love has filled my life.

I also have a deep respect for the British people and for the system of government that has made such an impact on the world. It is unbelievable that a country as small in territory as Britain should once have had the dominant influence in the world in terms of culture, literature, law, commerce, technology, military might and especially education. I am truly grateful for the wonderful English education I received so many years ago in Bristol. It changed my life and made me a life-long admirer of the United Kingdom and anything English! Britain led the world for centuries, not so much to conquer the world, as to make the world a better place to live for all people. Truly the British character has represented the best that the world could offer. I commend you all for your leadership and your example to others.

I consider myself a Global citizen. Besides my earlier experience when I was studying in England and learned to love the British ways, I've also learned so much about being a global citizen from the Americans. So many of the American customs came from things that they brought from Britain or they learned from the British. I think specifically of the wonderful educational institutions that both Britain and the United States possess. In England, it was Oxford University and Cambridge University that set the standards for the fine institutions that followed their examples, not only in England but also in the United States and the rest of the world. It is true that Harvard University and Yale University are different schools today, but their

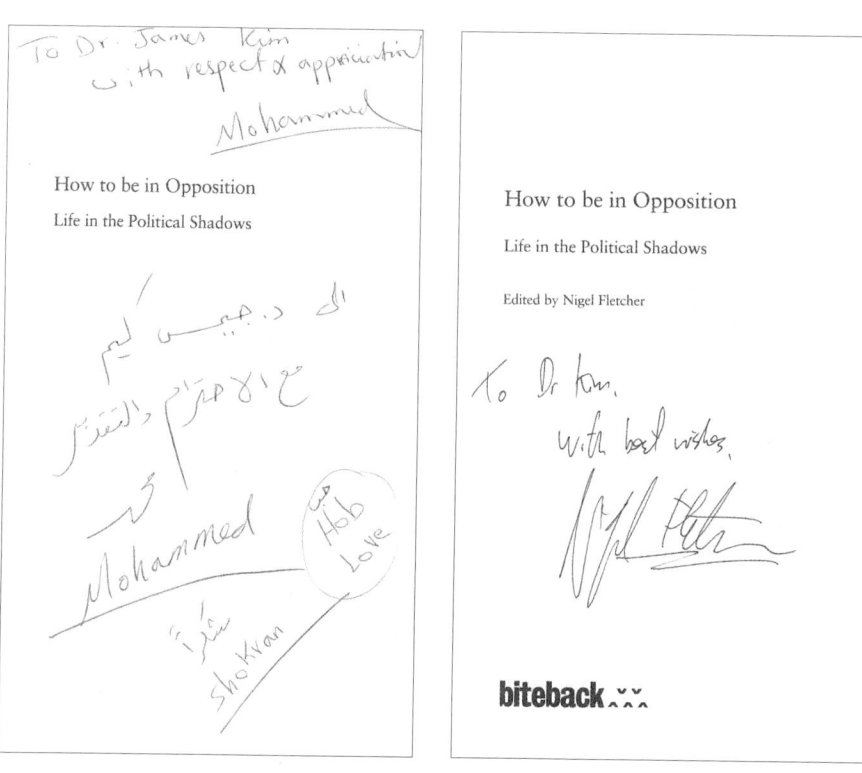

김진경 총장의 '사랑주의Loveism' 강연을 듣고 감동한 이슬람연합본부 모하메드(Mohammed)회장이 '존경하고 감사하고 사랑한다'는 내용을 전했다.

1996년 7월 한국대학생선교회(CCC) 연합집회 강연.

평양과학기술대학 제1기 졸업식.

2014년 6월 19일 독일 종교개혁 500주년 초청 기념강연.

Christustag - June 19, 2014

 Solo Christo and a New Reformation in the 21st Century

President Chin Kyung Kim, Ph.D.

Thank you for the privilege to speak to you this morning, in the context of the 500th reformation anniversary. Who am I? **I'm not a communist; I'm not a capitalist; I'm a love-ist!** I have learned how to love from Jesus. Communism and capitalism will end one day, but Jesus is forever! Anyone can love their friends and loved ones. However, only Christians and those who have experienced the love of God can love their enemies. North Korea is an isolated country. **The only means to approach North Korea is through Love-ism… Jesus-ism.**

Solo Christo

The Reformation called the church back to faith in Christ as the sole mediator between God and man. **Martin Luther, Calvin, and Zwingli** taught that salvation is a gift of God, paid by the sacrifice of Jesus on the cross, not from good works. While we were still sinners, Christ died for us. Jesus did not embrace us when we were perfect, but while we were still sinners. We can embrace sinners because Jesus set the example and sent the Holy Spirit to guide us. We need the Holy Spirit; we need Jesus again, Solo Christo; **we need the love of Jesus to reach out to those who are not be welcomed by the world.**

Solo Christo means through **Christ's love alone** which is Loveism. We can love our enemies because of God's forgiveness in Jesus. **The world condemns North Korea; however, Jesus came to save the sinners, even the North Koreans.** There are no conditions in love-ism. **We must love our enemies.**

The **Hilfe-für-Brüder** organization and the Deutschland people helped to build the **Children's Home in North Korea**. Eventually this work has grown and today we are feeding and caring for more than **47,000 children** in areas all over North Korea. Even **China and North Korea were moved** by this Love-ism and allowed us to establish Yanbian University of Science and Technology **(YUST)** and Pyongyang University of Science and Technology **(PUST)** as a way for us to interact with their people. China and North Korea are communist nations with atheism at the core of their founding principles and yet we have regular Sunday services in both of these countries. YUST is the only university with its **own chapel in China;** PUST also has a **chapel on its campus** in North Korea. Look at PUST; at PUST we are **giving North Koreans tools and knowledge** that they need to develop as humans because love-ism compels us. We have even **sent PUST students to Europe** to study at **Uppsala University** in Sweden and to **Westminster University** and **Cambridge University** in England so that they could experience international life.

YUST and PUST Story
Yanbian University of Science & Technology was established over **22 years ago** and today it is considered one of the elite international universities in China. Since my first trip to China back in 1986, YUST became the **first joint university with the Chinese government in 1992**. Through many ups and downs, YUST has finally passed the infant stages to becoming self-sustainable, thanks to many devoted international supporters, faculty members and staff. And not least due to L who is reliably contributing the staff for our highly respected German Department. So, YUST was ready to become the parent **model for PUST.**

PUST did not come cheap. Love-ism had to pay that price to prove its worth. **PUST came at the cost of giving my unconditional love to those who had persecuted and tortured me.** One day, North Korea

맺음말

동북아 번영과
세계 평화를 위한 길

2012년 2월 2일 김진경 총장은 미국 백악관이 주최하는 조찬 기도회에 참석했다. 이미 6년째 백악관의 초청으로 매년 참석해 왔는데, 이번에는 특별히 연설을 해달라는 부탁이 있어 "평화에는 대가가 따른다"라는 제목의 연설을 했다.

"……우리는 정부들이 직면한 많은 문제들에 대한 지도를 구할 목적으로 기도를 드리고자 이 자리에 모였습니다. 분명하게도, 세계평화는 여전히 당면한 가장 큰 과제입니다. 전쟁은 끔찍한 것이며, 순진무구한 이들의 생명, 희망, 그리고 평범한 삶을 살 수 있는 능력을 빼앗아갑니다. 평화는 위대한 가치이며, 우리는 평화를 세계에 구현하기 위해서 할 수 있는 모든 일을 다 해야 합니다. 오랜 시간과 많은 투쟁들을 통해 저는 어떤 가치 있는 일에는 대가를 지불해야 한다는 것을 배웠습니다. 평화도 마찬가지입니다. 그 대가는 우리가 자기 자신을 돌보듯이 타인을 돌보는 것, 그리고 스스로를 도울 수 없는 이들을 돕기 위해 일하는 것을 말합니다……"

그는 15세에 몸소 겪은 전쟁 경험과 다른 이념 국가인 중국과 북한에서 추구하고 실천해 온 사랑과 믿음의 예를 들어가면서 "우리 모두가 서로 다른 사람을 사랑하고 함께 일할 때 평화가 있을 것"임을 역설했다.

조찬기도회에는 모두 160여 나라의 대표들이 참석했는데 각국 총리들과 대통령 부인들도 있었다. 그의 연설은 모든 참가자들의 열렬한 환영을 받았다. 특히 회교권 대표들의 관심이 뜨거웠다. 그가 연설을 끝내고 자리로 돌아오자 회교권 대표들이 그에게로 모여 왔다.

"우리가 돈을 낼 테니 우리나라에 와서 중국과 북한에서 세운 것과 같은 국제대학을 세워 주십시오."

너무도 의외였다. 회교권에서 '사랑주의'에 대해 이렇게 뜨거운 관심을 보일 줄은 천만 뜻밖이었다. 말 그대로 충격이었다. 이것이 기회라 여기고 김진경 총장은 물었다.

"그렇다면 내 사랑주의 철학에 근거해서 대학을 세워도 되겠습니까?"

"좋습니다. 그렇게 하는 데 동의합니다."

그들은 선뜻 승낙했다. 이것은 또 하나의 새로운 희망이었다. 한 소망 안에서 하나가 되어 함께 사랑하며 평화를 구할 수 있다는 희망 말이다.

2월 14일 그는 다시 런던으로 갔다. 영국 상·하원의 초청을 받고 거기서도 "평화는 대가를 지불해야 한다"라는 내용의 연설을 했다. 미국에서와 마찬가지로 영국에서도 회교권 사람들의 반응이 뜨거웠다.

그들은 김진경 총장을 런던에 있는 회교권 유럽 본부 사무실로 초청했다. 그가 도착했을 때 사무실에는 회교권 대표 10여 명이 기다리고 있었다. 김 총장은 하루 종일 그들과 이야기를 나누었다.

"당신의 연설을 듣고 참으로 충격을 받았습니다. 우리는 알카에다 회교권입니다. 그들은 우리의 형제입니다. 그러나 그 방법이 잘못된 것인 걸 우리는 시인합니다. 그렇지만 미국이 우리 회교를 무시하기에 알카에다가 복수 차원에서 미국 무역센터를 폭격한 것입니다. 조지 부시가 신앙이 좋은 사람이라고 들었습니다. 대통령이 될 때도 성경 위에 손을 얹고 선서했지요. 하지만 결국 복수를 했습니다. 우리가 3천 명을 죽였는데 조지 부시는 이라크, 아프가니스탄 전쟁을 일으켜 수십만 명의 인민을 죽였습니다. 지금도 전쟁은 계속되고 있습니다…….

그런데 당신의 이야기를 듣고 처음으로 너무 큰 감동을 받았습니다. 당신의 사랑주의를 들어보니 실제로 증거가 있습니다. 그래서 믿을 만합니다. 우리 알라신은 한 사람이 죽으면 열 사람, 백 사람을 죽여야 하는 것이 정의이고, 복수하다 죽는 것이 바로 순교라고 말합니다. 우리에게는 사랑이란 단어가 없습니다. 복수라는 단어밖에 없습니다. 우리도 이젠 피곤합니다. 복수는 복수를 낳을 뿐입니다. 우리에게 당신의 사랑주의 가치를 가르쳐 주십시오. 우리는 당신과 친구가 되고 싶습니다."

그들과 대화하면서 김진경 총장은 깊은 감동을 받았다. 복수하다 죽는 것을 정의와 순교로 여기는 회교권의 사람들도 사랑과 평화를 갈구하고 있음을 알았기 때문이다. 이것은 회교권의 희망이며 전 인류의 희망이다. 그리고 인류의 미래이기도 하다.

서울에서 나눈 마지막 인터뷰에서 김진경은 이런 말을 했다.

"우리는 늘 우리끼리만 사랑을 말해 왔습니다. 자위를 하는 것처럼 말입니다. 이제 우리는 우리와 다른 사람들과도 우리의 사랑을 말해야 합니다. 그리고 속을까 봐 주저하지 말고, 약한 사람들에게는 속더라도 끊임없이 해야만 하는 것, 그게 바로 '사랑주의'입니다."

그는 평양과기대가 일정한 궤도에 들어서면 아랍권 사람들과의 약속을 꼭 지킬 것이라고 했다. 이는 이 시대에 그가 받은 새로운 비전이며 도전이다.

사랑주의의 행보는 오늘도 멈춰 서지 않는다.

부록

동북아공동체로
평화와 번영을 이루자

김진경(중국연변과학기술대학·조선평양과학기술대학 설립총장)

21세기는 통합의 시대, 개방의 시대, 평화의 시대입니다. 20세기가 이념의 장벽에 가로막힌 폐쇄적 시대였다면 21세기는 그 벽을 허무는 통합의 시대입니다. 세계 제2차 대전의 종전과 함께 미국과 소련 연방을 주축으로 한 동서양 진영은 첨예한 냉전시대의 개막을 열었습니다. 두 나라가 핵무기 개발과 우주항공산업을 통한 군비경쟁을 통해 패권쟁탈전을 벌이면서 세계는 양극화 시대로 치닫게 되었습니다. 그것은 공산주의와 자본주의 진영으로 나뉜 이념의 양극화 시대였습니다. 인간에게 빠뜨릴 수 없는 두 가지 가치, 평등과 자유라는 기치를 양 진영이 서로 하나씩 나누어 가지고 팽팽한 경쟁관계 내지는 적대관계 속에서 치열하게 대치하여 왔습니다.

그러나 21세기는 갈등과 분쟁의 냉전체제로부터 상호이해와 협력질서로 전환하는 신거대 전략(New Grand Strategy)인 동아시아공동체사회로 나아가는 창조적이고 미래지향적인 국제평화협력의 액션플랜을 시급히 필요로 하고 있습니다.

마치 유럽인들한테 유럽동맹의 형성이 절대적으로 필요했듯이 아시아의 발전과 평화를 도모하는 데 있어서 동아시아의 공동체 형성은 불가피한 시대적 요청으로 대두하고 있습니다. 물론 동아시아 지역의 국가 간에는 오래된 역사적 반목과 정치적 갈등이 여전히 남아 있어 공동체 형성에 어려움이 있는 것은 사실입니다. 그럼에도 불구하고 공동체 형성은 피할 수 없는 시대의 흐름입니다.

    21세기의 중요한 특징 하나가 바로 빠르게 변화하는 지역화 현상임을 간과할 수 없습니다. 이제 바야흐로 세계는 자국의 이익을 위해 과거의 모든 이념과 종교와 민족을 초월하여 경제 복합체를 이루며 이합집산하고 있습니다. 그 과정에서 나타난 것이 실리 중심의 지역화 블록(block) 현상입니다. 이런 상황 속에서 동양 3국이 하나로 뭉쳐야만 하는 것은 필연적 과제로 등장하였습니다. 이미 나토(NATO)가 유럽 국가를 단일 경제권으로 통합하였고 나프타(NAFTA)를 중심으로 북미국가들이 연합하고 있습니다. 아시아가 중요하다는 것을 깨달은 북미주 국가들은 아시아 태평양 경제협력체(APEC)를 통해 태평양지역협력체를 구성하여 자국의 이익을 꾀하고 있으며 동남아시아 국가들은 동남아시아 국가 연합(ASEAN)으로 만나고 있습니다. 그런 가운데 중국·한국·일본을 중심으로 한 동북아시아 공동체의 출현이 불가피한 상황을 맞이하게 된 것입니다. 한·중·일을 중심으로 한 동아시아 태평양 연안 국가들 사이에서도 새로운 시대를 위한 우호적 동맹관계의 필요성이 제기되면서 등장한 것이 동북아시아 공동체 연합(North East Asia Union)입니다.

    분명한 것은 이러한 맥락 속에서 동양 3국이 하나로 만나는 동북아시아의 연합을 꿈꾸며 태어난 학교가 연변과학기술대학과 평양과학기술대학입니다. 그리고 그 꿈의 선봉에 서서 21세기의 미래 동양 3국을 바라보며 비전을 함께 나누고자 합니다.

본론

비전(vision)은 현대사회에서 가장 많이 사용하는 단어 중 하나입니다. 비전의 어원적 의미는 미래를 내다보는 계시의 능력을 뜻합니다. 비전의 사람들은 다가오는 미래를 바로 예측할 수 있는 사람들이며 미래에 대한 바른 청사진과 설계도를 지닌 사람들입니다. 오늘날 우리 사회에 가장 필요한 것은 바로 미래를 내다볼 수 있는 능력 있는 지도자들입니다. 20세기에 인류에게 주어진 놀라운 과학기술의 도구를 바르게 사용하여 건강한 21세기 미래를 만들어가기 위한 비전을 갖춘 인재들을 양성해야 합니다. 20세기가 인류의 육체와 정신을 충족시키기 위한 산업사회와 정보사회의 기틀을 마련한 시기였다면 이제 21세기는 그것을 본격적으로 사용하는 시대가 되어야 합니다. 20세기와 21세기 사회의 특성을 간략하게 아래와 같이 요약할 수 있습니다.

20세기 산업 사회 : muscle → labor/machine → bread
→ 물질의 상품화

지식정보사회 : brain → logic/computer → information
→ 지식의 상품화

21세기 감성 사회 : emotion → contents/multimedia → dream

→ 감성의 상품화(IQ → EQ, Story/창의력 중요)

비전 사회 : spirit → will/volunteer/religion → vision

→ 정신의 상품화(frontier & venture spirit 중요)

21세기 대학교육과 연변과기대 역할

연변과학기술대학은 국제화와 정보화라는 시대의 사명감과 목표 의식을 지닌 비저너리들에 의해 세워졌습니다. 과기대가 25년이라는 단시간 내에 중국 사회 속에서 중점 대학으로 성장할 수 있었던 비결은 오직 비전을 앞세운 비전교육의 효과였습니다. 최초로 학점제 및 학부제 시스템을 도입하여 21세기형 교육체제를 갖추었을 뿐만 아니라 활발한 국제교류를 통해 매년 국제컨퍼런스를 개최하고 여름학기에 수많은 외국 교수들이 와서 강의를 하며 해외 유학 교환학생 제도로 학생들에게 국제 감각 및 국제화 적응 훈련을 강화하였습니다.

연변과기대의 인재 배양을 위한 목표 및 교육특성을 7가지로 요약하면 아래와 같습니다.

1. 21세기형 복합형 인재 교육

세밀한 전공 분야를 가르치기보다는 인접 관련 학문을 폭넓게 가르쳐서 국제화 사회 및 개방화 시대에 탄력적으로 적응할 수 있는 인재를 배양한다. 특별히 개방화 시대에는 국제 사회의 흐름에 대한 전체적인 그림을 볼 수 있는 학부제 교육이 지닌 장점이 주효하며 따라서 학부과정의 교과과정은 교육 중심 대학으로서의 기능을 충분히 발휘할 수 있도록 폭넓은 학부제 교육을 시킴으로써 학부에서는 다양한 교양지식을 포함한 수학·물리·화학 등의 전공 기초 과목을 강화하는 전략을 세워 나간다. 따라서 폭넓은 전공 교육, 폭넓은 교양/문화 지식과 기초과학의 강조 및 학부 간 복합교육, 부전공 교육 등 보다 넓은 시야를 지닌 인재를 만드는 것을 학부제 통합교육의 1차 목표로 두었다. 즉 20세기 전문화 교육의 목표가 specialist를 만들어 내는 것이었다면, 21세기 학부제 교육의 목표는 전문지식을 지닌 generalist를 만들어 내어 다방면에 적응할 수 있는 기초를 닦는 것이다.

2. 창의적 설계 능력 배양

다양한 분야가 혼합된 복합형 교과과정을 통하여 전공에 대한 폭넓은 시야를 지닐 뿐만 아니라 창의적으로 새로운 개념을 도입하여 설계하고 제조·제작할 수 있는 실습 훈련을 실시한다. 학부 특성에 맞는 연구 동아리를 운영하여 재학 중에도 관심 분야에 대한 응용력을 키워 나가는 한편 발명 특허에 관한 관심을 제고시킴으로써 졸업 후 벤처 창업정신을 살려 나갈 수 있도록 한다.

3. 어학 및 전산 실무 교육

21세기를 통해 가속화될 외국 기업의 대중국 투자에 대해 경제 파트너로서의 역할을 감당할 수 있도록 영어 한국어 및 중국어/일본어 회화 및 강독이 가능한 인재를 양성한다(최소한 2개 국어 능통자). 전산 실무를 전 학부에 걸쳐서 중점적으로 가르친다.

4. 국제화 및 경영 마인드 교육

개방화 및 국제화 시대에 부응토록 하기 위하여 한국인뿐만 아니라 서양인들의 사고를 이해할 수 있도록 문화적 차이 및 생활 습성에 대한 이해와 더불어 국제적 감각을 지닌 다면화 교육을 실시한다. 기초적인 경영 개념과 창업 정신 및 기술 정책 등의 과목을 가르쳐서 단순 기술자가 아닌 기업과 국가의 기술 방향을 이해하고 앞서갈 수 있는 지도자를 배양하며 공학 개념 및 과학기술의 역사와 방향 정책을 이해하도록 한다.

5. 전면적 인성 교육

새 시대에 부응하는 올바른 가치관과 정직성 도덕성을 갖춘 21세기의 동북아 시대를 이끌어갈 수 있는 리더십이 있는 전면적 인재를 배양한다.

6. 자율적 공동체 교육

중국식 사회주의 시장경제에 탄력적으로 대처할 수 있도록 사회주의와 자본주의 교육의 장점들을 살려 공동체 의식과 개인 자율 의식이 상호 보완된 자율적 공동체 교육을 실시하며 노동의 의미와 봉사 정신을 일깨울 수 있는 자원봉사 교육 프로그램을 개발한다.

7. 개척 정신 벤처 마인드 배양

21세기 공학 개념을 살려 창의적이고 새로운 분야에 도전하며 꿈과 비전을 지니고 황무지를 개척해 나갈 수 있는 인재를 배양한다.

이와 같은 교육 이념의 바탕에는 21세기의 시대 변화를 읽고 그에 알맞은 교육특성을 개발하려는 의지와 노력이 선행되어 있다. 그리고 신생 학교로서 개혁적인 정신으로 새로운 교육환경을 만들어 갈 수 있었던 이점이 있었기에 가능했으며 무엇보다도 중외합작 대학을 세우고 새로운 교육을 실시할 수 있도록 허용한 중국 정부의 과감한 시도와 협조 그리고 넓은 시야가 그 바탕을 이루고 있었음을 간과할 수 없다.

21세기의 교육은 어떤 모습을 하게 될까? 경제 이데올로기로 무장된 사회 속으로 졸업생들을 배출하는 교육현장에서는 어떤 철학으로 가르쳐야만 하는가? 이것이 끊임없는 교육현장에서의 질문이 되어야 한다.

21세기 사회는 더 이상 먹는 문제, 다시 말해 떡을 위해 살아가는 사회는 아니다. 어떻게 하면 더 의미 있는 삶의 가치를 추구하며 살아갈 것인가 하는 문제가 사람들에게 더욱 중요하게 다가올 것이다. 이 같은 현실 속에서 바른 가치관과 비전이 주어지지 않는다면 인간들은 타락한 본성들을 드러내며 급격히 감성과 재미에 빠져 들어갈 것이다.

따라서 21세기 교육은 반드시 비전을 제시하는 교육이 되어야만 한다.

교육 공동체의 힘

연변과기대를 모델로 북한 사회를 국제 사회로 이끌고 동북아시아 공동체 연합의 교두보로 삼고자 우리는 평양시 대동강 이남

인접 지역의 낙랑구역 중심부에 평양과학기술대학을 세웠습니다. 평양과기대는 북조선을 동북아시아의 일원으로 이끌어내기 위한 중요한 의미를 지닌 대학 프로젝트입니다. 동아시아가 부상하는 시대에 가장 중요한 것은 그 비전을 실행에 옮길 수 있는 국제적 감각을 지닌 비저너리들을 키워 내는 일입니다. 이 시대는 개혁과 혁신 통합의 시대정신을 가진 일꾼이 필요합니다. 건전한 기업 정신과 새로운 것에 도전하는 모험정신을 갖춘 국제사회의 선도적 역할을 할 수 있는 인격과 문화와 인문정신을 가진 인재가 절실한 시점입니다.

지난 25년간 연변과기대는 사회주의 국가 중국에서 대외개방적인 국제적 인재를 양성하여 사회에 기여한 경험을 가지고 있습니다. 조선 당국에서는 오랫동안 연변과기대에 대하여 면밀히 관찰하여 왔으며 수시로 학자들을 보내어 함께 지내면서 연변과기대의 상황을 이해하였습니다. 평양과기대는 조선이라는 폐쇄된 환경에서도 대외 협상을 이끌 만한 국제 감각을 지닌 수많은 인재를 양성해 왔습니다.

평양과기대는 교착 상태에 있는 조선의 국제화를 이루는 데 교두보가 될 것이며 가장 중요한 창구와 도구로 쓰이게 될 것입니다. 학술대회를 개최하는 등 대학이 지닌 여러 기능을 최대한 활용하여 국제 사회의 학자들이 함께 만나 소통하고 교감할 수 있는 조건을 만들어 가고 있습니다. 평양과기대는 조선이 안전하게 국제무대로 진출하는 것을 도울 것이며 나아가서 평화적으로 동북아시아 공동체 연합에 가담하는 일에 적극 일조하게 될 것입니다. 평양을 향한 한·중·일 학자들의 발걸음이 모아지기 시작하면서 비로소 조선을 안전하게 국제무대로 진출시켜 동북아시아에 평화와 번영을 가져올 발판과 기초를 다지게 되였다고 볼 수 있겠습니다.

1950년 프랑스에 의해 제안된 EU가 '다양성 속의 하나'라는 가치 아래 성공적으로 연합할 수 있었던 배경에는 EU국가의 교육 협력이 먼저 이루어졌던 사실을 간과해서는 안 됩니다. 1976년 각국의 교육부 장관들이 모인 자리에서 교육정보의 공유를 위한 네트워크 '유리디스'를 창설한 것을 비롯하여 '소크라테스', '템푸스', '에라스무스'와 같은 교육사업 프로젝트를 통해 발전되어 온 것입니다. 바로 이들 대학생들과 교수들이 학술교류와 인적교류의 왕래가 EU 탄생의 첫걸음이었습니다. 이와 같은 선례를 모델 삼아 아시아 국가 사이에서도 적극적인 교육협력을 추진한다면 보다 빠른 시기에 자연스럽게 공동체 협력이 이루어지지 않을까 생각합니다.

이러한 이유에서 저는 유럽에서 공부한 후 한국에 귀국하여 뜻이 맞는 지인들과 함께 부산에 고신대학을 설립하였고, 이어 중국에 연변과학기술대학, 조선에 평양과학기술대학을 설립하여 정치적으로 남북을 아우를 수 있는 사람이며 중국과 조선에서 영구시민증을 받은 동북아공동체를 실현한 사람이라 할 수 있습니다.

21세기 주변국가의 역할

동북아시아 5국의 공동체 연합을 위해 일본이 적극적인 역할을 감당해야 하는 것은 여러 가지 현실적 이유가 있습니다. 20세기 냉전 구도 속에서 미·일 공조의 특수를 누리며 일본의 독주가 가능했던 과거와는 달리 동북아시아의 평화 구축 자체가 지역적 연합 전선을 펴지 않고서는 실현 불가능한 현실에 놓여 있습니다. 남북 관계, 한중 관계, 한일 관계가 이미 미묘한 변수 속에서 과거의 대립적 관계보다는 평화적공존체제로의 전환이 불가피한 상황으로 전개되고 있으며 조선의 핵문제를 둘러싼 6개국의 이해관계가 더욱 첨예하게 대두되고 있는 현실 속에서 일본의 입지는 축소될 수밖에 없습니다. 1990년대 겪었던 일본의 경기 침체와 장기 불황의 뼈아픈 경험 역시 일본의 대외 위상을 크게 손상시킨 요인이 되었습니다. 더구나 국제사회에서 중국의 역할과 중요도가 급부상함으로서 상대적 박탈감에 대한 위기의식이 일본 열도 전반에 깔리게 된 점 또한 간과할 수 없습니다.

최근 21세기 전망을 논할 때 빠지지 않고 등장하는 것이 차이나 러시(China Rush)에 대한 예측들입니다. 구미 각국의 선진국이 물질상품을 위주로 생산하는 Hard Industry의 경쟁력을 점차적으로 상실해 가고 캐릭터, 정보, 아이디어 상품을 위주로 하는 Soft Industry에 의한 지식정보사회의 물결로 거세게 치닫고 있는 동안, 중국은 기계, 자동차를 위한 거대한 산업 사회의 유산을 자연스럽게 이어받고 있었습니다. 중국은 세계 최대의 자동차 시장이 될 것이며 새로운 철기 문명의 중심국이 될 것입니다.

아울러 중국은 1978년 개혁개방정책을 펼치기 시작한 이래로 문화혁명 시기에 침체되었던 과학기술분야를 부흥시키기 위하여, 1986년 3월 '국가고신기술연구개발계획, 863계획'을 발표하여 정보, 레이저, 자동화, 신재료, 에너지, 우주, 생물의 7개 분야를 선정하여 중점 육성하는 정책을 펼치면서 수십 종의 첨단정보통신 관련 기술 개발에 박차를 가하고 있습니다. 따라서 21세기의 중국은 산업사회와 지식정보사회가 혼재된 가운데 가장 큰 경쟁력과 가능성을 지닌 세계 최대의 시장이 될 것입니다.

다시 말한다면 21세기의 중국은 20세기의 유산인 거대한 산업사회의 적자 상속자가 될 뿐만 아니라 정보 통신분야에서도 발 빠른 추격을 가해 옴으로써 명실공히 철과 흙이 뒤섞인 사회를 구축할 것으로 예상됩니다.

2017년 APEC(아시아 태평양 경제 체제) 동아시아 정상회의에서 한 시진핑 주석의 연설은 이미 중국의 역할과 그 위상을 확인하여 주었습니다. 원래 했던 대로라면 미국 대통령이 주장해야 할 자유무역이라든가, 다자간 협력 등에 대하여 미국을 대신하여 중국이 제기했기 때문입니다. 시진핑 주석은 "다국적 주의를 견지하고 원원관계를 추구하며 긴밀한 협력관계를 수립해 인류는 공동 운명체라는 의식을 가지고 노력해야 한다"라고 역설하였습니다. 또한 "세계 경제 전환의 기회를 잡아, 아시아 태평양의 더 큰 발전을 찾아간다"는 제목의 기조 강연에서는 "아시아 태평양의 미래는, 아시아 태평양의 국민이 함께 손을 잡고 창조해 나가는 것이다. 호신(互信), 포용, 제휴, 공동 승리를 위한 협력관계야말로, 아시아 태평양 지역이라는 대가정(大家庭)의 영적 유대이며, 아시아 태평양 지역의 협력을 올바른 궤도로 올려놓는 것을 보장하는 것이다. 이들을 꾸준히 행동으로 옮겨, 아시아 태평양의 보다 아름다운 내일을 향해 함께 건설해 나가지 않겠는가!" 하였습니다. 그는 연설에서 시종일관하게 "힘을 합쳐 개방형 아시아 태평양 경제를 구축하고, 무역과 투자의 자유화와 편리화를 촉진해 나갈 것이다. 다자간 무역체제를 지지하고, 개방된 지역주의를 견지해, 발전도상국의 멤버가 보다 더 국제무역과 투자의 수혜자가 될 수 있도록 지원한다"라는 중국의 입장을 밝히기도 하였습니다.

'손을 잡고 아시아 태평양의 원윈이라는 새로운 장을 새긴다'라는 제목의 연설에서는 "중국은 이번 APEC을 계기로, 아시아 태평양 지역의 파트너와 정책·인프라·무역·투자·민심이라는 5개의 관계를 심화시켜 나가고자 생각하고 있다. 그렇게 협력하고 발전해, 운명공동체라는 방향으로 매진하고자 한다"라고 밝혔습니다.

시진핑 주석의 연설은 동아시아 공동체 연합에서의 중국의 역할에 대한 높은 기대감을 가지기에 충분하며 지어 중국 특색의 신사회주의의 도입이 서구의 자유민주주의의 단점을 대체할 수 있는 사회주의와 뒤섞인 하이브리드 체제가 탄생할지도 모른다는 기대감과 희망을 주기도 하였습니다.

문명사의 흐름이 바야흐로 대서양시대에서 태평양시대로, 구주 중심의 역사에서 아시아 중심의 역사로 넘어가고 있는 즈음에, 아시아의 위상이 급부상하고 있는 21세기에 중국은 더욱 중요한 역할을 감당하게 될 것입니다.

일본의 경우는 중국의 중화주의에 대단히 경계심을 가지고 있고 중국에 포섭되는 아시아 국가들을 멀리하려는 의도가 다분하다고 봅니다. 일본은 지난 세기 아시아의 선진국가로서 대아시아주의 실현이 가능했던 기회를 상실하고 우익 군국주의의 잘못된 길을 선택했던 역사의 과오를 반복해서는 안 되며 과거의 망령에서 과감히 벗어나 동북아시아 3국과의 공조에 앞장서야 합니다. 일본이 과거의 책임을 지지 않고 점차 고개를 들고 있는 신보수주의 등장을 막아내지 못한다면 동북아시아 공동체 연합은 사실상 불가능합니다.

일본은 여전히 동북아공동체에 대한 관심보다 미·일 동맹과 유럽연합공동체(EU)를 기축으로 전 세계와 상대하는 국제국가를 지향하고 있습니다. 일본의 국제전략과 관련된 논의는 전통적으로 아시아와 서구 중 어디에 속할 것인가에 초점이 맞춰져 왔습니다. 일본이 독자적인 기술 우위만을 앞세워 동아시아의 경제대국으로 남아 있고자 한다면 지나친 자만이 될 수 있습니다. 오히려 일본의 첨단기술과 자본, 한국의 생산기술과 개발경험, 중국의 거대 노동력과 잠재시장이 하나로 융합되면서 거대 경제체제를 갖추어 나가는 길만이 EU와 NAFTA 등과 맞서서 아시아의 부흥을 가져올 수 있는 대안입니다. 일본은 더 이상 아시아 최고로 자처하거나 아시아의 유럽인으로서 행세해서는 안 되며 동아시아를 이끌고 세계를 이끌 수 있는 상생과 평화공조의 연합전선을 펼 수 있는 성숙한 자세의 국가로 다시 태어날 필요가 있습니다.

중국 역시 마찬가지입니다. 한·중·일 동양 3국을 중심으로 한 새로운 동북아시아 공동체 연합의 가능성과 중요성이 제기되고 있는 지금 만일 중국이 일본이 밟았던 전철을 따라 자국만의 이익을 위한 새로운 중화권 사상을 내세운다면 또 다른 제국의 흥망의 역사를 반복하게 될 것입니다. 중국은 중화사상의 범주를 넘어서 아시아의 이익을 대변하는 큰 정치를 감당해야 하며 아시아가 함께 평화롭게 발전하는 데에 주요한 역할을 해야 합니다. 이렇게 하는 것만이 일본과 중국이 21세기를 이끌어 갈 진정한 의미의 선진국으로 거듭나는 길이 될 것이며 EU와 같은 경제공동체를 형성하여 아시아의 평화 공존과 공동 발전의 새 장을 열어갈 중심 국가로 될 것입니다.

공동체의 병목

동북아시아 공동체 연합의 병목(bottle neck)이 되고 있는 것은 바로 조선입니다. 아무리 동아시아 공동체 연합이 필수적인 시대적 요청이라지만 북핵이 끊임없이 위협이 되고 있는 한 평화적 공동체 형성은 어렵다고 봅니다. 북핵은 종이에 싼 불씨처럼 수시로 거센 불길로 번질 수 있는 위험을 안고 있습니다. 어떻게 조선을 설득하여 동북아 공동체 일원으로 끌어들이는가 하는 문제가 핵심 고리입니다. 남북관계의 개선이 없이는 동북아공동체형성은 허구에 지나지 않습니다. 당장이라도 미국이 조선을 자극하면 조선은 반격할 것이고 그러면 제2차 한국전쟁으로 번질 것은 불 보듯 뻔한 일입니다. 그렇게 되면 조선이 보유한 중거리 미사일의 사정권 안에 있는 일본이 전쟁에 말려들 것이고 미국과 중국, 러시아의 관계도 극도로 긴장될 것이며 동아시아 전체가 전쟁의 소용돌이에 말려들지도 모릅니다.

동아시아에서의 평화적인 분쟁전환의 실현 여부는 미·일 동맹을 주도하는 미국의 군사적 패권의 귀추에 달려 있습니다. 북한은 미국의 군사패권을 위협으로 느끼고 있으며 그 위협에서 벗어나지 못하는 한 핵을 포기하지 않을 것입니다. 이러한 사실을 직시하지 않는 한 조선을 국제 사회에 끌어들이는 노력은 현실적으로 불가능해 보이며 북핵 문제도 해결이 어려워 보입니다. 그러므로 한반도를 에워싼 분쟁 당사자의 합의 아래 동아시아에서 미국의 군사적 패권을 후퇴시키는 노력이 불가피합니다. 이를 위하여 동아시아 각국 간의 평등원칙에 기반을 둔 하나의 자율적 질서체로 발전시키는 창조적인 대안을 강구해야 합니다.

북측 지도자들과 만나서 수차례 담화해 본 적이 있는데 그들은 한결같이 "미국이 조선과 평화협정을 체결하자고 하여도 우리는 안 한다. 동북아세아공동체가 형성되면 우리 조선 역시 전쟁의 위협과 조선국가의 존재 자체가 보장받을 수 있기에 핵 포기뿐 아니라 모든 무기가 필요가 없이 동아세아 국가 중 하나로 평화롭게 살 수 있다"라며 동아시아 공동체 형성에 대한 기대를 가지고 있었습니다.

동북아 지역의 초국경적 경제협력 과정에서 조선의 국제화를 도모하고 주변국들이 힘을 합쳐 경제 재건을 도와주는 환경을 조성하게 되면 조선도 자연스럽게 국제사회에 편입할 수 있는 기회를 갖게 될 것이며, 나아가 조선이 국제사회의 책임 있는 일원으로 역할분담을 맡도록 유도할 수 있게 될 것입니다. 이런 방식으로 국제사회의 대폭적인 경제협력과 원조를 통해 한반도 비핵화를 실현하고 이를 바탕으로 한국, 중국뿐만 아니라 동아시아 전 지역 안정의 필수요건인 역내 평화를 달성할 수 있을 것입니다. 이러한 국제공조는 아시아 미래역사 발전에 획기적인 기여를 하게 될 전망이며 동아시아경제공동체로 나가는 큰 틀 안에서 북핵 문제와 한반도 통일문제까지 풀어내는 데 매우 유용한 국제관계의 출구전략으로 자리매김하게 될 것입니다.

　21세기는 빵의 시대, 정보의 시대, 꿈의 시대를 넘어 비전의 시대(The Era of Vision)가 되어야 합니다. 21세기는 더 이상 빵을 사기 위해 사는 시대가 아닙니다. 시대를 읽는 분명한 비전을 지닌 비저너리(Visionary)들이 개척정신을 가지고 자발적인 봉사정신으로 역사의 주축을 이루는 시대가 되어야 합니다. 21세기의 주역이 될 동아시아의 젊은이들이 비저너리가 되어 새 시대의 선봉에서 동북아시아 공동체 연합을 실현하여야 합니다. 역사의 중심에서 연변과기대와 평양과기대가 평화사절단으로 연합과 번영이라는 이 시대의 역할을 감당하고자 합니다. 이 위대한 역사에 한·중·일 3국이 적극적으로 함께 참여하길 바랍니다.

미국 국가조찬기도회 연설문 (2012년 2월 2일)

평화에는 대가가 따른다

김진경 총장

존경하는 세계의 지도자들과 귀빈 여러분, 존경하는 미 의회 의원들과, 기도회에 참석한 동료 여러분, 저는 여러분 앞에 서게 되어 겸손해지며, 오늘 미국 국가조찬기도회에 연설자로 선택된 것을 영광스럽게 생각합니다. 저는 제가 미국 시민이고 미국 여권을 가지고 있음을 매우 자랑스럽게 생각합니다. 하지만 저는 중국, 북한, 한국의 명예시민권도 가지고 있습니다. 제게 4개국의 시민권이 있다는 것을 생각해 보십시오!

저는 저 자신을 세계 시민으로 생각합니다. 피부색과 신앙 배경에 상관없이 세계의 모든 사람들과 사랑을 느낍니다. 저는 모든 나라들을 제 나라라고 생각하는데, 이는 나라를 대표하는 것은 시민들이요, 저는 이들이 무엇을 필요로 하는가에 관심을 갖기 때문입니다. 제가 누구냐는 질문에 대한 저의 대답은 자본주의자도, 공산주의자도 아닙니다. 저는 사랑주의자입니다! 저는 예수님으로부터 어떻게 사랑해야 하는지를 배웠고 그 사랑이 저의 삶을 채워 왔

Annual National Prayer Breakfast Speech
Washington, D.C 2nd February 2012

Peace comes with a Price

James Chin-Kyung Kim

Distinguished world leaders and international guests, Honorable Members of the US Congress, and fellow prayer participants, I am honored to be chosen to address you today and I feel very humble as I stand before you. I am very proud to be an American citizen and to carry an American passport, but I also hold honorary citizenship in China, North Korea and South Korea. Think of that…, I hold citizenship in four countries!

I consider myself a Global citizen. I feel a kinship and love for every person in the world, whatever their color or their faith background. I consider all countries to be my country because of the people they represent and I care about the needs of all of these people. When asked who I am, my reply is that I am not a Capitalist, I am not a Communist, I am a Love-ist! I have learned how to love from Jesus and that love has filled my life. You and

습니다. 세계의 미래는 여러분과 저의 손에 달려 있습니다. 세계의 시민들이 지금보다 나은 삶을 살 수 있도록, 우리는 변화를 만들어 낼 수 있는 건 무엇이든지 해야 합니다.

　우리는 정부들이 직면한 많은 문제들에 대한 지도를 구할 목적으로 기도를 드리고자 이 자리에 모였습니다. 분명하게도, 세계평화는 여전히 당면한 가장 큰 과제입니다. 전쟁은 끔직한 것이며, 순진무구한 이들의 생명, 희망, 그리고 평범한 삶을 살 수 있는 능력을 빼앗아갑니다. 평화는 위대한 가치이며, 우리는 평화를 세계에 구현하기 위해서 할 수 있는 모든 일을 다 해야 합니다. 오랜 시간과 많은 투쟁들을 통해 저는 어떤 가치 있는 일에는 대가를 지불해야 한다는 것을 배웠습니다. 평화도 마찬가지입니다. 그 대가는 우리가 자기 자신을 돌보듯이 타인을 돌보는 것, 그리고 스스로를 도울 수 없는 이들을 돕기 위해 일하는 것을 말합니다.

　우리는 우리가 가진 모든 자원을 가지고 평화로 가득한 내일을 계획해야 합니다. 크게 축복 받은 나라들은 특별히 그 축복을 다른 나라들을 위해 써야 할 더 큰 책임이 있고, 가난한 나라들일지라도 그들이 할 수 있는 건 무엇이든 해야 합니다. 왜냐하면 평화의 대가를 치르기 위해 우리의 마음과 자원들을 모아야 하기 때문입니다. 크리스천들의 세계에서, 우리는 그것을 황금률이라고 부르는데, 이는 "이웃을 자신처럼 사랑하라"는 계명이 가장 중요하기 때문입니다. 물론 다른 신앙들에서도 불우한 이들을 사랑하고 이들에게 자신의 재물을 나누어 주어야 한다는 유사한 가르침들이 있습니다.

　저는 제 삶 속에서 몇 가지 중요한 교훈들을 배웠습니다. 그 하

I hold the future of the world in our hands today and we need to do whatever we can to make a difference so that the people of the world can live a better life.

We have gathered here to pray for guidance as we deal with the many problems our governments have to face. Surely the greatest problem we still face is the need for peace in the world. War is a terrible thing and it robs the innocent of their lives, their hopes, and their ability to live a normal life. Peace is something of great value and we must do all that we can to make peace a global thing. Through many years and many struggles, I have learned that there is a cost for anything of value. Peace will only come when we pay the price for it. It is the price of caring for each other as we care for ourselves and working to provide for the needs of people who cannot provide for themselves.

We need to take every resource that we have and plan for a peace-filled tomorrow. Especially in the nations that have been greatly blessed, there is a greater responsibility to use those blessings to bless others, but even the poorer nations must try to do whatever they can because we must join our hearts and our resources to pay this price. In the Christian world, we call it the "Golden Rule", meaning that it is the most important rule, "that we should love our neighbor as ourselves," but in other faiths, there are similar teachings that teach about loving and sharing

나는 제가 1950년 한국 남쪽 지방에서 살던 15세의 중학생이었을 때 찾아왔습니다. 한반도는 끔찍한 전쟁의 소용돌이 속에 있었습니다. 저는 내 민족을 사랑하여 내 민족을 전쟁에서 살리려고 학도병으로 지원하였습니다. 우리는 전쟁에 투입되었고 전쟁의 현실은 우리를 충격에 빠뜨렸습니다.

동족 형제들과 싸우는 것은 너무나도 비참하였습니다. 그 보다 더 힘든 것은 다른 나라 군인들이 전쟁터에서 죽는 것을 보는 것이었습니다. 저는 정말 두려웠습니다. 그때 한 미국 군목이 우리에게 요한복음을 주셨고, 저는 하나님께서 저를 사랑하신다는 내용을 읽게 되었습니다. 저는 제 생명을 구해 달라고 하나님께 기도 드렸습니다. 그분께서 제 생명을 구해 주신다면 준비하여 우리와 싸우고 있는 북한과 중국 사람들에게 그 사랑을 보여 주겠다고 약속 드렸습니다. 그들에게 보다 나은 길―전쟁이 아닌 진정한 평화로 다다르는 사랑과 협력의 길―을 보여 주겠다고 약속드렸습니다. 그분께서는 이 초라한 작은 소년의 목숨을 구해 주셨고, 저는 그 이후로 제가 한 약속을 지키기 위해 일해 왔습니다.

제 생명은 덤으로 주어졌고 저는 그 약속에 걸맞은 삶을 준비하기 시작했습니다. 저는 스위스와 영국에서 공부하고, 미국에 가서 살면서 일을 했습니다. 미국에서 성공적인 사업을 한 후, 저는 중국에서 경제발전에 대해 강의해 줄 것을 요청받았습니다. 당시 덩샤오핑은 국제 경제교류에 중국의 개방의 문을 열고자 애쓰고 있었습니다. 저를 초청한 중국 사람들은 경제발전의 속도를 내기 위해 무엇을 해야 할지 물었고, 저는 젊은이들을 교육시켜야 한다

your means to help less fortunate people.

I think that I have learned some really important lessons in my life. One came when I was a 15 year old middle school student in the southern part of the Korean peninsula in 1950. The Korean peninsula was involved in a terrible war. I loved my country and I wanted a better future for my people, so I became a student soldier. Very soon, we were on the battlefield and the reality of war shocked us all.

Fighting against my Korean brothers was hard, but even harder was to see my schoolmates and the other soldiers die on the battlefield. I became really afraid. An American chaplain had given us all a copy of the Gospel of John and I read that God loves me. I prayed and asked God to save my life. I promised that if He would save my life, I would show His love to the people of Korea and of China who were fighting against us at that time. I promised to work to show them a better way.... a way of love and cooperation that would lead to real peace, not war. He saved the life of this humble little boy and I have worked since that time to honor that promise I made that day.

My life was spared and I began to prepare so that I could live up to that promise. I studied in Switzerland and England and then went to the USA to live and work. After some time of successful business in the US, I was invited to come to China to de-

고 했습니다. 그들은 제가 좀더 남아서 그들의 젊은이들을 교육시켜 줄 것을 권유했습니다. 그 계기로 중국에 첫 번째로 국제대학인 옌벤과학기술대학을 세우게 되었고, 매우 성공적이었음이 증명되었습니다. 이 대학교는 "진리, 평화, 사랑"이라는 원칙, 그리고 이 일을 함에 중국 형제들과 협력해야 한다는 믿음을 토대로 세워졌습니다. 또한 저는 이런 원칙들을 보여 줄 수 있는 다국적 교직원들이 있어야 한다고 생각했습니다. 제가 중국과 중국 사람들을 사랑한다는 것을 알려주고 싶었습니다.

후에, 북한의 리더들은 자국에도 그런 국제적인 대학이 필요하며 저를 신뢰할 수 있는 사람이란 걸 알았습니다. 저는 중국에서처럼 국제적인 대학을 설립하기 위해 북한에 초청되었습니다. 그들에게 여러 나라들에서 다국적 교수들을 선별하여 데려올 것인데, 이들은 뛰어난 선생들이면서 북한 학생들을 사랑하고 자기 자식처럼 아낄 수 있는 사람들일 거라고 말해 주었습니다. 그들은 이 모든 것에 동의해 주었고 대학교가 건립될 땅의 권리증도 주었습니다.

북한에 처음으로 평양과학기술대학이 세워져서 성공리에 운영되고 있습니다. 본교 학생들을 가르치고자 전 세계에서 평화를 사랑하는 교수진들이 찾아왔습니다. 이들의 행동을 통해 북조선에 평화를 정착시키고 있습니다. 우리는 이 모든 것들이 여러분처럼 관심을 갖는 이들의 사랑과 기도 때문에 이루어진 것이라고 믿습니다. 이는 사랑주의자들이 행동으로 실천하는 신앙입니다.

저는 하나님에 대한 신앙을 바탕으로 미합중국 정부를 세운 설립자들에게 무척 감동을 받았습니다. "우리는 하나님을 의지한다"

liver some speeches on economic development. Deng Xiaoping was trying to lead China to open its doors to international economic exchanges. They asked me what they should do to speed up this economic development and I told them that they needed to educate their youth. They encouraged me to stay and begin to teach their youth. That led to establishing an international university in Yanji, China, that proved to be very successful. This university was established on the principles of "Hope, Love and Truth" and dependent on the idea that we would cooperate with our Chinese brothers in this work. It was also with the understanding that the faculty would be internationals who demonstrate these principles. I wanted to teach that I love China and I love Chinese people.

Later, the leaders of North Korea had learned that they could trust me and that they needed an international university like the one in China, I was invited to come to North Korea to found an international university there as well. I told them that I would bring international academics from many countries who were excellent teachers and they would be carefully chosen people who would love the North Korean students and care for them as though they were their own children. They agreed to all of this and even gave me a deed to the land where the university is built.

That school is now beginning its second year of operation.

는 표어가 모든 미국 동전과 지폐에 새겨져 있습니다. 이것은 국가적 좌우명이며, 이는 모든 사람들이 자신의 신앙 생활에 참여할 수 있도록 종교의 자유를 보장해 주는 미 정부의 강점으로 이어집니다. 이것은 미국 사람뿐만 아니라 다른 나라 사람들에게도 귀감이 됩니다. 미국은 유대교, 이슬람, 불교, 힌두교, 기독교 및 기타 다양한 믿음의 신자들이 조화롭게 살면서 불우한 이들의 어려움을 돌보는 데 서로 협조할 수 있다는, 세계에서 가장 축복받은 나라입니다. 저는 아브라함 링컨이 그의 유명한 게티즈버그 연설에서 "정부는 국민의, 국민에 의한, 국민을 위한 정부가 되어야 한다"고 말했던 것을 기억합니다. 이는 우리 모두에게 각자의 나라에서 리더십에 접근하는 현명한 방법을 제시합니다. 당신이 국가적인 지도자건 작은 지역의 지도자건, 당신은 지도자이기 때문에 오늘 이 자리에 있습니다. 당신이 이끄는 사람들을 진심으로 돌보며 현명한 리더십을 실천하시길 당부 드립니다.

그보다 더, 우리는 모든 사람들을 나 자신만큼 사랑하고 있음을 보여 주어야 합니다. 그럴 때 평화가 이 지구에 찾아올 것입니다. 우리 모두가 서로 사랑하고 함께 일할 때, 평화가 깃들 것입니다. 오늘 이 자리에 계신 여러분은 많은 다양한 믿음들을 대변하고 있지만, 모두 평화와 화합을 사랑합니다. 새 세기를 맞이하며 우리에겐 새로운 철학이 필요합니다. 자, 우리 **모두** '사랑주의자'가 됩시다. 진정한 사랑을 실천하고 **사랑주의자가 되기 위해선**, 우리가 실천해야 할 몇 가지 '룰'들이 있습니다. '**사랑주의자Love-ist**'는 언제나 1) 다른 사람들을 **이해합니다**Understanding, 2) **화해를 추구**

Peace-loving academics from around the world come to teach the graduate students in this school. They are seeing peace in action. We believe this all came to be because of the love and the prayers of men and women like you who care. It is an example of love and faith in action.

I am so impressed with the founders of the United States of America who built the government around faith in God. "In God we trust" is the motto printed on all the US coins and monetary bills. That is the motto for the country, and it has led to the governmental strengths of providing freedom of religion so that all people can participate in their own faith. Surely this is an inspiration to others as well as to the Americans. America is blessed to have many people of many faiths.... Jewish, Moslem, Buddhist, Hindu, Christian, and many others, but we all try to live together in harmony and to cooperate with each other to care for the needs of the less fortunate. I am reminded of what Abraham Lincoln included in his famous Gettysburg address that the government needed to be "of the people, by the people and for the people." This is a wise way for all of us to approach our leadership in our countries. Whether you are a national or a local leader, you are here today because you are a leader. Make sure that you give wise leadership and that you really care for the people you are leading.

합니다Reconciliation, 3) **용서**를 실천합니다Forgiveness, 4) 타인과 그들의 바람들을 **존중**합니다Respect, 5) 평화를 유지하기 위해 **희생할 의지가 있습니다**Sacrifice, 6) 사과하고 **"미안해요"**라고 말합니다Apologize, 7) 우리를 도와준 이들에게 **"감사해요"**라고 말합니다 Thank you. 이것들이 사랑주의Love-ism이며 평화를 이루기 위한 대가입니다.

우리 모두 전쟁을 철폐하고 모두를 위한 행복과 번영의 세계를 만들고자 사랑으로 더불어 일하며, 하나님께서 우리를 하나의 세상으로 인도해 달라는 기도 안에서 하나가 됩시다.

감사합니다. 하나님께서 여러분 모두를 축복하시기를!

More than that, we must demonstrate that we love all people as ourselves. Then peace will come on the earth. When we all love one another and work together, there will be peace. Those of you here today represent many different faiths, but we all love peace and harmony. In this new century, however, we need a new philosophy. Let us **all** become "Love-ists." To practice true love and **become a Love-ist,** there are these habits that we must all practice. A **"Love-ist"** must always show: 1) **understanding** to others, 2) seek **reconciliation**, 3) practice **forgiveness**, 4) **respect** other people and their desires, 5) be willing to **sacrifice** to maintain peace, 6) apologize, or **say "I am sorry,"** and 7) **say "Thank you"** to those who have helped us. This is the price we must pay for peace.

Let us unite in our prayers that God may guide us to become one world, working together to put aside war and to cooperate in love to build our world into a world of happiness and prosperity for all.

Thank You and God Bless you all!

김진경 연보

1950년 6월 30일	(창신중학교 3학년 때) 학도병으로 한국전쟁 참전.
1951년 7월 20일	창신중학교로부터 학도병 참전 공로상 수상.
1954년	마산고등학교 졸업.
1960~1963년	영국 클리프튼 신학대학원 입학, 졸업.
1964년	고려신학교 대학부에서 고신대학 설립, 학장 취임.
1974년 10월 23일	미국 베리언 크리스천 칼리지에서 〈공자 철학의 사회학적 연구〉로 철학박사 학위 취득.
1976~1988년	미국에서 개인 사업.
1987~1991년	중국사회과학원 초빙교수 역임.
1988년	산동성 사회과학원 특임교수 역임.
1989년	중국 옌볜 조선족 자치주 인민정부 경제고문으로 임명.

1992년 9월 16일	옌볜과학기술대학 개교.
1995년 8월 15일	서울 명예시민증 취득.
1998년 4월 17일	중국 영구 시민권 취득.
1999년 10월 10일	숭실대학교 명예 철학박사.
2000년 12월 25일	북한 나진시에 어린이집 개원.
2001년 3월 1일	평양과학기술대학 설립 허가.
	평양과학기술대학 설립 총장 임명.
2002년 10월 9일	대한민국 국민훈장 모란장 수상.
2004년 8월 26일	국립충북대학교 명예 교육학박사.
2009년 9월 16일	평양과학기술대학 개교 및 총장 취임.
2011년 8월 25일	북한 정부로부터 평양 명예시민증 및 교육학 명예박사증 수여.
2017년 3월 22일	평양과학기술대학 관리운영위원회 위원장 추대.

사랑주의
Loveism

2012. 9. 11. 초판 발행
2018. 6. 14. 개정판 발행

지은이 허련순
펴낸이 정애주
국효숙 김기민 김의연 김준표 김진원 박세정
송승호 오민택 오형탁 윤진숙 임승철 임영주
임진아 정성혜 차길환 최선경 한미영 허은
펴낸곳 주식회사 홍성사
등록번호 제1-499호 1977. 8. 1.
주소 (04084) 서울시 마포구 양화진4길 3
전화 02) 333-5161
팩스 02) 333-5165
홈페이지 hongsungsa.com
이메일 hsbooks@hsbooks.com
페이스북 facebook.com/hongsungsa
양화진책방 02) 333-5163

ⓒ 허련순, 2012

• 잘못된 책은 바꿔 드립니다.
• 책값은 뒤표지에 있습니다.
• 이 도서의 국립중앙도서관 출판예정도서목록(CIP)은
  서지정보유통지원시스템 홈페이지(http://seoji.nl.go.kr)와
  국가자료공동목록시스템(http://www.nl.go.kr/kolisnet)에서
  이용하실 수 있습니다.(CIP제어번호: CIP2018017689)

ISBN 978-89-365-1291-0 (03230)